ACCESO GRATIS *a la Lectura en la Nube*

Para visualizar el libro electrónico en la nube de lectura envíe junto a su nombre y apellidos una fotografía del código de barras situado en la contraportada del libro y otra del ticket de compra a la dirección:

ebooktirant@tirant.com

En un máximo de 72 horas laborales le enviaremos el código de acceso con sus instrucciones.

La visualización del libro en **NUBE DE LECTURA** excluye los usos bibliotecarios y públicos que puedan poner el archivo electrónico a disposición de una comunidad de lectores. Se permite tan solo un uso individual y privado

EL DELITO DE FAVORECIMIENTO ILÍCITO DE ACREEDORES

Procedimiento de selección de originales, ver página web:
www.tirant.net/index.php/editorial/procedimiento-de-seleccion-de-originales

EL DELITO DE FAVORECIMIENTO ILÍCITO DE ACREEDORES

Miguel Bustos Rubio
Profesor Titular de Derecho Penal
Universidad Internacional de La Rioja

tirant lo blanch
Valencia, 2024

Esta monografía es resultado de la actividad investigadora del autor en dos proyectos de investigación: (1) «Derecho penal de clase: propuestas *de lege lata* y *de lege ferenda*» (ref: PID2022-142211NB-C22), dentro del proyecto coordinado: «Análisis crítico del Derecho penal de la plutofilia», y (2) «Ganancias ilícitas y sistema de justicia penal: una perspectiva global» (ref: PID2022-138796NA-I00), ambos financiados por el Ministerio de Ciencia e Innovación (Convocatoria de ayudas a «Proyectos de generación de conocimiento»).

Director de la Colección:
JOSÉ LUIS GONZÁLEZ CUSSAC
Catedrático de Derecho Penal
Universitat de València

EDITA: TIRANT LO BLANCH
C/ Artes Gráficas, 14 - 46010 - Valencia
TELFS.: 96/361 00 48 - 50
FAX: 96/369 41 51
Email:tlb@tirant.com
www.tirant.com
Librería virtual: www.tirant.es
DEPÓSITO LEGAL: V-1604-2024
ISBN: 978-84-1056-602-6
MAQUETA: Tink Factoría de Color

Si tiene alguna queja o sugerencia, envíenos un mail a: *atencioncliente@tirant.com*. En caso de no ser atendida su sugerencia, por favor, lea en *www.tirant.net/index.php/empresa/politicas-de-empresa* nuestro procedimiento de quejas.

Responsabilidad Social Corporativa: http://www.tirant.net/Docs/RSCTirant.pdf

A mi hermano Sergio, en su 30 cumpleaños.
Que para mamá y papá sigamos siendo las dos mitades de un todo.

Índice

Abreviaturas y siglas

Art./Arts.:	artículo/artículos
BOE.:	Boletín Oficial del Estado
Cap.:	Capítulo
CC.:	Código Civil
CE.:	Constitución Española
Cfr.:	Confrontar/confróntese
CGPJ.:	Consejo General del Poder Judicial
Coord./Coords.:	coordinador/coordinadores
CP.:	Código Penal
Dir./Dirs.:	director/directores
Ed.:	editorial
Edit./Edits.:	editor/editores
Etc.:	etcétera
FD.:	fundamento de derecho
FGE.:	Fiscalía General del Estado
LECrim.:	Ley de Enjuiciamiento Criminal
LO.:	Ley Orgánica
Nª.:	número
Op. cit.:	obra citada
P./pp.:	página/páginas
RD.:	Real Decreto
Ss.:	siguientes
STAP.:	Sentencia de la Audiencia Provincial
STC.:	Sentencia del Tribunal Constitucional
STS.:	Sentencia del Tribunal Supremo
T.:	tomo
Tb.:	también
TC.:	Tribunal Constitucional
Trad./trads.:	traductor/traductores
TRLC.:	Texto Refundido de la Ley Concursal
TS.:	Tribunal Supremo
V.gr.:	verbigracia/por ejemplo
Vid.:	véase
Vol.:	volumen
VS.:	versus

Prólogo

Tengo la satisfacción de presentar la última monografía escrita por Miguel Bustos Rubio, titulada "*El delito de favorecimiento ilícito de acreedores*". El autor no necesita presentación alguna, ya que dispone de una importante obra publicada, ha participado en prestigiosos proyectos de investigación y ha intervenido en numerosos encuentros académicos en la disciplina del derecho penal. Por ello, pese a su juventud es, como su maestro, un incansable investigador, de profundas convicciones y de un sólido compromiso con los valores humanistas.

No es necesario advertir que aborda un tema tan novedoso como relevante en nuestra disciplina. Novedoso porque la actual redacción procede de la reforma de 2015. Relevante porque ya la misma figura de favorecimiento ilícito de acreedores posee un alto interés, si bien su transcendencia aumenta exponencialmente al integrar el complejo campo de las insolvencias punibles. Precisamente una materia en la que el autor era ya, antes de este libro, un consumado especialista con diversos trabajos publicados. Y consecuentemente, a partir de ahora se erige en todo un referente en las infracciones vinculadas a la tutela del derecho de crédito y, en este caso, con mayor precisión a la tutela de la *par conditio creditorum.*

Justamente el dominio de esta delicada temática le permite afrontar con rigor su estudio desde la misma estructura inicial. Así es, porque además de ser fiel en su exposición al orden establecido legalmente, desde el principio sabe captar y trasmitir las diferencias entre las dos conductas aparentemente semejantes y reunidas en un mismo precepto. Cierto es que el artículo 260 consta de dos apartados en su versión de 2015. Y aunque ambos sancionan el favorecimiento ilícito de acreedores, la diferencia explícita radica en que la conducta se realiza en un momento temporal distinto. Momento temporal distinto con importantes diferencias normativas originadas en el derecho privado. En efecto, porque mientras el primero castiga la realización de esta conducta *antes* de la declaración concursal (el llamado favorecimiento ilícito *preconcursal*), el apartado segundo, con mayor penalidad, requiere la previa declaración del concurso, luego es posterior a ese especial momento procesal, remitiendo a lo dispuesto para ese momento en la legislación sectorial (favorecimiento ilícito *posconcursal*). Por consiguiente, mientras la segunda modalidad se inscribe en tipologías con arraigo, la primera no deja de arrojar interrogantes para su comprensión y correcta aplicación. Y ello porque la conducta descrita en el primer apartado se proyecta sobre una situación anterior a una declaración concursal, en la que por tanto no existe en puridad ninguna prelación de un orden de pago a los acreedores. Por eso el texto requiere para su ilicitud de otros condicionantes típicos, si bien resultan un tanto artificiosos. La dificultad interpretativa enlaza a su vez con la atormentada noción de "insolvencia inminente" que se extiende a todo este Capítulo VII bis del Código Penal.

Pues bien, dentro de esta estructura, el lector encontrará una exposición precisa de la discusión doctrinal sobre cada uno de los requisitos típicos: conducta, sujetos activo y pasivo, objeto material, dolo, penalidad, responsabilidad de los administradores concursales, y por supuesto el rico debate clásico sobre el bien jurídico protegido. Todo ello de nuevo remite y enlaza con la categoría de insolvencia y de sus diferentes clases. Por consiguiente, el lector tiene acceso al estado actual del debate, y junto a esta rigurosa descripción, a la vez, hallará una personal aproximación al entendimiento de ambas modalidades de favorecimiento. Este enfoque contiene tanto desarrollos de trabajos anteriores, como propuestas propias que constituyen valientes avances merecedores de ser tenidos en cuenta a partir de ahora en la literatura especializada. Y esto último considero que es el mayor elogio que puede hacerse a una publicación científica.

Pero en absoluto se trata de un trabajo exclusivamente teórico, que desde luego lo es, y de calidad. También se percibe la preocupación del profesor Miguel Bustos por trasladar los presupuestos teóricos a la resolución de problemas y supuestos de hecho. De esta forma constituye una guía práctica para la aplicación del delito de favorecimiento ilícito de acreedores a casos reales. Ahora bien, siempre lo desarrolla tratando de partir de una fundamentación racional de la intervención punitiva del Estado. Lo que desde una perspectiva material no resulta sencillo en relación con ninguno de los dos apartados, pues en ambas modalidades se satisfacen deudas reales con acreedores ciertos. Al menos en la segunda modalidad se infringen reglas de preferencia determinadas en la legislación civil, esto es, sin respetar el orden debido fijado ya en un procedimiento de ejecución universal. En todo caso, desde la perspectiva punitiva es preciso justificar en qué casos existe un merecimiento de castigo. De aquí la necesidad de contar en nuestra literatura con una obra de estas características, completa en su abordaje, manejo de fuentes, con propuestas bien planteadas, desarrolladas con precisión y exponiendo soluciones sólidamente argumentadas.

En cualquier caso, estemos o no de acuerdo con estas soluciones y las proposiciones hermenéuticas ofrecidas por el autor, sin duda nos hallamos ante una obra de alto valor jurídico que contribuye al desarrollo del estudio de los delitos de favorecimiento ilícito de acreedores. En definitiva, disponemos de otra valiosa herramienta de extraordinaria utilidad interpretativa y de gran estímulo para el debate jurídico-penal.

En Valencia, a 8 de enero de 2024

JOSÉ L. GONZÁLEZ CUSSAC
Catedrático de Derecho Penal
Universidad de Valencia

I. Introducción

La prisión por deudas al Estado está prohibida en nuestro país, así como en la práctica totalidad de los países de nuestro entorno geográfico y jurídico. Esto implica que ningún sujeto que deba dinero a otro va a tener que responder penalmente por encontrarse en dicha situación. Un sujeto que esté en situación de insolvencia o crisis económica no podrá ser perseguido ni sancionado penalmente por el mero hecho de encontrarse en tal estado. Cuestión diferente es que el sujeto lleve a cabo algún tipo de comportamiento con objeto de perjudicar los derechos de crédito de terceros o para obstaculizar de algún modo los procedimientos legales previstos para garantizar el cobro de lo debido en sede civil o mercantil; de tales comportamientos sí puede desprenderse un desvalor de hecho con suficiente entidad para pasar a formar parte del elenco de conductas que prevé el Código Penal (en adelante: CP) en aras de lograr la salvaguarda o la intangibilidad de bienes jurídicos de especial relevancia, frente a ataques de intensa magnitud[1].

Con anterioridad a la reforma operada en el Código Penal por la LO 1/2015, de 30 de marzo, los delitos de "insolvencias punibles" se regulaban en un capítulo único y autónomo (el Capítulo VII del Título XIII) intitulado con idéntica nomenclatura. En dicho Capítulo se incluían una

---

1 En estos términos ya nos pronunciamos en nuestro trabajo: Bustos Rubio, M.: "Los delitos de bancarrota: una modalidad de insolvencia punible", en *Revista de Derecho y Proceso Penal,* nº 50, 2018, p. 198. Sobre la relación de la institución de la prisión por deudas y el actual sistema penal, puede verse: Bustos Rubio, M.: "La proscripción de la prisión por deudas: más allá de la capacidad económica del penado (indefensión y tutela judicial efectiva en la STC 32/2022, de 7 de marzo)", en Simón Castellano, P. (dir.), Álvarez Buján, M. V. (coord.), *Evolución e interpretación del TC sobre derechos fundamentales y garantías procesales: cuestiones recientemente controvertidas,* Ed. Aranzadi, Navarra, 2023, pp. 165 y ss.

amalgama muy heterogénea de tipos penales que presentaban como característica común el perjuicio que se causaba a los derechos o expectativas legítimas de los acreedores por parte de aquellos deudores que incumplían sus obligaciones crediticias, pero cuyas conductas tenían lugar tanto dentro como al margen de un procedimiento concursal. La actual estructura, derivada de la mencionada reforma de 2015, presenta sin embargo una duplicidad de regulaciones de todo ese elenco de conductas delictivas, que ahora se dividen en la llamada "frustración de la ejecución", del Capítulo VII del Título XIII, y en el Capítulo VII bis del mismo Título, que regula las "insolvencias punibles".

Dentro de este Capítulo VII bis CP, "de las insolvencias punibles", podemos encontrar tres modalidades delictivas: los delitos de bancarrota (arts. 259 y 259 bis CP), el delito de favorecimiento ilícito de acreedores (art. 260 CP) y el delito de presentación de datos falsos en un procedimiento concursal (art. 261 CP). En esta monografía analizaremos solo una de esas modalidades típicas, la del *favorecimiento ilícito de acreedores* del art. 260 CP, si bien se comprobará de inmediato que esta figura se construye sobre la base de ciertos elementos comunes predicables de todas las formas de insolvencia punible (e incluso relacionadas con el tradicional delito de alzamiento de bienes, ahora una forma de "frustración de la ejecución"). Por tal razón ya advertimos que, aunque el objeto concreto de análisis que nos proponemos es el estudio de la tipicidad objetiva y subjetiva del delito del art. 260 CP, en las páginas que siguen se hará inevitable acudir al contraste comparativo con otros elementos típicos propios de delitos cercanos, como por ejemplo los de bancarrota o el delito de alzamiento de bienes, en sus diversas formas de aparición.

El delito de favorecimiento ilícito de acreedores se encuentra regulado en dos apartados dentro del mencionado art. 260 CP, de la forma siguiente: "1. Será castigado con la pena de seis meses a tres años de prisión o multa de ocho a veinticuatro meses, el deudor que, encontrándose en una situación de insolvencia actual o inminente, favorezca a alguno de los acreedores realizando un acto de disposición patrimonial o generador de obligaciones destinado a pagar un crédito no exigible o a facilitarle una garantía a la que no tenía derecho, cuando se trate de una operación que carezca de justificación económica o empresarial. 2. Será castigado con la pena de uno a cuatro años de prisión y multa de doce a veinticuatro meses el deudor que, una vez admitida a trámite la solicitud de concurso, sin estar autorizado para ello ni judicialmente ni por los administradores concursales, y fuera de los casos permitidos por la ley, realice cualquier acto de disposición patrimonial o generador de obligaciones, destinado a pagar a uno o varios acreedores, privilegiados o no, con posposición del resto".

Se constata la existencia de dos modalidades diferenciadas de favorecimiento prohibido de acreedores: por un lado, el art. 260,1 CP aborda el que denominaremos *delito de favorecimiento ilícito preconcursal* (en tanto su ámbito de operatividad se restringe a las conductas que el sujeto deudor insolvente lleve a cabo antes de la existencia de concurso de acreedores), regulándose, de otro lado, en el art. 260,2 CP el más tradicional *delito de favorecimiento ilícito posconcursal* (pues su ámbito propio de aplicación será en el seno de un concurso de acreedores).

Decimos que esta modalidad del art. 260,2 CP resulta "más tradicional" toda vez que ya existía con anterioridad a la reforma penal de 2015. De hecho, esta forma de favorecimiento prohibido era la única que encontraba tratamiento y respuesta en el Código Penal, resultando hasta ese momento atípica cualquier otra conducta de favorecimiento de acreedores, y por ello no delictivas las que se llevaban a cabo en una fase *preconcursal* (modalidad que, por cierto, sí se encontraba presente anteriormente en algunos Ordenamientos jurídicos de países de nuestro entorno[2]). Esta

---

2 Vid.: Gómez Lanz, J.: "El nuevo régimen de la frustración de la ejecución y las insolvencias punibles", en Bustos Rubio, M. y Abadías Selma, A. (dirs.), *Una década de reformas penales. Análisis de diez años de cambios en el Código Penal (2010-2020)*, Ed. Bosch, Barcelona, 2020, p. 489.

última figura es producto de la reforma apuntada, que configuró *ex novo* la modalidad del art. 260,1 CP, pasando así a considerarse típicas conductas que hasta ese momento no lo eran.

Al albur de esta situación, consideramos que la estructura de la presente obra debe diseñarse del modo siguiente: en una primera parte, abordaremos el estudio de la todavía novedosa modalidad de favorecimiento ilícito de acreedores preconcursal (art. 260,1 CP), analizando sus elementos típicos, objetivos y subjetivos, resultando que gran parte de ese análisis podrá extrapolarse después al propio del delito de favorecimiento posconcursal (art. 260,2 CP) con el que comparte una estructura típica similar, que será analizada en la segunda parte del trabajo. Esto permite también seguir el orden sistemático del propio delito, dividido en dos apartados. Pero, además, creemos que la opción de dedicar mayor atención a la figura del art. 260,1 CP responde a otras razones adicionales: así, como se ha señalado, el hecho de encontrarnos ante una modalidad de nueva configuración en nuestro Código Penal (a partir del año 2015) hace que esta tipología de favorecimiento necesite de una mayor atención. Pero, además, al resultar más tradicional la modalidad de favorecimiento prohibido posconcursal del art. 260,2 CP, y gozando este delito de una mayor trayectoria en nuestro Ordenamiento jurídico, es posible encontrar multitud de pronunciamientos doctrinales y jurisprudenciales al respecto, algo que, como decimos, no ocurre para la modalidad de favorecimiento preconcursal, figura en la que el análisis ha sido mucho más limitado o comedido.

Este conjunto de razones, sumado al hecho de no existir, hasta la fecha de cierre del presente trabajo, un estudio monográfico similar sobre el particular delito de favorecimiento ilícito de acreedores como modalidad de insolvencia punible, ponen de manifiesto la oportunidad y la necesidad del trabajo que se recoge en las páginas siguientes.

II. El delito de favorecimiento ilícito de acreedores preconcursal *(art. 260,1 CP)*

1. EL BIEN JURÍDICO PROTEGIDO

Como se ha afirmado reiteradamente por parte de la doctrina, los delitos relacionados con situaciones de insolvencia, que tras la reforma operada en el Código Penal vía Ley Orgánica 1/2015, de 30 de marzo, se han dividido en dos grupos: (a) delitos de frustración de la ejecución (Capítulo VII, Título XIII, Libro II; arts. 257 a 258 ter CP: esencialmente el alzamiento de bienes y sus formas) y (b) delitos de insolvencias punibles (Capítulo VII bis, Título XIII, Libro II; arts. 259 a 261 bis CP), han sido objeto de intensa discusión en lo que al objeto de protección se refiere.

Ello es así dada la proximidad de estos delitos tanto al terreno patrimonial (visión individual del bien jurídico) como al terreno socioeconómico (visión supraindividual). En efecto, el Título XIII del Libro II del Código Penal recoge una serie de delitos *patrimoniales y contra el orden socioeconómico,* habiéndose inclinado el legislador español por una mezcolanza de injustos que en ocasiones no comparten demasiadas características con sus compañeros de ubicación, agrupándose bajo la misma rúbrica delitos estrictamente patrimoniales junto a otros que tutelan intereses colectivos o supraindividuales pertenecientes al orden socioeconómico. Por esta razón es común encontrar numerosos manuales de estudio de Derecho Penal Económico en los que se comienza con la exégesis de estas figuras delictivas relacionadas con situaciones de insolvencia, asumiendo que de algún modo son parte de la tutela penal del orden económico, pero suponiendo además la barrera delimitadora entre los delitos estrictamente patrimoniales (hurtos, robos, estafas, etc.) y los delitos propiamente económicos (delitos contra el mercado y los consumidores, manipulación de precios, blanqueo de capitales, etc.)[3]. En palabras de HUERTA TOCILDO, los delitos que reposan sobre situaciones de insolvencia del deudor quedan ubicados "en una zona de intersección entre los delitos patrimoniales propiamente dichos y los nuevos delitos contra el orden socioeconómico"[4].

No existe hoy consenso generalizado sobre la verdadera naturaleza de estos delitos (bien como delitos patrimoniales, bien como delitos socioeconómicos, o en su caso como delitos de tipo mixto), discusión que nace ya en el primer escalón de exégesis de la figura, relativo al bien jurídico tutelado por la norma. En efecto, como comprobaremos en las páginas siguientes, la discusión sobre el bien jurídico protegido transcurre por distintas líneas, si bien podemos clasificar algunas de esas teorías interpretativas como minoritarias o mayoritarias (atenderemos con mayor profundidad a estas últimas).

Debe advertirse igualmente que el debate sobre el concreto objeto de protección penal en la figura del favorecimiento ilícito de acreedores se relaciona directa y estrechamente con la discusión sobre el bien jurídico en todos los delitos de insolvencias punibles (esto es, alcanza también a los delitos de bancarrota o quiebra de los arts. 259 y 259 bis CP, y al delito de falsedad contable en procedimiento concursal del art. 261 CP), y por ello resultará inevitable que en la exposición se liguen ciertas conside-

---

3 Vid.: Obregón García, A.: "La reforma concursal y el Derecho penal de la insolvencia: un hito más en una historia fatal", en *Revista ICADE de las Facultades de Derecho y Ciencias Económicas y Empresariales*, nº 61, 2004, p. 268.

4 Huerta Tocildo, S.: "Bien jurídico y resultado en los delitos de alzamiento de bienes", en Cerezo Mir, J., Suárez González, C., Beristain Ipiña, A., et. al., *El nuevo Código Penal: presupuestos y fundamentos. Libro Homenaje a Torío López*, Ed. Comares, Granada, 1999, p. 66.

raciones que resulten extrapolables entre las distintas figuras que componen este grupo de delitos, denominados *insolvencias punibles.* Incluso se hará necesario, siquiera sea puntualmente, acudir al contraste de la discusión sobre el bien jurídico tutelado en el ámbito de las ahora llamadas formas de *frustración de la ejecución* (esto es, las diversas modalidades de alzamiento de bienes del art. 257 CP, el delito de presentación de una falsa relación de patrimonio del art. 258 CP, o el delito de uso prohibido de bienes embargados del art. 258 bis CP).

En adelante sistematizamos y exponemos las principales tesis sobre el bien jurídico protegido en este delito[5]. Para ello expondremos las que consideramos *tesis minoritarias,* pasando después a centrar el análisis en las llamadas *tesis mayoritarias,* a las que dedicaremos mayor atención analítica. Y ello porque, como bien ha afirmado Feijoo Sánchez, la respuesta a cuál es el bien jurídico tutelado en los delitos relacionados con la insolvencia se ha movido básicamente entre dos extremos: o bien considerar que dicho interés se identifica con el derecho de crédito de los acreedores (posturas patrimonialistas), o bien entender que el bien jurídico transita por la idea de protección de un interés supraindividual, de corte socioeconómico, como elemento de protección del sistema o de la economía de mercado (posturas funcionalistas). Como

5 Por supuesto existen otros estudios que se apartan de la indagación sobre el bien jurídico, postulando que nos encontramos ante delitos de *infracción de un deber,* tesis sobre la que no ahondaremos por no compartir nosotros dicho punto de partida en la construcción del delito, que a nuestro juicio sigue pivotando sobre la afectación a un bien jurídico tutelado por la norma. Sobre aquellas tesis, p. ej., vid.: Navas, I.: *Insolvencias punibles. Fundamentos y límites,* Ed. Marcial Pons, Madrid, 2015, pp. 167 y ss. Como puede leerse a este autor "en su estructura el delito puede ser visto como la infracción de un deber, ya sea por el hecho de que el sujeto obligado infringe el 'deber de hacer' impuesto por la norma de conducta al no cumplir con el comportamiento que ella fija, o porque vulnera el deber negativo de no dañar a otro, o uno positivo de no colaborar en la mejora de una esfera de organización ajena".

se plantea el autor "¿la respuesta del Ordenamiento jurídico a la necesidad de estabilizar deberes irrenunciables por parte de los deudores se ha fijado más en la protección del patrimonio individual de los acreedores o en la función social del sistema crediticio? ¿Se trata más bien de un delito patrimonial o de un delito socioeconómico? Las respuestas intermedias, o bien no sirven para nada o bien tienen que otorgarle preferencia a uno de los dos aspectos"[6]. A esta cuestión dedicamos las primeras páginas de esta monografía.

1.1. Tesis minoritarias

1.1.1. La fe pública

Una de las tesis más antiguas que podemos encontrar al aproximarnos al estudio del bien jurídico protegido en los delitos de insolvencias punibles (y que por ello resulta completamente extrapolable al caso particular del injusto de favorecimiento ilícito de acreedores) es la que alude a la *fe pública* como objeto directo de protección penal (concepto este, el de la fe pública, que por cierto ha sido identificado, a nuestro juicio erróneamente[7], como objeto de protección en muchos otros delitos de carácter económico, como por ejemplo los delitos fiscales o contra la Seguridad Social, por lo que no resulta extraño que también se haya explorado esta línea interpretativa para el caso de los delitos de insolvencia).

---

6 Feijoo Sánchez, B.: "Crisis económica y Derecho penal: responsabilidad de intermediarios financieros por la comercialización de productos de terceros, incremento de insolvencias y de la conflictividad social", en Reátegui Sánchez, J., y Requejo Sánchez, C. (coords.), VV. AA.: *Derecho penal económico y de la empresa,* Ed. Olejnik, Santiago de Chile, 2018, pp. 553-554.

7 Vid.: Bustos Rubio, M.: *La regularización en el delito de defraudación a la Seguridad Social,* Ed. Tirant lo Blanch, Valencia, 2016, pp. 32-33.

Recientemente, autoras como Souto García[8] o Gutiérrez Pérez[9] han anudado con acierto estas teorías con las tesis patrocinadas en el seno de la doctrina italiana por Carrara[10]. Y es que este autor promocionó la idea de que, con ciertos delitos, como los relativos a estados de insolvencia, el Derecho penal debía proteger la confianza ciudadana en el sistema de crédito, generándose así un correcto mantenimiento del sistema económico y comercial, funcionando dicho sistema de manera adecuada: "el verdadero bien jurídico protegido es [según esta tesis] el interés que tiene la sociedad y los comerciantes en que el comercio en el que realizan sus transacciones y negocios funcione de forma adecuada y correcta. La afectación a la dimensión social que estos delitos llevan aparejada implica su naturaleza supraindividual"[11]. De este modo, la criminalización de ciertas conductas que orbitan sobre situaciones de insolvencia lanza el mensaje de que los ciudadanos pueden confiar en la robustez de ese sistema de crédito, con todo lo que ello implica.

A pesar de sus esfuerzos esta teoría interpretativa sobre el bien jurídico en los delitos de insolvencias punibles no ha contado con un gran número de seguidores. Ello es del todo lógico si se tiene en cuenta que (a) la fe pública, máxime en el sentido que se le quiere otorgar con estas teorías, no cuenta con las condiciones y elementos necesarios que, a nuestro modo de ver, permitirían considerarla como un bien jurídico en el caso de los delitos de insolvencias punibles, dada la absoluta imprecisión del término y la problemática relativa a la delimitación de su alcance, especialmente en según qué

---

8 Souto García, E.: *Los delitos de alzamiento de bienes en el Código Penal de 1995*, Ed. Tirant lo Blanch, Valencia, 2009, p. 92.

9 Gutiérrez Pérez, E.: *El Derecho penal frente a la insolvencia. Delitos de alzamiento de bienes y delitos concursales*, Ed. Aranzadi, Navarra, 2021, pp. 46 y ss.

10 Cfr.: Carrara, F.: *Programa del Curso de Derecho Criminal Volumen 7*, Ed. Temis, Bogotá, 1956.

11 En estos términos: Souto García, *Los delitos de alzamiento de bienes en el Código Penal de 1995, cit.*, p. 86.

mercados o sectores de actividad; y (b) que, según alcanzamos, esta interpretación tiende a mezclar y confundir lo que puede ser el medio de comisión de estos delitos, que efectivamente en ciertos casos implicará recurrir a algún tipo de modalidad falsaria (propia de los injustos que tutelarían la fe pública), con el verdadero objeto de protección jurídico-penal, que no puede ser simplemente identificado con una pretendida conservación de la fe púbica o de la confianza ciudadana. En este último sentido asevera BUSTOS RAMÍREZ con acierto que "puede haber coincidencias materiales, es decir, que el crédito aparezca concretado en determinados documentos, es decir, en medios que gozan de fe pública, pero tal coincidencia material no implica una confusión de los contenidos de ambos conceptos. Por cierto, que en una quiebra pueden darse muchos delitos contra la fe pública, pero ello no significa que el delito de quiebra tenga por contenido la fe pública; por el contrario, se tratará de delitos singulares diferentes al contenido propio y exclusivo del injusto del delito de quiebra. En caso contrario bastaría con los delitos de falsedades y no sería necesario el delito de quiebra. La fe pública no está en capacidad de fundamentar el injusto del delito de quiebra, porque no es ella la que está en juego cuando el Estado interviene con su poder punitivo para sancionar los hechos constitutivos del delito de quiebra"[12].

Pero debemos realizar alguna precisión adicional, siquiera sea de un modo somero. Estudiando profusamente esta tesis GUTIÉRREZ PÉREZ entiende que (a) la doctrina de CARRARA resulta, al menos parcialmente, extrapolable al tipo de sociedad actual, y (b) que en estas teorías se encontraría el germen de aquella otra tesis sobre el bien jurídico que más actualmente defiende un sector doctrinal, y que alude al correcto funcionamiento del sistema de crédito (teorías funcionalistas que analizaremos con mayor detalle más adelante).

---

12 Bustos Ramírez, J.: "Política criminal y bien jurídico en el delito de quiebra", en *Anuario de Derecho Penal y Ciencias Penales,* Tomo 43, 1990, p. 41.

No coincidimos con estos postulados.

En primer lugar, sostiene la autora que "el contexto vigente es una buena muestra de que la confianza puede operar con intensidad en las transacciones económicas e incluso ejercer un efecto *contagio* sobre los diferentes operadores jurídicos. La *anonimización* de las relaciones del tráfico comercial agudiza el papel que la confianza desempeña en nuestra sociedad actual"[13]. La autora, sin ser partidaria ni seguidora de esta teoría interpretativa, manifiesta que solo salvaguardada esa confianza es posible entender que los ciudadanos depositen sus ahorros en las entidades de crédito, y para ello recurre al ejemplo de la crisis económica mundial del año 2008, que "evidenció que la confianza constituye una pieza clave en el engranaje del desarrollo económico, que tiene efecto paralizante de los mercados de crédito y es capaz de restringir su acceso mediante el endurecimiento de sus condiciones", aludiendo a la prima de riesgo como especial indicador del nivel de confianza en los mercados financieros[14]. Todo esto es, a nuestro juicio, solo parcialmente cierto, pues la aludida *confianza* que patrocinó CARRARA poco o nada tiene que ver con la actual sociedad organizada sobre otros postulados como la despersonalización o la anonimización del sistema crediticio, la tendencia a lo macro, y las diferentes particularidades de las entidades que operan en el mercado, por no decir que, realmente, el actual sistema *obliga* a los ciudadanos a interactuar con las entidades crediticias y financieras en numerosísimas ocasiones, lo cual hace que tal concepción inicial, muy limitada y propia de un modelo de sociedad concreto, no pueda extrapolarse al momento actual[15]. Pese a todo, en muchas ocasiones resultará imposible negar el efecto descrito por la autora, pero ello no implica que esa pretendida salvaguarda de la confianza ciudadana en el sis-

---

13 Gutiérrez Pérez, *El Derecho penal frente a la insolvencia… cit.*, p. 47.

14 Ídem, p. 48.

15 En este sentido también: Souto García, *Los delitos de alzamiento de bienes en el Código Penal de 1995, cit.*, pp. 86-87.

tema de crédito constituya directamente el bien jurídico protegido por la norma; como asevera FEIJOO SÁNCHEZ, ello constituiría simplemente un efecto general de un adecuado funcionamiento del sistema, pero no el objeto de tutela penal[16]. Algo que, por otra parte, pudiera predicarse del efecto generado por la comisión de cualquier delito del Código Penal: como ilustrase MUÑOZ CONDE, también el aumento de homicidios puede hacer aumentar la desconfianza ciudadana en la seguridad, pero ello no implica identificar ese bien jurídico como objeto de tutela en los delitos de homicidio o asesinato[17].

Y, en segundo lugar, tampoco compartimos que estas teorías supongan el núcleo fundamental que permitió el posterior desarrollo de las llamadas *teorías funcionalistas,* que como se analizará más adelante, identifican el bien jurídico en la idea de preservación del correcto funcionamiento del sistema crediticio. Y ello, principalmente, por la razón acabada de oponer al argumento anterior: si la fe pública puede, como mucho, constituir un efecto a lograr (o en su caso incluso una *finalidad* del legislador) con el establecimiento de tipos penales que orbitan sobre situaciones de insolvencia, ello no puede ni debe confundirse con cuál sea el verdadero objeto jurídico de protección, y por tal motivo esta tesis no puede acogerse como fundamento de ninguna otra sobre el bien jurídico tutelado por la norma. Las tesis funcionalistas, como tendremos ocasión de comprobar, no niegan esos efectos descritos, ni desechan la finalidad del legislador (o una de sus finalidades) en perseguir un aludido estado de confianza ciudadana (con los importantes matices y reservas ya expuestos, máxime en el modelo actual), pero no desarrollan esa idea cuando identifican el bien jurídico en el marco de un *correcto funcionamiento del sistema crediticio.* El sistema de crédito del

---

16 Feijoo Sánchez, B.: "Crisis económica y concursos punibles", en *Diario La Ley,* nº 7178, 2009.

17 Muñoz Conde, F.: *El delito de alzamiento de bienes,* Ed. Bosch, 2ª edic., Barcelona, 1999, pp. 59-60.

país ha de preservarse por muy distintas razones, más allá de la idea de confianza señalada; sin ir más lejos, porque es núcleo central de la propia economía de mercado en los sistemas actuales, y sin su mantenimiento y preservación sería muy difícil hablar de un modelo socioeconómico como el que conocemos. Por tanto, no compartimos la idea de que las tesis de la fe pública, o de la confianza ciudadana, se aúnen o integren con las teorías funcionalistas que serán estudiadas más adelante en esta monografía.

1.1.2. La Administración de Justicia

Otra teoría que podemos considerar minoritaria dentro de este nivel de análisis es la que identifica el bien jurídico protegido con la Administración de Justicia, y más concretamente con el *interés público procesal*.

Esta línea interpretativa transita por la idea siguiente: dado que el procedimiento ejecutivo concursal se apoya en el aforismo *par conditio creditorum,* esto es, en que los acreedores de igual condición han de recibir el mismo trato en la recuperación de sus créditos (algo que se manifiesta muy especialmente en el delito de favorecimiento ilícito de acreedores que es objeto directo de esta investigación), entonces la declaración de concurso deviene como una condición objetiva de punibilidad que impide castigar el delito hasta su concurrencia, protegiéndose con estos tipos penales el correcto desarrollo de las tareas propias de la Administración de Justicia en este sector, o más concretamente el desenvolvimiento adecuado del procedimiento ejecutivo concursal. Solo así quedarían salvaguardados de modo correcto los intereses de las partes (especialmente de los acreedores implicados)[18]. O, en palabras de Bustos Ramírez analizando estas tesis, “el acento del problema no está en un pretendido derecho de crédito sobre el pa-

---

[18] Vid. la exposición y críticas que realiza: Gutiérrez Pérez, *El Derecho penal frente a la insolvencia… cit.*, pp. 53 y ss.

trimonio del deudor, sino en aquel instrumento jurídico que procura, por los medios jurídicos de que se dispone, el cumplimiento de toda obligación. En otros términos, el presupuesto concursal, que es el que da contenido a ese momento de cumplimiento de la obligación, implica necesariamente la consideración de los acreedores como una masa, pues se trata de proteger a un grupo y no a un individuo, hay, pues, un interés colectivo y no individual, que está inmerso en ese presupuesto concursal e indisoluble con él. Por eso, justamente, «el interés jurídico inmediatamente lesionado es un interés procesal público»"[19].

Dentro de esta línea interpretativa, por ejemplo, CABALLERO BRUN ha entendido que el correcto proceso de ejecución, ínsito en la funcionalidad de la Administración de Justicia, constituye el bien jurídico tutelado en el delito de favorecimiento ilícito de acreedores[20]. En la misma línea apunta CAMPANER MUÑOZ que "el bien jurídico protegido tiene un carácter procesal, ya que es justamente en ese escenario donde se frustra la pretensión del acreedor de cobrar su crédito" (si bien se refiere el autor, exclusivamente, al delito de alzamiento de bienes, para el que señala como bien jurídico tutelado el *proceso de ejecución*)[21].

Dos razones nos asisten para desechar esta interpretación.

Por un lado, en empleo de una interpretación sistemática, si se hubiera querido aproximar estas figuras delictivas a una pretendida protección de la Administración de Justicia como bien jurídico, los tipos penales debían

---

19 Bustos Ramírez, *Política criminal y bien jurídico en el delito de quiebra... cit.*, p. 42.

20 Caballero Brun, F.: *Insolvencias punibles*, Ed. Iustel, Madrid, 2008, p. 164.

21 Campaner Muñoz, J.: "El Derecho penal de las insolvencias. Cuestiones dogmáticas y procesales a la luz de los bienes jurídicos protegidos", en *Cuadernos de Política Criminal*, nº 113, 2014, p. 262. El autor, no obstante, parece inclinarse después por una postura *funcionalista* y *supraindividual* al analizar el delito concursal (antiguo art. 260 CP).

haberse agrupado en el Título XX del Libro II del Código Penal, bajo la rúbrica "Delitos contra la Administración de Justicia". Y aunque, efectivamente, este argumento por sí mismo no resulta definitivo[22], existe un segundo argumento que sumado a este nos permite desechar la teoría en examen.

Esa otra razón es, en segundo lugar, el hecho de que esta visión se encuentra totalmente desenfocada, pues se aleja en demasía de la concreción que exige el bien jurídico en cualquier delito, al salir de la esfera patrimonial de los acreedores, exceder del correcto funcionamiento del sistema de crédito, y llegar a una genérica salvaguarda de intereses de tipo procesal relacionados con la insolvencia. Por supuesto que esas reglas procesales son importantes, pero ellas no pueden constituir el bien jurídico directamente tutelado por la norma, pues tal interpretación amplía en demasía, e innecesariamente, la óptica analítica. En definitiva: el proceso es el instrumento que vehicula la protección de ciertos intereses, y por ello precisamente esos últimos serán los que converjan a modo de bien jurídico tutelado, sin que aquél primero pueda ser objeto directo de protección penal[23] (salvo en aquellos casos en los que, como acontece con los genuinos delitos contra la Administración de Justicia, sea vean lesionados efectivamente dichos intereses).

En suma, y en palabras de Bustos Ramírez, "la Administración de Justicia y en concreto la función del proceso concursal no puede ser el bien jurídico protegido en el delito de quiebra, ya que no logra explicitar una fundamentación de la protección y tampoco por ello mismo permite una adecuada tipificación de este delito"[24].

---

22 Souto García, *Los delitos de alzamiento de bienes en el Código Penal de 1995, cit.*, p. 116.

23 Bustos Ramírez, *Política criminal y bien jurídico en el delito de quiebra… cit.*, p. 46.

24 Ídem.

1.2. Tesis mayoritarias

1.2.1. Las tesis patrimonialistas

La doctrina claramente mayoritaria identifica el bien jurídico tutelado por los delitos de insolvencia en el ámbito de la tutela de un interés particular (no supraindividual ni colectivo, por tanto), cual es el derecho a la satisfacción de crédito de los acreedores respecto del patrimonio del deudor, concretándose la lesión en el patrimonio individual del sujeto, sea este de naturaleza privada o pública[25].

---

[25] Así, entre otros: Monge Fernández, A.: *El delito concursal punible tras la reforma penal de 2015 (análisis de los artículos 259 y 259 bis CP.),* Ed. Tirant lo Blanch, Valencia, 2016, pp. 37 y ss.; Souto García, E.: "La tutela penal del derecho de crédito tras la reforma operada por la Ley Orgánica 1/2015, de 30 de marzo: los 'nuevos' delitos de frustración de la ejecución y de insolvencia punible", en *Revista de Derecho y Proceso Penal,* nº 38, 2015, p. 147 (si bien acudiendo a la consideración de un bien jurídico mediato de carácter supraindividual, como veremos más adelante); Gutiérrez Pérez, *El Derecho penal frente a la insolvencia… cit.,* pp. 95 y ss.; Pavía Cardell, J.: "Los delitos de insolvencia punible", en Camacho Vizcaíno, A. (dir), VV. AA.: *Tratado de Derecho Penal Económico,* Ed. Tirant lo Blanch, Valencia, 2019, p. 810; Ocaña Rodríguez, A.: *El delito de insolvencia punible del art. 260 CP. a la luz del nuevo derecho concursal. Aspectos penales y civiles,* Ed. Tirant lo Blanch, Valencia, 2004, p. 29; Faraldo Cabana, P.: "Vuelta a los hechos de bancarrota: el delito de insolvencia fraudulenta tras la reforma de 2015", en *Revista de Derecho Concursal y Paraconcursal,* nº 23, 2015, p. 58; Galán Muñoz, A.: "Presente y futuro de las insolvencias punibles", en *Revista Penal,* nº 34, 2014, p. 62; Galán Muñoz, A.: "Los delitos patrimoniales de defraudación (II): frustración de la ejecución e insolvencias punibles", en Galán Muñoz, A. y Núñez Castaño, E.: *Manual de Derecho Penal económico y de la empresa,* Ed. Tirant lo Blanch, 5ª edic., Valencia, 2023, p. 112; Muñoz Conde, *El delito de alzamiento de bienes, cit.,* p. 64; Martínez-Buján Pérez, C.: "Los delitos de insolvencias punibles tras la reforma realizada por la LO. 1/2015", en Bacigalupo Sagesse, S., Feijoo Sánchez, B., Echano Basaldena, J. I.: *Estudios de Derecho Penal: homenaje al profesor Miguel Bajo,* Ed. Ramón Areces, Madrid, 2016, p. 1068; Martínez-Buján Pérez, C.: "Cuestiones fundamentales del delito de alzamiento de bienes", en *Estudios Penales y Criminológicos,* nº 24, 2002-2003, p. 450; González Cussac, J. L.: *Los delitos de quiebra,* Ed. Tirant lo Blanch, Valencia, 2000, p. 26; o Ruiz Marco, F.: *La tutela penal del derecho de crédito,* Ed. Dilex, Madrid, 1995, p. 337; Balbuena Pérez, D.: "Insolvencias puni-

Y aunque la configuración del bien jurídico directamente tutelado dependa aquí del autor al que se acuda, como afirma Navas "se considera que el bien jurídico protegido es el interés o derecho de crédito de los acreedores o su pretensión o derecho a la satisfacción. En el fondo se trata de la protección que se otorga al patrimonio de los acreedores"[26]. Desde esta perspectiva, también el delito del art. 260 CP protegería, a modo de bien jurídico, el derecho a la satisfacción del crédito de los acreedores frente al patrimonio del deudor, al terminarse por favorecer de un modo prohibido a terceros acreedores, pagando créditos no exigibles o facilitándoles una garantía a la que no tienen derecho (o, en su caso, al realizarse actos prohibidos de disposición patrimonial o actos generadores de obligaciones no procedentes, tanto en sede pre como pos concursal, teniendo en cuenta las modalidades 1 y 2 del precepto)[27].

---

bles", en Abadías Selma, A. y Bustos Rubio, M. (dirs.), VV. AA.: *Temas prácticos para el estudio del Derecho penal económico,* Ed. Colex, 2ª edic., Madrid, 2022, pp. 94-95; Benítez Ortúzar, I.: "Frustración de la ejecución e insolvencias punibles", en Morillas Cueva, L. (dir.), VV. AA.: *Estudios sobre el Código Penal reformado (leyes orgánicas 1/2015 y 2/2015),* Ed. Dykinson, Madrid, 2015, p. 587; Magdalena Cámara, M.: *Aspectos dogmáticos y político-criminales de las insolvencias punibles,* Tesis Doctoral, Universitat Autònoma de Barcelona (UAB), 2016, pp. 40 y ss; Ruiz Blay, G.: *Análisis de los aspectos fundamentales del delito de insolvencia fraudulenta tras la reforma del Código Penal por la LO. 1/2015,* Ed. Universidad Complutense de Madrid, [tesis doctoral inédita], Madrid, 2018, p. 144; Del Rosal Blasco, B.: "Las insolvencias punibles a través del análisis del alzamiento de bienes", en *Anuario de Derecho Penal y Ciencias Penales,* Tomo XLVII, Fas. II, 1994, p. 13; Francés Lecumberri, P.: "El delito de insolvencia punible documental (arts. 259,1 aps. 6º a 8º)", en *inDret,* nº 2, 2019, p. 7; Roldán Pérez, C.: "Aspectos críticos de la actual regulación del delito de bancarrota", en *Revista General de Derecho Penal,* nº 35, 2021, pp. 16-17.

26 Navas, *Insolvencias punibles… cit.,* p. 33.

27 Al albur de la teoría patrimonial es posible identificar alguna otra *subteoría* que pudiéramos igualmente considerar "minoritaria" junto a las ya explicadas relativas a la fe pública y a la Administración de Justicia, que identifica que los delitos de insolvencia protegerían la *función social de los derechos patrimoniales,* en una especie de vía intermedia entre los planteamientos propiamente patrimonialistas y aquellos otros de tipo funcionalista que estudiaremos más adelante.

Desde la primaria regulación penal de este tipo de comportamientos este ha sido, prácticamente de forma indiscutida, el interés considerado tutelado en las insolvencias fraudulentas, al menos para un sector mayoritario de la doctrina, pues se entendía que los tipos de injustos referidos castigaban, indistintamente, tanto conductas que por su magnitud podrían llegar a menoscabar el sistema crediticio en su conjunto, como también aquellas que por sus limitaciones sólo resultaban lesivas para un patrimonio individual, el del acreedor o acreedores en cuestión, por lo que, de facto, siempre se acababa lesionando el patrimonio o los derechos de crédito de éstos, en una visión individualista del delito; y ello, como decimos, independientemente de que nos encontrásemos ante un delito de alzamiento de bienes (en sus distintas formas), o ante un delito de quie-

---

Máximo exponente de esta tesis es García Sánchez, A.: *La función social de la propiedad en el delito de alzamiento de bienes,* Ed. Comares, Granada, 2003, pp. 138 y ss. Desde esta visión, la función social de los derechos patrimoniales se consideraría un bien jurídico de carácter *colectivo* que el Derecho penal vendría a proteger mediante la tipificación de las conductas de insolvencia punible. En palabras de este autor, los delitos de insolvencias "suponen un ataque intolerable a la institución de la función social de los derechos patrimoniales, por tratarse de supuestos en los que se ejercitan los derechos de contenido económico de una forma manifiestamente contraria al interés social, es decir, en contra de los intereses y valores económico-sociales expresamente recogidos y tutelados en nuestro texto constitucional" (ibid., p. 142). De este modo, con la sanción de estas conductas realmente se pretendería proteger "el acceso y participación de todos los ciudadanos en la vida económica" (ibid., p. 143). A pesar de lo novedoso del planteamiento, aquí solo se deja apuntado, pudiéndonos remitir al contraste de algunas críticas que desde la doctrina se le han opuesto (vid.: Souto García, *Los delitos de alzamiento de bienes en el Código Penal de 1995, cit.,* pp. 104-105; o Navas, *Insolvencias punibles... cit.,* p. 56). Realizar una exégesis mayor nos alejaría del objeto directo de esta investigación, centrada en el injusto del art. 260 CP (recordemos que esta teoría se enarbola para el caso particular del delito de alzamiento de bienes, hoy modalidad de frustración de la ejecución y que, por tanto, no integra el catálogo de insolvencias punibles). Parece referirse también a la función social del crédito: Magdalena Cámara, *Aspectos dogmáticos y político-criminales de las insolvencias punibles, cit.,* pp. 31 y ss.

bra o bancarrota, o en general de lo que ahora se identifica como *insolvencias punibles* (SAP de Baleares, 49/2005, de 10 de junio[28]).

Por lo general, y aunque encontramos matices sobre el concreto contenido de este bien jurídico y lo que alcanza al terreno propiamente penal[29], la doctrina que se adhiere a esta línea de interpretación entiende que el objeto jurídico de tutela en los delitos de insolvencias punibles, entre los que se enmarca, en concreto, el favorecimiento ilícito de acreedores, se identifica con el derecho a la satisfacción de crédito que tienen los acreedores sobre el patrimonio del deudor, en ciertos supuestos de incumplimiento por parte de este, considerados delictivos. Este interés coincide con el deber que incumbe a cualquier deudor de responder con todos sus bienes presentes y futuros en caso de incumplimiento, responsabilidad patrimonial universal instituida en el art. 1911 del Código Civil. En palabras de NAVAS "por medio de actos de disposición patrimonial lo que se produce es una defraudación de aquella expectativa normativa de cobro o de satisfacción que posee el acreedor en virtud del art. 1.911 del CC", por lo que a su juicio el foco en estos delitos no debe ponerse en el posible enriquecimiento injusto del deudor, sino en "el refuerzo sancionatorio de la garantía patrimonial universal que pesa sobre el deudor, independientemente del destino que tengan los bienes que constituyen su patrimonio"[30].

Representativamente expone GONZÁLEZ CUSSAC que el objeto de protección en estos delitos se concreta exclusivamente en el derecho de crédito, siendo este el único bien jurídico tutelado por la norma, y además con exclusión de cualquier otra integración del sistema financiero dentro de esta institución. Tal referencia supraindividual constituiría, a lo sumo y en su caso, el objeto de la lesión. Para el autor

---

28 (*Tol 663733*).

29 Vid., verbigracia, las diferencias a las que alude: González Cussac, *Los delitos de quiebra, cit.*, p. 26.

30 Navas, *Insolvencias punibles… cit.*, p. 36.

(si bien antes de la reforma del año 2015) tanto el delito de alzamiento de bienes como el entonces *delito concursal* tutelarían de igual manera ese derecho de crédito de los acreedores[31].

MONGE FERNÁNDEZ ha sido una de las autoras que más recientemente se ha esforzado en concretar el concepto de *patrimonio* en el seno de los delitos de insolvencias punibles. Desde consideraciones realizadas a partir de un entendimiento personalista o subjetivo del patrimonio (en el que este constituiría una emanación de la personalidad y del poder jurídico de la persona, como manifestación del ámbito en el que aquella puede ejercer libremente su voluntad), hasta una consideración objetiva del patrimonio (entendido como la masa de bienes que queda destinada a un fin), pasando por interpretaciones eclécticas o intermedias (que buscarían puntos de conexión entre los entendimientos subjetivos y los objetivos)[32], la autora concluye entendiendo que un concepto de *patrimonio penal* que se vería lesionado con la ejecución de los comportamientos prohibidos de insolvencia pasa por entender el mismo como bien jurídico individual, "que atiende no tanto al valor económico monetario de los bienes y derechos, sino a las posibilidades de participación que brindan a su titular", y por tanto debiendo interpretarse, según este entendimiento, "no como una disminución en términos monetarios, sino como lesión de tales posibilidades de actuación"[33]. Y, en concreto, identificando el bien jurídico en el derecho de los acreedores a la satisfacción de sus créditos, la autora considera que existen

---

31 González Cussac, *Los delitos de quiebra, cit.*, pp. 24-25.

32 Monge Fernández, *El delito concursal punible tras la reforma penal de 2015, cit.*, pp. 39 y ss.

33 Monge Fernández, *El delito concursal punible tras la reforma penal de 2015, cit.*, p. 43. Partiendo de que el concepto de *patrimonio* en el terreno jurídico penal ha sido ampliamente estudiado al socaire del delito de estafa, la autora dedica un gran espacio de su investigación a transitar por los distintos conceptos de patrimonio que se han ofrecido desde la doctrina penal (pp. 44 y ss.), discusión en la que no podemos entrar en este trabajo por exceder con creces el objetivo analítico fundamental de esta monografía.

dos aspectos que conforman dicho interés: un aspecto *positivo,* entendido como el derecho a satisfacerse del patrimonio del deudor, y un aspecto *negativo* que excluiría toda conducta del deudor que tienda a frustrar esa satisfacción del acreedor o acreedores[34].

No cabe duda de que esa responsabilidad patrimonial universal que instituye la legislación civil tiene una notable trascendencia en nuestras sociedades actuales. Se articula como una auténtica *garantía* que establece la obligación de sujeción general de los bienes del deudor (presentes y también futuros) para el caso de incumplimiento de sus obligaciones, independientemente de que ello tenga origen contractual o extracontractual. Como ha explicado Gutiérrez Pérez, siguiendo la exposición anteriormente realizada por Monge Fernández, esta disposición cumple con dos funciones: por un lado, para el deudor, ejerce una función de estimulación para el cumplimiento voluntario; por otro lado, para el acreedor, posee una función de garantía, dado que asegura la satisfacción de su derecho de crédito a costa de los bienes del deudor[35]. Para esta autora, además, el bien jurídico penal no se articula como criterio de distinción entre el Derecho privado y el Derecho penal en materia de insolvencias, de modo que el derecho a la satisfacción del crédito del acreedor a través del patrimonio del deudor se protegería "tanto por los instrumentos de protección del derecho de crédito que pertenecen al Derecho privado, como por las distintas figuras delictivas de insolvencia"[36].

La principal crítica que se puede oponer a esta línea de pensamiento pasa por advertir sobre lo peligroso que resultaría en la práctica aproximar estos tipos penales a algo similar a la ya extinta *prisión por deudas,* haciéndose responder finalmente al sujeto por no poder cumplir en tiempo

---

34 Monge Fernández, *El delito concursal punible tras la reforma penal de 2015, cit.,* p. 64.

35 Gutiérrez Pérez, *El Derecho penal frente a la insolvencia… cit.,* p. 63.

36 Ídem, p. 95.

y forma con el pago de lo adeudado (esto es, simplemente por ser un sujeto insolvente). Riesgo que se detecta principalmente dada esa proximidad en la fundamentación tanto de la regulación civil o mercantil como de la regulación penal sobre la materia, al apoyarse ambas en la responsabilidad patrimonial universal del art. 1911 del Código Civil, según diagnostica este sector doctrinal.

Debemos partir de la base de que ningún delito ni ninguna sanción penal puede, en nuestro Ordenamiento jurídico, fundamentarse en la imposibilidad de pago o de cobro por parte de los sujetos, sin precisiones adicionales, pues ello sí nos conduciría a la proscrita prisión por deudas al Estado. No obstante, existen claros precedentes en nuestra historia, y en la historia de los países de nuestro entorno jurídico o geográfico, en los que sí se terminaba por aplicar sanciones penales a sujetos que se encontraban en situaciones de insolvencia. Así, por ejemplo, en una casi desapercibida obra de Charles DICKENS, titulada *La pequeña Dorrit,* el famoso escritor inglés narra cómo vivió los primeros años de su niñez encerrado en prisión a consecuencia de las deudas de su padre. A comienzos del siglo XIX los presos ingleses condenados por insolvencia (esto es, por no abonar el pago de los impuestos o cuotas que les correspondían) debían permanecer en prisión hasta que se liquidase el pago de sus deudas, lo que suponía para muchos pasar el resto de sus días encarcelados. La situación era incluso más grave si se tiene en cuenta que, en caso de tener familia, el reo podía decidir que aquella residiese junto a él en prisión, compartiendo su celda (situación que se mantuvo en Inglaterra hasta el año 1869, cuando se aprobó la *Bankruptcy Act,* o Ley de Quiebras). De este modo transcurrió la infancia del famoso novelista inglés, encerrado con sus padres y hermanos en la prisión londinense de Marshalsea[37].

---

[37] Pérez Vaquero, C.: "Dickens y la prisión por deudas", en *Cont4bl3,* nº 39, 2011, pp. 34-35.

Ya mucho antes encontramos ejemplos de legislaciones en donde se hacía posible cumplir una pena privativa de libertad a consecuencia del impago de alguna cantidad. Así en la antigua Roma, el contrato de *nexum* constituía una obligación pecuniaria especial cuya particularidad reposaba en que, al término del plazo convenido, si el deudor no había cumplido con su obligación de pago el acreedor podía llevarlo preso a su propia casa, sin necesidad siquiera de acudir ante la justicia a solicitarlo (mancipatio)[38]

La ley Poetelia Papiria (del año 326 a.C.) abolió en parte el *nexum* señalando la prohibición de que los sujetos deudores pudieran ser encadenados o vendidos, pero permitiendo todavía la creación de un vínculo jurídico entre las partes, de tipo patrimonial, por el que se establecía que el sujeto debía abonar su deuda al acreedor hasta que finalizase la misma. Con todo, si el deudor no cumplía finalmente con lo adeudado, según el procedimiento de la *legis actiones* pasados treinta días se mantenía vigente la posibilidad de ejercer la ejecución (mediante la *manus iniestio*) pudiendo el acreedor solicitar ante el magistrado la entrega del deudor para llevarlo a su casa y tenerlo allí bajo ciertos requisitos.

Ya en el siglo XV en el Reino de Castilla se previó la prisión por deudas para sujetos judíos y musulmanes. Si bien se ha constatado que esta era una técnica bastante minoritaria en la práctica, era posible que una persona que incumpliera la obligación de pagar sus créditos no solo respondiese ante sus acreedores por medio de su patrimonio sino también personalmente, sufriendo castigos de tipo corporal o mediante su ingreso en prisión[39]. Empero, en torno a 1800 a nivel europeo de nuevo se recupera la institución de la

---

38 Mateos Rodríguez-Arias, A.: "El impago de la responsabilidad civil ex delicto, ¿una nueva forma de prisión por deudas?", en *La Ley Penal,* nº 135, 2022, p. 2.

39 Rodríguez Celada, E.: "La criminalización del fracaso empresarial. Análisis crítico de la reforma del Código Penal de 2015 en relación con el delito concursal", en *inDret,* nº 1, 2017, p. 15.

prisión por deudas normativizando que los deudores fuesen encarcelados hasta que pagasen sus deudas. En muchas ocasiones ante lo abultado de la deuda finalmente se amnistiaba al deudor una vez se comprobaba la incapacidad absoluta de abonar la misma durante el resto de su vida.

En España, la evolución histórica de la institución de la prisión por deudas la define BENITO LÓPEZ de la siguiente manera: "fue implantada por el Fuero de Jaca, promulgado por el rey don Sancho Ramírez el año de 1704. El incumplimiento de una obligación civil de tipo económico quedaba equiparada a una transgresión justiciable de carácter penal. Posteriormente se encuentra una detallada regulación de la prisión por deudas en la Nueva Recopilación de Felipe II (1567) y en la Novísima Recopilación de Carlos IV (1805). El desarrollo jurídico llevado a cabo durante el siglo XIX, a partir de los sistemas constitucionales, hizo que la prisión por deudas quedase abolida, siendo —como dice Bernaldo de Quirós— 'una sanción de naturaleza penal inadecuada enteramente a una obligación que no reviste caracteres de delito'. Con su abolición quedó reducida la posibilidad del encarcelamiento a los casos de actos delictivos. La línea divisoria entre lo ilícito civil y lo ilícito penal quedaba claramente trazada"[40].

Esta situación, como aventurábamos, hoy resultaría inconcebible[41]. De hecho, no es posible en nuestro sistema desde el Código Penal de 1932 (si bien ya en el año 1885,

---

40 Benito López, R.: "La quiebra de la finalidad resocializadora de la pena y la resurrección de la prisión por deudas", en VV. AA., *Homenaje al profesor Dr. Gonzalo Rodríguez Mourullo,* Ed. Civitas, Madrid, 2005, p. 100.

41 Al menos en los países que han suscrito los acuerdos internacionales que prohíben la institución de la prisión por deudas, como es el caso de España. Con todo, existen hoy algunos Estados, como el caso de Emiratos Árabes u otros del Golfo Pérsico, en los que se mantiene la prisión por deudas, privándose de libertad al sujeto deudor por no pagar las mismas (Estados en los que, por cierto, ni siquiera existe una clara regulación de las situaciones de quiebra o bancarrota). Vid. ampliamente tb.: Bustos Rubio, en Simón Castellano (dir.) y Álvarez Buján (coord.), *La proscripción de la prisión por deudas... cit.,* pp. 165 y ss.

con la entrada en vigor de la Ley de Enjuiciamiento Civil, se proclamó formalmente la supresión de toda prisión por deudas). Desde la Revolución Francesa ha quedado completamente prohibida la llamada *prisión por deudas,* axioma consagrado después en varios textos internacionales y, esencialmente y de manera expresa, en el Convenio para la Protección de los Derechos Humanos y de las Libertades Fundamentales (Roma, 1950) y en el Pacto Internacional de Derechos Civiles y Políticos (Nueva York, 1966), cuyo art. 11 declara que “nadie será encarcelado por el solo hecho de no poder cumplir una obligación contractual”. Y estos acuerdos, además de vincular a España al ser este Estado signatario, deben servir de principio interpretativo en el conjunto del Ordenamiento jurídico y, por supuesto, también a la hora de interpretar correctamente las distintas figuras delictivas. De este modo, en palabras de Rodríguez Celada, “la prohibición de la prisión por deudas se configura así como algo imprescindible en un Estado democrático y social de Derecho, siendo su objetivo evitar que una persona pierda su libertad por el mero hecho de no poder hacer frente a los créditos de sus acreedores”[42].

Pese a todo lo expuesto, no creemos que la razón última para acoger o desechar las tesis patrimonialistas sobre el bien jurídico repose en una quiebra del principio que prohíbe la prisión por deudas. Y ello porque realmente el fundamento de la sanción *penal* no deriva, sin más, de una imposibilidad de cumplimiento o de pago por parte del deudor, sino de una serie de comportamientos que resultan atentatorios, según esta teoría, del derecho a la satisfacción del crédito que se le reconoce al acreedor, y que lesionan su patrimonio. Sería esta razón la que legitimaría la intervención penal, y no simplemente el incumplimiento por parte del sujeto deudor. O lo que es igual: el sujeto no se verá abocado a la sanción penal si no puede pagar su deuda, sino si existe algún tipo de comportamiento disva-

---

42 Rodríguez Celada, *La criminalización del fracaso empresarial... cit.,* p. 15.

lioso llevado a cabo por aquél para atentar contra (según esta tesis) el legítimo derecho a la satisfacción del crédito por parte de los acreedores. Si no lleva a cabo tales comportamientos, el sujeto deudor simplemente insolvente no deberá enfrentar la respuesta penal, sino en su caso solamente la civil. En palabras de Souto García en estos delitos "el Derecho penal actúa frente al impago de los créditos cuando éste se deriva de la insolvencia 'autoprovocada' de forma dolosa. El deudor que intencionadamente busca la frustración de los créditos para perjudicar a sus acreedores está sometido a la normativa penal, en tanto y cuanto su actuación es fraudulenta"[43].

El distanciamiento de la proscrita prisión por deudas al Estado en estos delitos se explica por parte de Gutiérrez Pérez distinguiendo entre el *derecho al cumplimiento* de la obligación, cuya respuesta jurídica quedaría atribuida al Derecho civil (activándose procedimientos como el de ejecución forzosa o la solicitud de indemnización por daños y perjuicios), y el *derecho a la satisfacción* del crédito por parte del acreedor sobre el patrimonio del deudor, "cuando se *esteriliza* la facultad de agresión o de injerencia patrimonial que posee el acreedor, en caso de incumplimiento de obligaciones, sobre el patrimonio del deudor"[44]. Ambas, derecho al cumplimiento y derecho a la satisfacción del crédito, englobarían en conjunto el llamado *derecho de crédito*[45].

Muñoz Conde, por su parte, ha defendido una postura individualista de carácter patrimonial en estos delitos,

---

43 Souto García, *Los delitos de alzamiento de bienes en el Código Penal de 1995, cit.*, p. 81. Nótese, empero, que las afirmaciones de la autora se realizan sobre la concreta figura del alzamiento de bienes, más en los supuestos que ahora conocemos como "insolvencias punibles" los estados de insolvencia son, en la mayoría de las ocasiones (y así acontece con nuestro delito del art. 260 CP) el presupuesto para llevar a cabo la conducta típica, más no el resultado perseguido. Sobre esto volveremos más adelante.

44 Gutiérrez Pérez, *El Derecho penal frente a la insolvencia… cit.*, p. 64.

45 En el mismo sentido, antes: Monge Fernández, *El delito concursal punible tras la reforma penal de 2015, cit.*, p. 64.

entendiendo que no resultaría posible acudir a un entendimiento supraindividual del bien jurídico, pues tales tesis "conducen a una disolución del concepto de bien jurídico en conceptos superiores como el equilibrio o funcionalidad de los sistemas sociales, que apenas ofrecen apoyo para determinar el contenido material específico del injusto de cada delito"[46]. Se trata, pues, de una crítica o ataque a la otra gran teoría (que de inmediato abordaremos), que transita por la idea de protección de un interés supraindividual identificado en el correcto funcionamiento del sistema crediticio. Este entendimiento, empero, no resulta insalvable: si acudimos al terreno de los delitos contra el orden socioeconómico, y esta es una posibilidad interpretativa de carácter sistemática, que se desprende de la propia ubicación del delito de favorecimiento ilícito de acreedores en el Título XIII del Libro II del Código Penal, caemos pronto en la cuenta de que los bienes jurídicos tutelados en este terreno son de carácter colectivo o supraindividual, pues suponen *parcelas* o *sectores* concretos, pero colectivos (pues no tienen titularidad privativa o individual) de ese mayor espectro que supone el "orden socioeconómico" que protege esta parte del Código Penal. No es de extrañar, pues, que existan delitos que tutelen intereses colectivos, que por fuerza habrán de resultar más difusos que los tradicionales bienes jurídicos individuales; pero esta razón no resulta definitiva para desechar interpretaciones alternativas que transiten por la idea de un bien jurídico colectivo en los delitos de insolvencia, y supone partir de una caracterización indubitadamente patrimonialista de dicho interés (algo que, como decimos, ya desde la propia ubicación sistemática del precepto genera numerosas dudas). Por lo demás, tampoco es cierto que se diluya la posibilidad de identificación del concreto contenido de un bien jurídico de carácter supraindividual: precisamente ahí radicará el esfuerzo del intérprete, en acotar al máximo la extensión y los límites de dicho bien jurídico, para que sirva a las fi-

---

46 Muñoz Conde, *El delito de alzamiento de bienes, cit.*, p. 60.

nalidades propias que se le atribuyen a esta institución. No obstante, sobre la crítica relativa a la hipotética indeterminación del bien jurídico supraindividual identificado en la correcta funcionalidad del sistema de crédito volveremos más abajo, al analizar detalladamente esta otra teoría.

A lo anterior se puede oponer, como han hecho autores como MARTÍNEZ-BUJÁN PÉREZ y otros, que realmente podemos encontrarnos ante *delitos económicos* que tutelen bienes jurídicos individuales y no colectivos[47], por lo que el argumento anterior decaería. Se aduce en este sentido que la gran familia que suponen los *delitos económicos* tiene como definición que las razones que derivan de su incriminación son de carácter supraindividual, social o colectivo, mientras que el concreto bien jurídico tutelado puede ser de tipo individual[48]. No compartimos esta opinión, al menos en su literalidad. Y ello porque el empleo de una terminología tan genérica como la de "delito económico" no se corresponde realmente con la que maneja el Código Penal y da nombre al Título XIII de dicho cuerpo normativo, que alude a *delitos contra el orden socioeconómico*. Y parece claro que dicho *orden* es, por fuerza, un ente colectivo o supraindividual, compuesto por diferentes sectores también colectivos o, en todo caso, no privativos de un sujeto concreto (piénsese, por ejemplo, en los intereses del colectivo de consumidores y usuarios, en el mercado de valores, en la libre competencia, etc.). Que se consideren por un sector de nuestra doctrina como *delitos económicos* muchas otras figuras que, a su modo de ver, exceden de ese *orden socioeconómico*, constituye una lectura perfectamente aceptable, pero que nosotros no compartimos. Discusión que, por cierto, desborda la tradicional controversia entre *Derecho penal económico en sentido estricto* y *Derecho penal económico en sentido amplio*, pues según

---

47 Martínez-Buján Pérez, C.: "Bien jurídico y Derecho penal económico", en Demetrio Crespo, E. (dir), Maroto Calatayud, M. (coord.), VV. AA., *Crisis financiera y Derecho penal económico*, Ed. Edisofer B de F, Buenos Aires, 2014, p. 318.

48 Souto García, *Los delitos de alzamiento de bienes en el Código Penal de 1995, cit.*, p. 55.

la tesis apuntada se trataría de admitir como delitos económicos (en realidad, socioeconómicos) tipos penales que *solamente* lesionarían intereses particulares o individuales[49], lo cual nosotros no compartimos, como se ha expuesto.

La teoría patrimonialista que estamos explicando ha recibido críticas de diversa índole en el seno de la doctrina. BUSTOS RAMÍREZ fue uno de los primeros autores que se mostró contrario a la tesis pura patrimonialista. En este sentido puede leerse al autor: "los patrimonios de las personas se encuentran entre sí en una relación de igualdad y sometidos a las diferentes modalidades de tráfico jurídico-económico. En otras palabras, por su propio carácter, han de estar sujetos a las diversas modificaciones y afecciones que implica respecto de ellos el tráfico jurídico-económico; de otro modo no sería este concebible y ni siquiera el concepto de patrimonio consustancial al desarrollo jurídico-económico entre las personas. De ahí que, a diferencia de otros bienes jurídicos personales, como la vida, la salud individual, la libertad, etc., el patrimonio no puede ser protegido penalmente en cuanto a tal, pues ello paralizaría la relación jurídico-económica de las personas, sería una contradicción contraceptual, pues sería negar el propio carácter del patrimonio, este no podría surgir a la vida jurídica"[50]. Pero tampoco BUSTOS RAMÍREZ se adhiere a la tesis que, naciendo de la idea anterior, evoluciona hacia una defensa del bien jurídico identificado en el derecho a la satisfacción del crédito (ya explicada). Así puede leerse nuevamente al autor: "ello vendría a significar, lo que sería

---

49 Como reconoce el propio Martínez-Buján Pérez, C.: *Derecho penal económico y de la empresa, parte general*, Ed. Tirant lo Blanch, 6ª edic., Valencia, 2022, pp. 123-124, "las discrepancias comienzan a surgir cuando se trata de perfilar con más precisión el concepto amplio de delitos económicos. Así, se halla muy extendida la idea de incluir también en este concepto aquellas infracciones que, aun afectando en primera línea a bienes jurídicos puramente individuales, comportan un abuso de medidas e instrumentos del tráfico económico moderno".

50 Bustos Ramírez, *Política criminal y bien jurídico en el delito de quiebra... cit.*, p. 35.

un absurdo, que el hecho de contraer deudas sería ilícito, pues, como advierte aun un partidario de la dirección patrimonialista como Rodríguez Devesa, 'no obstante, en los países civilizados la insolvencia por sí sola no constituye delito, ni siquiera cuando afecta a una masa de acreedores'. Para el sistema jurídico-económico en relación con el patrimonio las deudas son un elemento inmanente a su funcionamiento, y en ese sentido, la insolvencia un evento con el cual se cuenta dentro de tal funcionamiento. De modo entonces que no se puede decir que el bien jurídico sean tales derechos de crédito, que no son sino el correlativo de las deudas. Luego la afirmación de Bajo lleva necesariamente a plantear que el hecho de constituir deudas o caer en insolvencia tendría que ser un hecho ilícito, lo que es falso"[51].

En similar línea de pensamiento CAMPANER MUÑOZ ha entendido que las posiciones patrimonialistas "no logran explicar la diferencia cualitativa del delito con el ilícito civil" y por ello "al reducirlo al derecho de crédito [...] deja sin fundamento, a la vista de la amplia protección que este derecho tiene en el ámbito civil, que a su vez, el mismo comportamiento sea delito, en clara contradicción con el principio de *ultima ratio* del Derecho penal. Nada ni nadie explica que una simulación en fraude de acreedores susceptible de ser reparada por una acción de nulidad o por una acción revocatoria, sea al mismo tiempo constitutiva de delito [...] necesita o bien de algo más para ser constitutivo de delito o, simplemente, quiere decir que el bien jurídico protegido es otro: un bien jurídico que no tiene carácter patrimonial"[52].

A nuestro modo de ver, el *patrimonio* de un acreedor, como tal, no puede devenir como objeto directo de protección penal en los delitos de insolvencias punibles, y consecuentemente tampoco puede predicarse como bien jurídico para el caso del delito de favorecimiento prohibido

---

51 Ibidem, p. 36.

52 Campaner Muñoz, *El Derecho penal de las insolvencias...cit.*, p. 261.

de acreedores que está siendo analizado. Empero, no por las razones esgrimidas en un primer momento por Bustos Ramírez, pues existen en nuestro Ordenamiento jurídico delitos que tutelan el patrimonio, o delitos *patrimoniales* (en sentido global) como el hurto, el robo, la estafa o la apropiación indebida, por citar algunos de ellos. En estos injustos el desvalor reposa en el ataque al patrimonio ajeno, o en su caso, a ciertos derechos sobre ese patrimonio. Por tanto, en determinados casos sí es posible valorar el patrimonio como bien jurídico tutelado (si bien no ese patrimonio genéricamente, al menos ciertos derechos sobre el mismo). Sin embargo, en las figuras de insolvencia punible, como acontece en el caso del delito que estamos analizando, estamos ante un supuesto de insolvencia *real* de un sujeto, insolvencia que no es aparente, ni ficticia, ni simulada (esto es: insolvencia fraudulenta) en los términos tradicionales que se predicaban del alzamiento de bienes y sus formas, antes de la reforma operada en 2015 (ahora llamados delitos de *frustración de la ejecución*). En concreto, en el delito del art. 260,1 CP que es objeto de análisis el deudor que lleva a cabo la acción prohibida debe encontrarse "en una situación de insolvencia actual o inminente" (como decimos: estado de insolvencia *real*, no aparente ni ficticia), por lo que las expectativas del acreedor sobre el patrimonio del deudor se encuentran ya mermadas previamente cuando se lleva a cabo el comportamiento típico, dado que la insolvencia es, como decimos, real y preexistente (nos referimos solo al art. 260,1 CP), pudiendo ser actual o inminente, como reza el precepto[53].

---

53 Mayores dudas pueden acontecer con la figura del art. 260,2 CP, conocido como favorecimiento ilícito de acreedores *posconcursal,* que realmente, de *lege lata,* no sanciona la ejecución de conductas en estado de insolvencia del sujeto, sino comportamientos que se llevan a cabo cuando ya ha sido admitida a trámite la solicitud de concurso de acreedores. Y ello porque, como bien ha identificado un sector de nuestra doctrina (vid.: Gutiérrez Pérez, *El Derecho penal frente a la insolvencia... cit.,* p. 575) debido a un déficit en la redacción literal del precepto la regulación puede conducir en la práctica a que se termine sancionando a sujetos que no se encuentren realmente en

Esta cuestión no es en modo alguno baladí: si bien las teorías patrimonialistas que estamos estudiando nacen al albur de una figura más tradicional relacionada con la causación de estados de insolvencia, como ocurre con el delito de alzamiento de bienes (y sus formas), en la que pudiera perfectamente defenderse que el objeto jurídico de tutela se sitúa en el ámbito patrimonial, y en concreto en el derecho a la satisfacción del crédito que ostentaría el acreedor respecto del deudor, dado que el deudor actúa para *frustrar* dichas expectativas (por ejemplo, generando un estado de insolvencia que no es real, sino ficticio o meramente aparente; esto es: el patrimonio existe, pero se oculta del alcance del acreedor), no ocurre lo mismo en la dinámica comisiva de los delitos que, ahora tras la reforma, se denominan "insolvencias punibles", y en los que, como puede

tal situación de insolvencia, pues la mera admisión a trámite de un concurso no implica necesariamente que el deudor sea insolvente. Con todo, subsiste aquí una idea similar a la ya apuntada para el caso del art. 260,1 CP (modalidad *preconcursal*): ninguna de estas formas delictivas sanciona el comportamiento de generar o causar, por parte del deudor, una situación de *insolvencia aparente, irreal, ficticia o simulada,* con la finalidad de eludir el cumplimiento para con sus acreedores, contrariamente a lo que ocurre con el tradicional delito de alzamiento de bienes y sus formas (donde además, como dijimos, la insolvencia es el resultado del delito, mientras que en estos tipos penales la insolvencia es, en todo caso, el presupuesto para cometer el delito), por lo que debe seguirse partiendo de que en el delito de favorecimiento ilícito de acreedores nos encontramos ante supuestos de insolvencia real del deudor, con el matiz de que, en ciertos casos (ex art. 260,2 CP) será posible que, finalmente, no exista ese estado de insolvencia. En todo caso, ello no afectará a la concreta discusión existente entre "bien jurídico patrimonial" vs. "bien jurídico supraindividual", si se entiende que también en la conducta del art. 260,2 CP se afecta (a) bien a los derechos patrimoniales del acreedor, (b) bien al correcto funcionamiento del sistema de crédito. Sobre esta cuestión, no obstante, nos pronunciaremos más adelante en otro apartado de esta investigación. Con todo, la regulación actual y la situación acabada de exponerse no determinan que el bien jurídico sea de tipo patrimonial. Ampliamente sobre este aspecto particular, puede consultarse: Sánchez Dafauce, M.: "La admisión a trámite de la solicitud de concurso en el favorecimiento ilícito de acreedores", en *Diario La Ley,* nº 9780, p. 6.

comprobarse al calor de la literalidad del art. 260,1 CP, el deudor parte de un estado previo de insolvencia, que no ha simulado ni aparentado, sino que es real (bien, como decimos, actual, o bien inminente, pero *real* en cualquier caso), y en ese estado realiza una actuación prohibida que altera las reglas derivadas del ámbito civil y concursal que son las que apuntalan el correcto funcionamiento del sistema crediticio, al disponer cómo se debe solucionar esa situación respecto de los acreedores (en nuestro caso *favorecer ilícitamente a terceros acreedores,* o *facilitarles una garantía a la que no tienen derecho*). Pero ya previamente las expectativas de los acreedores en la *satisfacción de sus créditos* se encontraban mermadas, pues el deudor parte de un estado de insolvencia previa (y no simulada, sino real)[54]. O como ilustrativamente ha subrayado Queralt Jiménez "el legislador parece partir de la acertada base de que llegados a la insolvencia los créditos de los acreedores se han perdido en su mayor parte cuando no, lisa y llanamente, simplemente volatilizado. Aquí el Derecho penal nada puede reparar, pues ni el propio ordenamiento privado puede hacerlo en la mayoría de las ocasiones. La punición de estas conductas supone una instrumentalización clara de los encartados de cara al resto de miembros de la colectividad para demostrar la seriedad del sistema"[55].

Este matiz, que a nuestro juicio es sumamente importante, y que ahora se observa con mayor facilidad (aunque no con demasiada nitidez, pues muchos de los comportamientos se solapan o pueden llevar a confusión con otros) tras la reforma operada en el año 2015 (dividiendo capitularmente los delitos que orbitan sobre situaciones de insolvencia en conductas de *frustración de la ejecución,* esencialmente el alzamiento y sus formas, y conductas de *insolvencias punibles,* como la bancarrota o el favorecimiento prohibido de

---

[54] Con las reservas apuntadas, de *lege lata,* para la modalidad del art. 260,2 CP, expuestas en la nota anterior, y sobre las que volveremos al analizar la concreta modalidad típica de ese segundo apartado.

[55] Queralt Jiménez, J. J.: *Derecho penal español, parte especial,* Ed. Tirant lo Blanch, Valencia, 2015, p. 753.

acreedores) apunta a la óptica analítica correcta cuando se quiere dirimir la cuestión del bien jurídico *directamente* protegido por los delitos de insolvencia punible (y más concretamente por el delito del art. 260 CP). Pero sobre la incidencia de esta distinción dual en la determinación del concreto bien jurídico protegido en este delito volveremos un poco más adelante.

Por otro lado, algunos autores partidarios de la tesis patrimonialista afirman que el derecho a la satisfacción del crédito que nace del art. 1911 del Código Civil "se protege tanto por los instrumentos de protección del derecho de crédito que pertenecen al Derecho privado, como por las distintas figuras delictivas de insolvencia. No se debe obviar que este bien jurídico-penal es compartido con otros mecanismos de protección extrapenal del crédito"[56]. Coincidimos con esta afirmación pues resulta perfectamente posible que ciertos intereses jurídicos se vean protegidos penal y extrapenalmente ante distintos comportamientos que los lesionan o ponen en peligro (sobre todo, en atención al desvalor del hecho y a la gravedad de la conducta). Pero precisamente en el caso de las insolvencias punibles habrá de valorarse si desde esta visión no se termina por trasladar al Derecho penal una cuestión meramente civil, que ya encuentra respuesta adecuada en este orden (por ejemplo, previendo consecuencias diversas ante el incumplimiento en sede concursal) desembocando así en una mera *penalización* del Derecho privado, si se comprueba que ese patrimonio al que se alude ya se encuentra suficientemente protegido por los mecanismos civiles y mercantiles que arbitra nuestro Ordenamiento jurídico. Es obvio que, como advierte algún autor, estos delitos vienen constituidos por la relación jurídica obligacional entre dos sujetos, a partir de la cual adquieren relevancia jurídica los derechos de las partes implicadas (acreedor-deudor), al crearse entre ellos

56 En estos términos: Gutiérrez Pérez, *El Derecho penal frente a la insolvencia... cit.*, p. 95. De la misma opinión: Souto García, *Los delitos de alzamiento de bienes en el Código Penal de 1995, cit.*, p. 115.

un vínculo de *responsabilidad patrimonial*. En ese contexto naden dos elementos: una deuda (que implica el deber de realizar una prestación) y una responsabilidad (que implica la posibilidad de que el perjudicado pueda *agredir* el patrimonio del deudor para hacer efectivos sus derechos). Esto no es, ni más ni menos, lo que instituye el art. 1911 del Código Civil. Ahora bien, como se plantea MONGE FERNÁNDEZ, "ante el incumplimiento contractual de una obligación, ¿cabe acudir en cualquier caso al Derecho penal? O, ¿es preciso agotar antes otras vías de solución, propias de otros sectores del Ordenamiento jurídico?"[57]. O, como nos planteamos nosotros, ¿no será que se hace posible, y necesario, indagar entonces en una fundamentación distinta de estos delitos, apoyada en la tutela y protección de otros intereses que van más allá del patrimonio individual de los sujetos, y que se adentran en el núcleo de la socioeconomía del país?

1.2.2. Las tesis funcionalistas

Un destacado sector de la doctrina, sobre todo en los últimos tiempos, reconoce que, contrariamente a la visión patrimonialista o individualista acaba de explicar, en los delitos de insolvencia punible se tutelaría el *correcto funcionamiento del sistema de crédito*[58]. Este sector doctrinal entiende

---

57 Monge Fernández, *El delito concursal punible tras la reforma penal de 2015, cit.*, p. 60.

58 Entre otros: Bustos Ramírez, *Política criminal y bien jurídico en el delito de quiebra... cit.*, pp. 52 y ss.; Queralt Jiménez, *Derecho penal español, parte especial, cit.*, p. 753; Gómez Pavón, P.: "Las insolvencias punibles en el Código Penal actual", en *Cuadernos de Política Criminal*, nº 64, 1998, pp. 35 y ss.; Nieto Martín, A.: *El delito de quiebra*, Ed. Tirant lo Blanch, Valencia, 2000, p. 42; Caballero Brun, *Insolvencias punibles, cit.*, pp. 185 y ss.; Viladàs Jené, C.: *Los delitos de quiebra. Norma jurídica y realidad social*, Ed. Península, Barcelona, 1982, pp. 45 y ss.; Foffani, L.: "Insolvencias punibles y delitos societarios", en Tiedemann, K. (dir.), VV. AA.: *Eurodelitos. El Derecho Penal Económico en la Unión Europea*, Ed. Universidad de Castilla La Mancha, Cuenca, 2003, p. 99; Mestre Delgado, E.: "Delitos contra el patrimonio y contra el

que con la ejecución de este tipo de conductas se estaría atacando el sistema crediticio, concepción que dotaría a los delitos en examen, y en particular a nuestro delito del art. 260 CP, de una dimensión socioeconómica, supraindividual.

Estas teorías funcionalistas apuntan, pues, a dos ideas: (a) a la identificación de un bien jurídico de carácter supraindividual o colectivo, concretado en la necesidad de conservación del sistema crediticio, en su correcto funcionamiento, o directamente, según algunos, en el sostenimiento de la economía crediticia del país, y (b) a la consideración de unos delitos, los de insolvencias punibles, que formarían parte plena de aquel sector de conocimiento y especialización que llamamos Derecho Penal Económico (en sentido estricto).

Uno de los primeros exponentes de esta teoría en España fue BUSTOS RAMÍREZ. Este autor recoge el pensamiento interpretativo de CARRARA sobre los delitos de quiebra y lo somete a análisis sobre la legislación española del momento (entonces todavía muy comedida y que, por supuesto, no distinguía, como se hace ahora en el Código Penal español, entre delitos de frustración de la ejecución y delitos de insolvencias punibles). Además de refutar las tesis patrimonialistas y de contrarrestar las objeciones que se le oponen a las tesis supraindividuales, el autor considera que un elemento fundamental para entender que lo que actualmente se protege en los delitos de insolvencia punible es el sistema crediticio pasa por advertir un avance en las relaciones comerciales y de crédito, desde un modelo limitado en el

---

orden socioeconómico", en Lamarca Pérez, C. (coord.), VV. AA., *Delitos: la parte especial del Derecho penal*, Ed. Dykinson, Madrid, 2016, pp. 440-441; Campaner Muñoz, *El Derecho penal de las insolvencias... cit.*, pp. 279-280. También nosotros nos hemos inclinado por esta interpretación en algunas investigaciones previas; cfr.: Bustos Rubio, *Los delitos de bancarrota... cit.*, p. 205; y Bustos Rubio, M.: "Los delitos de insolvencias punibles", en Gómez Pavón, P., Bustos Rubio, M., y Pavón Herradón, D.: *Delitos económicos. Análisis doctrinal y jurisprudencial*, Ed. Wolters Kluwer, Madrid, 2019, pp. 78 y ss.

que solo era posible concebir el patrimonio del acreedor como objeto de tutela, a un modelo macrosocial fruto de la evolución de las sociedades modernas en las que se construye un auténtico sistema de crédito reglado.

Así puede leerse al autor: "el problema de la quiebra surge en un estado del desarrollo social en que aparece un sujeto como intermediario básico entre productores y consumidores y ese intermediario da la imagen de que es el generador de la riqueza, se trata del comerciante. Eso se ve con claridad en el apogeo de Roma, en los momentos cúspides de la Edad Media, con sus poderosas y ricas ciudades libres [...] Pero la irrupción de este nuevo grupo social solo era posible en cuanto se produjera una reestructuración del sistema económico, especialmente de carácter financiero: moneda, bancos, medios de pago indirecto (documentos que acrediten dinero: pagarés, letras, cheques, etc.); en definitiva, en base a todo lo anterior se trata de la concepción del crédito como pieza esencial del sistema económico financiero. Ahora bien, esta pieza esencial del sistema económico financiero aparecía naturalmente ligada a la actividad de individuos particulares, eran ellos los creadores de la riqueza, eran ellos los que utilizaban el crédito. En otras palabras, la riqueza de un país se identificaba con la riqueza de los individuos y en especial de los comerciantes. Se producía una confusión entre sistema económico y propiedad o patrimonio de los individuos. Es esta situación la que a su vez lleva a la confusión de la institución del crédito, como elemento vital del sistema económico financiero, con el crédito como el problema jurídico económico del derecho del acreedor a la satisfacción de una determinada prestación evaluable en dinero en su patrimonio. De ahí entonces que la quiebra se visualizara como el delito contra el patrimonio"[59]. Pero esa visión, a juicio del autor, actualmente habría perdido todo el sentido, al haber evolucionado el sistema en una tendencia hacia lo macro-

---

59 Bustos Ramírez, *Política criminal y bien jurídico en el delito de quiebra... cit.*, pp. 52-53.

social, en la que, como decimos, el crédito devendría ya en una verdadera institución necesaria para el sostenimiento de la economía del país.

Creemos que asiste toda razón al autor, y este es solo el argumento de partida que suscita todo el interés en la construcción de una teoría alternativa a las puramente patrimoniales, que sitúe al delito del art. 260 CP (y, en general, a todos los delitos de insolvencia punible) en el núcleo del Derecho penal socioeconómico. En efecto, la relación social de los tiempos pretéritos ya aludidos, que se fundamentaba únicamente en la tutela de la propiedad de los individuos y de sus patrimonios, enmarcada dentro de un contexto de liberalismo exacerbado, y sobre la que se construía la normativa en materia de quiebra, ha quedado hoy obsoleta. El cambio que se produce en esas relaciones sociales, y que ya advertía hace tiempo BUSTOS RAMÍREZ[60], que obedece en parte a la transición de un modelo liberal a un modelo social, obliga a apuntalar otros posibles objetos de protección más allá de esa visión individualista. Esto, a su vez, supone ni más ni menos indagar en los espacios del modelo económico que reconoce y consagra nuestra Cons-

---

60 El pensamiento del autor debe situarse en todo caso en el contexto propio del surgimiento y evolución del entonces todavía muy reciente Derecho penal económico. Así puede leerse al autor (ibídem, p. 56): "al penalista le cuesta elevarse sobre los bienes jurídicos tradicionales. Mas aún, las cuestiones económicas por su lejanía con los temas que trata, le cuesta aprehenderlas y le resultan sumamente complejas, con lo cual entonces siempre ha ido por el camino más fácil, tratar de ampliar los bienes jurídicos tradicionales a estas nuevas figuras, en especial al patrimonio, con las consiguientes contradicciones, imprecisiones y arbitrariedades que ello significa. Lo cual, en definitiva, va en desmedro de la ley, pues anula su eficacia. La doctrina predominante no ha considerado esta evolución que se ha producido en el análisis económico y jurídico en general, y sobre la base de aquella primitiva confusión entre el sistema y lo microsocial ha seguido considerando el delito de quiebra un delito contra el patrimonio. Pero si antes tal posición era comprensible en virtud de la confusión existente entre lo macrosocial y lo microsocial, aunque materialmente era evidente que se trataba de un delito contra el sistema económico, hoy que tal confusión ha desaparecido, tal posición resulta insostenible".

titución, aproximando estas figuras a la tutela de ciertos sectores del orden socioeconómico que, con base en ella, nos hemos proporcionado.

Esta visión, además, se compadecería mejor con un principio de mínima intervención que creemos todavía ha de inspirar el sistema penal: los ataques al patrimonio en materia de insolvencia quedan relegados al terreno extrapenal (civil, concursal, etc.), donde el acreedor podrá ejercer su derecho al cumplimiento y también a la satisfacción de su derecho de crédito, mientras que las lesiones o puestas en peligro del normal funcionamiento del sistema crediticio del país poseen suficiente entidad y gravedad como para obtener una respuesta propiamente penal, dando lugar a lo que se conoce como delitos de insolvencias punibles. De nuevo en palabras de Bustos Ramírez "en el sistema crediticio financiero participan cada uno y todos los sujetos del sistema económico social. Están permanentemente y constantemente vinculados y afectados por tal sistema crediticio. Su quehacer ordinario está ligado a tal modelo de vida económica social. Su perturbación es grave para el quehacer social, y en ese sentido, en principio aparece razonable la intervención del Derecho penal dentro de una concepción de extrema ratio"[61].

Otro argumento empleado por este autor para abogar por la tutela del sistema crediticio (y a nuestro juicio, sin resultar un argumento definitivo, puede dotar de mayor razón a las posturas funcionalistas) pasa por señalar que en los delitos de quiebra nos encontramos ante una tipificación de actos del sujeto activo llevados a cabo *sobre su propio patrimonio,* lo que solo encuentra parangón en otras figuras delictivas que protegen bienes colectivos (por ejemplo, en el caso del delito fiscal)[62]. Efectivamente, en los tradicionales delitos patrimoniales *puros,* como ocurre en el caso del

---

61 Bustos Ramírez, *Política criminal y bien jurídico en el delito de quiebra... cit.,* p. 57.

62 Como asevera Monge Fernández, *El delito concursal punible tras la reforma penal de 2015, cit.,* p. 58 "la principal peculiaridad del delito

hurto o del robo, el sujeto activo actúa ilícitamente sobre el patrimonio de terceros. En otros, como por ejemplo en los delitos de extorsión o de estafa, el sujeto activo consigue con su actuación delictiva una disposición de patrimonio no deseada por parte del sujeto pasivo (realizada por este último). Empero, como bien advierte BUSTOS RAMÍREZ, "resulta sumamente extraño dentro de una concepción patrimonialista de autonomía de la voluntad que se puedan incriminar los actos de disposición sobre el patrimonio, es una contradicción con todo el sistema jurídico. Por principio y por esencia los actos de disposición sobre el patrimonio, cualquiera que sea, tienen que ser lícitos [...]. Solo es posible el castigo al deudor, como al dueño de la cosa, si uno se sale del nivel microsocial, para plantearse el problema desde la perspectiva macrosocial, esto es, del funcionamiento del sistema. Ello en razón a que se está afectando a un bien que es de interés para todos y cada uno de los que intervienen en el sistema económico social de libre mercado a través de la institución económica del crédito, luego tanto es de interés para los acreedores como también para el deudor"[63].

Más recientemente otros autores han enfatizado en esta dimensión supraindividual del bien jurídico protegido en los delitos de insolvencia. Así QUERALT JIMÉNEZ, quien entiende que en las teorías individualistas tradicionales "no queda suficientemente resaltada su *dimensión colectiva*, especialmente en lo que afecta al funcionamiento del *sistema*

---

que analizamos reside en su propia configuración al tratarse de un 'delito de uso ilícito del propio patrimonio'".

63 Bustos Ramírez, *Política criminal y bien jurídico en el delito de quiebra... cit.*, p. 54. En contra Gutiérrez Pérez, *El Derecho penal frente a la insolvencia... cit.*, p. 52, afirmando, desde una postura patrimonialista, que "en una interpretación unitaria con el ordenamiento jurídico, no se puede obviar que el uso de los propios bienes posee limitaciones normativas, como en los supuestos en los que se produce una insolvencia y se pretende vaciar el derecho a la satisfacción del crédito de los acreedores con el patrimonio del deudor. Se trata de un uso fraudulento del propio patrimonio que no estaría permitido por el ordenamiento jurídico".

socio-económico. No interesa tanto aquí el daño concreto que pueda infligirse a persona o personas concretas, como la quiebra de las relaciones económicas [...] que estos delitos suponen", identificándose el bien jurídico en "la *exigencia del sistema de crédito que se basa en la fluidez de las operaciones y en la confianza en el buen éxito de las mismas*"[64].

Desde una postura metapatrimonialista y funcionalista[65] creemos que es posible y acertado entender que en realidad estos delitos vienen a sancionar comportamientos que constituyen, directamente, una infracción de los procedimientos legales previstos para lograr la incolumidad del funcionamiento normal del sistema de crédito, por parte de un sujeto deudor que, ya en estado de insolvencia, decide incumplir con sus deberes y exceder los límites previstos por tal normativa, agravando la situación de pendencia económica en la que ya se encuentra, y dificultando con ello el cumplimiento de las correctas normas que la Ley Concursal y otras anexas han previsto para salvaguardar los derechos de las partes implicadas ante tal compleja situación. Es evidente que este incumplimiento afectará a los acreedores, a sus derechos patrimoniales, pues son los sujetos más interesados en que se resuelva esta situación para poder cobrar sus créditos. Pero esa posibilidad de satisfacción y de cumplimiento deben ejercitarla en vía extrapenal, a través de los mecanismos civiles, mercantiles o concursales que procedan. Más cuando nos encontramos ante los comportamientos típicos que el Código Penal clasifica como *insolvencias punibles* realmente la afectación se dirige *directamente* a infringir las reglas de tal sistema que, como se

64 Queralt Jiménez, *Derecho penal español, parte especial, cit.*, p. 753. Con todo, como ya apuntamos líneas más arriba, entendemos que no es posible entremezclar la intangibilidad del sistema de crédito con la confianza ciudadana en tal sistema; esto segundo excede del ámbito de lo que consideramos *bien jurídico tutelado* por la norma, siendo simplemente un efecto posible derivado de la correcta tutela de ese normal funcionamiento del sistema crediticio [vid. supra].

65 Bustos Rubio, *Los delitos de bancarrota: una modalidad de insolvencia punible, cit.*, p. 205.

ha dicho, instituyen y procuran una solución justa y acorde para el conjunto de sujetos implicados ante tales situaciones (y en el centro, los sujetos acreedores, obviamente), lo que no es otra cosa que una concreta ordenación para el normal funcionamiento del sistema de crédito.

No olvidemos que, a nuestro juicio, la insolvencia en estos tipos penales es real y ya existe (al contrario de lo que ocurre, por ejemplo, con el delito de alzamiento de bienes). Por ello el bien jurídico directamente tutelado debe identificarse en el *correcto funcionamiento del sistema crediticio*, determinado por ese conjunto normativo extrapenal al que aludimos, que supone una garantía para solucionar ese estado de insolvencia del deudor frente a sus acreedores, lo que dota a estos delitos de un evidente espectro supraindividual que los convierte en verdaderos delitos contra el orden socioeconómico. Esta afirmación, en principio, puede extenderse no sólo a la modalidad de favorecimiento ilícito de acreedores que es objeto de estudio en la presente monografía, sino también al resto de modalidades de insolvencia punible (como, por ejemplo, los delitos de quiebra o bancarrota[66]).

---

66 Mayores dudas pueden surgir al contemplar la modalidad de quiebra prevista en el art. 259,2 CP, que consiste en *generar* una situación de insolvencia real (no aparente, como ocurre en el alzamiento de bienes) mediante la ejecución de cualquiera de los comportamientos previstos en el catálogo del art. 259,1 CP. Pueden suscitarse algunas dudas porque en este supuesto típico el sujeto no está agravando con su conducta una previa situación de insolvencia, sino que dicha insolvencia es el *resultado* típico de la ejecución de ciertos comportamientos negligentes en lo que se refiere a la preservación de su patrimonio. Sin embargo, y más allá de lo que a primera vista pueda parecer, nada obsta a seguir manteniendo que lo protegido aquí sigue siendo también el correcto funcionamiento del sistema crediticio, si tenemos en cuenta que con su comportamiento el deudor consigue infringir (y lesionar) las reglas de garantía de dicho sistema de crédito, dada su falta de diligencia y el incumplimiento de los deberes que dimanan de la normativa extrapenal (principalmente, como dijimos, la Ley Concursal y el Código de Comercio), que son las que procuran un sistema crediticio correcto, íntimamente ligado a la economía de un país. Y, además de ello, este art. 259,2 CP se diferencia de los alzamientos de bienes en que en aquél primero

En nuestro Ordenamiento jurídico las soluciones ante supuestos de insolvencia de un sujeto no quedan al albur del deudor y del acreedor, ni pertenecen al libre ámbito organizativo del empresario, ni tampoco se autorregulan libremente por el mercado. Al contrario, el Estado ha querido establecer una regulación específica para la ordenación procedimental de un sistema de garantías en aras de solucionar este tipo de situaciones, en atención a la trascendencia social de estos supuestos de crisis económica; confróntese, como decimos, y especialmente, el Real Decreto Legislativo 1/2020, de 5 de mayo, por el que se aprueba el texto refundido de la Ley Concursal (en sustitución de la anterior Ley Concursal 22/2003, de 9 de julio); en esta norma se establecen con cierta precisión los supuestos de existencia legal de concurso y procedencia para su declaración, se fijan los procedimientos legales y judiciales a seguir para resolver tal situación, y se detallan los requisitos materiales y formales a cumplir, además de las diferentes soluciones que pueden adoptarse. El respeto por las reglas de este elenco legal para la salvaguarda de un correcto sistema crediticio exige que el sujeto deudor que se encuentre ante esta situación de insolvencia actual o inminente se comporte con un concreto deber de diligencia en la gestión de sus asuntos económicos, en defensa, por tanto, de los intereses de sus acreedores, pero también del propio sistema socioeconómico. Y quien estando obligado a comportarse con ese deber de diligencia lo incumple, está lesionando directamente el *correcto funcionamiento del sistema crediticio*, que es garantía para la satisfacción, en última instancia, de

---

estamos ante insolvencias *reales* (inexistencia de bienes para cumplir con las obligaciones crediticias) mientras que en este último las insolvencias son *aparentes* (los bienes existen, pero están ocultos). Es decir, en el art. 259,2 CP el sujeto se encuentra en una situación de insolvencia *real* precisamente por no haber respetado los deberes garantistas derivados del sistema de crédito establecido extrapenalmente. Debiera ponerse el foco en este extremo, por más que, obviamente, no pueda negarse que los acreedores van a sufrir perjuicios en lo que a la satisfacción de sus derechos crediticios se refiere (precisamente porque forman parte de ese "sistema de crédito").

los derechos de los acreedores afectados por la situación de insolvencia[67].

Por lo demás, si acudimos a consultar las modalidades de insolvencia punible recogidas en el Código Penal, tanto los tipos de bancarrota o quiebra (arts. 259 y 259 bis CP), como el delito de favorecimiento ilícito de acreedores (art. 260 CP), como el delito de presentación de datos falsos (art. 261 CP), caemos pronto en la cuenta de que en realidad se están tipificando hechos que atentan de modo directo contra las reglas de funcionamiento del sistema de crédito establecidas extrapenalmente. En concreto, y para el caso que nos ocupa en este trabajo, la indagación sobre el concreto bien jurídico protegido por el delito de favorecimiento ilícito de acreedores del art. 260 CP debe transitar por la idea de sanción al hecho de favorecer a uno o varios acreedores *al margen de las disposiciones legales que regulan cómo debe procederse en tales casos*, esto es, de forma totalmente contraria al sistema crediticio ordenado que nos hemos dado (y por ello atentando contra su funcionalidad). Solo así el resto de los sujetos implicados, incluidos por supuesto los acreedores, pueden ver satisfechas sus expectativas, en el orden penal (recordemos que resta a todo ello la vía extrapenal). Pero con especial intensidad es predicable esta teoría respecto de nuestro delito del art. 260 CP, toda vez que en el mismo una de las conductas típicas (ex art. 260,1 CP) es precisamente el *favorecimiento* de algún acreedor (frente a otros), por lo que incluso con la ejecución de estas conductas se pudiera estar dando satisfacción al derecho de crédito de un determinado acreedor, lo que contradiría las tesis patrimonialistas explicadas anteriormente, y solo dejaría espacio a un entendimiento del delito en clave supraindividual.

---

[67] Mestre Delgado, en Lamarca Pérez (coord.), VV. AA.: *Delitos contra el patrimonio y contra el orden socioeconómico, cit.*, pp. 440-441; Mestre Delgado, E.: "La frustración de la ejecución y las insolvencias punibles", en Fernández Bermejo, D. y Mallada Fernández, C. (dirs.), VV. AA.: *Delincuencia económica,* Ed. Aranzadi, Navarra, 2018, pp. 160-161; y Bustos Rubio, *Los delitos de bancarrota: una modalidad de insolvencia punible, cit.*, pp. 206-207.

Queremos detenernos en este extremo al objeto de hacer una breve consideración adicional. Y es que en el ámbito del art. 260,1 CP un cierto sector doctrinal ha considerado que la figura delictiva pudiera esconder un serio problema de legitimidad político-criminal al considerarse que antes de la admisión a trámite del concurso (prevista ya en el art. 260,2 CP) no existe una prelación legalmente establecida en cuanto a la satisfacción de los créditos, por lo que el delito no pudiera justificarse de ningún modo (ni desde la perspectiva funcionalista apuntada, ni tampoco siquiera desde una perspectiva patrimonialista). Desde esta consideración, y aunque abundaremos en ello al estudiar las conductas y la situación típica de este delito, se terminaría entendiendo que los comportamientos del deudor serían meros actos realizados en el marco de su libertad de disposición[68]. Empero, pensamos que tal afirmación no es cierta. Como bien ha detectado Gutiérrez Pérez, "pese a que se alega que no existe un orden de prelación de créditos 'preconcursal', lo cierto es que este orden no existe cuando el deudor es solvente. Pero en el delito de favorecimiento de acreedores preconcursal [art. 260,1 CP], en realidad, se restringe el riesgo permitido del deudor [...]. Así, el deudor que se encuentra *materialmente* en una situación que justifica la declaración de concurso no posee capacidad de pagar las deudas como mejor le plazca"[69]. Tiene ra-

---

68 Ampliamente vid.: Gutiérrez Pérez, *El Derecho penal frente a la insolvencia... cit.*, p. 578, y la bibliografía allí manejada.

69 Gutiérrez Pérez, *El Derecho penal frente a la insolvencia... cit.*, pp. 579-580. Y añade la autora, desde una consideración patrimonial del bien jurídico que nosotros no compartimos, que "los actos de favorecimiento de acreedores anteriores a la declaración de concurso entrañan una vulneración formal de la paridad de trato, pero, al mismo tiempo, comportan un menoscabo de la garantía patrimonial universal". Asimismo añade también, desde esa concepción del bien jurídico (ídem., p. 583) que "nótese que concurriría una disminución de la garantía patrimonial universal cuando el deudor, en insolvencia actual, en lugar de instar la solicitud de concurso o empleando el plazo de dos meses que tiene para ello, se dedica al pago de créditos vencidos que difícilmente serían sufragados si se declara el concurso. En estos supuestos, se produce una merma cualitativa de la masa activa".

zón la autora: no puede afirmarse, sin más, que antes de la apertura del concurso (o mejor, de la admisión a trámite de la solicitud de dicha apertura) no exista ninguna regla que delimite lo que el deudor puede o no hacer, si este ya es *materialmente insolvente,* pues precisamente en esa situación el mecanismo oportuno es el del concurso, que deberá instar si actúa con la diligencia que corresponde y que determina, entre otras cuestiones, la correcta funcionalidad del sistema crediticio[70]. No en vano el art. 2,1 de la Ley Concursal 1/2020, de 5 de mayo, señala que "la declaración de concurso procederá en caso de insolvencia del deudor". De igual modo el art. 5,1 del mismo cuerpo legal determina que el deudor está obligado a solicitar la declaración de concurso dentro de los dos meses siguientes a la fecha en la que hubiera sabido, o debido saber, de su estado de insolvencia actual. Y recordemos que el art. 260 CP solo se aplica a sujetos que ya se encuentran en una situación de insolvencia, actual o inminente. Por tanto, el legislador adelanta la barrera de intervención a un instante previo al concurso, para evitar la agravación de la situación de crisis económica ya existente (deudor no-solvente), sancionando conductas llevadas a cabo por este que resultarían atentatorias contra el correcto y normal funcionamiento del sistema de crédito ordenado y normativizado, como dijimos.

Al hilo del análisis del bien jurídico tutelado en estos delitos es menester señalar que la opción políticocriminal del legislador de 2015 de agrupar bajo el mismo Capítulo VII bis conductas de *bancarrota empresarial* y supuestos de *quiebra del particular* pueden sembrar alguna duda sobre el interés realmente tutelado por estos injustos, sobre todo si tenemos en cuenta la capacidad notablemente inferior que posee el deudor particular para poner en peligro, con

---

70 Cfr.: Pastor Muñoz, N.: "Obtención fraudulenta de crédito, frustración de la ejecución e insolvencias punibles", en Silva Sánchez, J. M. (dir.) y Robles Planas, R. (coord.), VV.AA., *Lecciones de Derecho penal económico y de la empresa: parte general y especial,* Ed. Atelier, 2ª edic., Barcelona, 2023, p. 300.

su conducta, la institución del crédito[71]. Como opone Gutiérrez Pérez "la unidad de tratamiento conferida tanto a particulares como a empresarios no fundamenta la existencia de un bien jurídico-penal supraindividual en el delito concursal. El Código Penal no diferencia las situaciones de insolvencia provocadas por particulares de las generadas por las sociedades mercantiles o empresarios", dato que sería indicativo de que tanto en las tradicionales modalidades de alzamiento de bienes como en los injustos concursales no existiría distinción respecto del bien jurídico protegido, siendo en ambos casos de tipo patrimonialista[72]. Así puede leerse por parte de algún autor que "para dar coherencia a este nuevo sistema el legislador de 2015 tendría que haber convertido este delito en un delito empresarial, puesto que no se puede admitir que un particular deba responder penalmente por la mera gestión desordenada de su patrimonio. Esto solo tiene sentido con relación a personas cuya actividad profesional comprenda la protección del crédito; y no lo tiene, en cambio, en el caso de los particulares, los cuales únicamente deberían responder si han cometido un delito de alzamiento de bienes y no deberían ser sujetos activos idóneos del delito concursal"[73]. Esta situación ya fue puesta de manifiesto, desde un plano de *lege ferenda,* por Bustos Ramírez cuando afirmó que "la incriminación ha de referirse solo a los empresarios, exclusivamente a aquellos en que su actividad empresarial mantiene posiciones de poder dominante en el sistema económico y reducida a aquellos que intencionadamente abusan del sistema económico financiero crediticio. Solo así la insolvencia puede ad-

---

71 Roca de Agapito, L.: "Problemas centrales del delito de concurso punible (art. 260 CP)", en Rojo Fernández, A. J. y Campuzano Laguillo, A. B.: *La calificación del concurso y la responsabilidad por insolvencia. V Congreso Español de Derecho de la Insolvencia y IX Congreso del Instituto Iberoamericano de Derecho Concursal,* Ed. Civitas, Navarra, 2013, pp. 573 y ss.

72 Gutiérrez Pérez, *El Derecho penal frente a la insolvencia… cit.,* p. 70.

73 Martínez-Buján Pérez, en Bacigalupo Saggese/Feijoo Sánchez/ Echano Basaldua, *Los delitos de insolvencias punibles tras la reforma… cit.,* p. 1067.

quirir algún sentido desde una perspectiva criminal. Todo lo demás ha de quedar entregado a las sanciones mercantiles y/o administrativas que corresponda"[74]. Esta situación, en opinión de algún sector de la doctrina, hace que en la actual legislación, siempre que se constate la concurrencia de los elementos típicos de ese delito, no sea preciso recurrir a una modalidad propia de insolvencia punible, bastando con aplicar el tradicional delito de alzamiento de bienes[75]. Sea como fuere, lo cierto es que *de lege lata* el tipo no limita el círculo de sujetos activos al empresario o comerciante, pudiendo, en principio, ser cualquier *deudor* el que lleve a cabo el comportamiento típico. Y aunque en efecto el empresario estará normalmente en mejor disposición de lesionar con su conducta ese normal funcionamiento del sistema crediticio, ello no excluye de antemano, pensamos, que también los particulares puedan incidir en este. Y, en todo caso, esta consideración no deja de estar ligada a la naturaleza del delito (como de resultado, de peligro o incluso como delito acumulativo), y con el análisis sobre los sujetos del mismo, cuestión a la que nos referiremos (incluso críticamente) más adelante en este trabajo[76].

A la tesis funcionalista que estamos estudiando también se le han opuesto, como es lógico, diversas críticas (que se añaden a los argumentos a favor de una postura patrimonialista, que ya han sido sometidos a examen líneas más

---

74 Bustos Ramírez, *Política criminal y bien jurídico en el delito de quiebra... cit.*, p. 61.

75 Gómez Lanz, J.: "Las insolvencias punibles en el Código Penal", en *Revista de Derecho Concursal y Paraconcursal*, nº 26, 2017, pp. 170-171: "en este sentido, la capacidad notablemente inferior que el deudor particular tiene para incidir en el bien supraindividual que se supone tutelado en las insolvencias punibles permite sostener que no es preciso recurrir a una modalidad propia de insolvencia punible para sancionar las descapitalizaciones del patrimonio propio, bastando en tales casos con el delito de alzamiento de bienes (naturalmente, si es que concurren los elementos típicos del mismo)".

76 Nos remitimos al análisis de dos cuestiones más abajo: (i) las consideraciones críticas relativas al sujeto activo en el delito del art. 260 CP; y (ii) la exégesis de la figura de los *delitos acumulativos* y su posible relación con los delitos de insolvencias punibles.

arriba, y a las objeciones formales que acaban de ser apuntadas). La crítica fundamental pasa por señalar lo abstracto del concepto "correcto funcionamiento del sistema de crédito", un término para muchos laxo y carente de límites concretos, que impediría determinar qué es exactamente lo que se ve lesionado o puesto en peligro. Siendo esto así, tal concepto no estaría en disposición de convertirse en bien jurídico, pues no cumpliría con las funciones que se le asignan a esta institución[77]. Así por ejemplo Ruiz Marco ha entendido que pueden llegar a manejarse concepciones muy diferentes del concepto de *sistema crediticio,* que podría apuntar por igual a elementos tan dispares como las relaciones jurídico-obligatorias, el conjunto de instituciones crediticias, el interés colectivo en el sostenimiento del sistema, etc[78]. Por este motivo, a juicio de un sector de la doctrina patrimonialista apelar al sistema de crédito o al orden económico, sin ulteriores precisiones, se revelaría como un obstáculo difícil de superar al momento de poder considerarlos como el bien jurídico tutelado por la norma, resultando más aconsejable poner la conducta típica en relación con objetos de protección más próximos y

---

77 Además, según esto, en opinión de Faraldo Cabana, P.: "Los delitos de insolvencia fraudulenta y presentación de datos falsos ante el nuevo Derecho Concursal y la reforma penal", en *Estudios Penales y Criminológicos,* nº. XXIV, 2004, p. 281, "la heterogeneidad de los elementos integradores del sistema crediticio desaconseja político criminalmente la labor de tipificar conductas pretendidamente lesivas de su correcto funcionamiento como interés que deba ser tutelado directamente, pues a menudo podrá ocurrir que los comportamientos que aparezcan como claramente perjudiciales para uno de los elementos de esa estructura —sistema crediticio— resulten ser beneficiosos para el equilibrio global". No obstante, según alcanzamos, también puede suceder idéntica cosa en el delito del art. 260 CP desde una perspectiva patrimonialista, pues como dijimos el hecho de *favorecer a un acreedor* frente a otros, cuando ello está prohibido, puede terminar por dar satisfacción efectiva a los derechos de crédito del acreedor finalmente favorecido. En este último sentido, vid.: Souto García, *Los delitos de alzamiento de bienes en el Código Penal de 1995, cit.,* p. 281.

78 Ruiz Marco, *La tutela penal del derecho de crédito, cit.,* pp. 112-113.

concretos, como sucedería con el patrimonio o, mejor, con el derecho de crédito de los acreedores[79].

No obstante, esta pretendida indeterminación del bien jurídico (que por cierto es común predicar de cualesquiera intereses supraindividuales) no resultará tal si se logra concretar el espacio particular que se lesiona con cada delito individualmente considerado[80]. Que se señale un bien jurídico de carácter colectivo como el objeto de protección de un determinado delito lógicamente nos aproximará más a la abstracción, pues precisamente se trata de un interés supraindividual que, por tal razón, no será tan sencillo concretar (no es tan fácil como cuando se habla de la vida, la integridad física o la libertad sexual). Pero ello no es razón para desechar la visión supraindividual, si se logra concretar correctamente el espacio de operatividad de dicho bien jurídico. De este modo hay que caer en la cuenta de que el bien jurídico no es, sin mayores precisiones, el "sistema crediticio" (lo que sería absurdo), sino el *correcto funcionamiento* de dicho sistema, esto es, su funcionalidad, pues solo así se sostienen los elementos de tal sistema y con ello un importante sector (nuclear) de la economía del país. Y esa funcionalidad viene muy bien delimitada, en un sentido positivo, por las normas que la legitiman y la regulan ya en sede extrapenal, y esencialmente en la legislación concursal. Esa legislación establece un sistema normativo que debe respetarse para mantener la funcionalidad del sistema crediticio del país, y con ello la intangibilidad de su propio sistema económico (cuyos límites a su vez vienen dados en la propia Constitución Española, en aquello que se ha llamado *Constitución económica*) por lo que, pensamos, no es posible aseverar que la alusión al *correcto funcionamiento del sistema de crédito* como bien jurí-

79 Souto García, *Los delitos de alzamiento de bienes en el Código Penal de 1995, cit.*, p. 100.

80 Así, por ejemplo, Gómez Pavón, *Las insolvencias punibles en el Código Penal... cit.*, p. 35, ya concretó que lo protegido en estos delitos (si bien al calor de la anterior regulación) era la *institución del crédito,* pero considerado como pilar fundamental del sistema de libre mercado imperante en nuestro país.

dico tutelado suponga una inconcreción o una laxitud. O al menos no una abstracción mayor a la que se pudiera producir, prima facie, en otros delitos que tutelan intereses supraindividuales de claro contenido socioeconómico.

Otra crítica que se realiza a esta tesis supraindividual del bien jurídico, pero que solo dejamos ahora apuntada porque la recuperaremos más adelante en un epígrafe posterior del trabajo, pasa por señalar que los ataques individuales (de un solo sujeto) al "buen funcionamiento del sistema crediticio" resultarían mayoritariamente inocuos, por lo que la lesión o peligro se derivaría más bien de la reiteración generalizada de conductas. En palabras de GUTIÉRREZ PÉREZ: "la capacidad ofensiva del 'sistema crediticio' como bien jurídico-penal es remota. La lesión o puesta en peligro de este pretendido bien jurídico-penal aparece desconectada de la conducta delictiva"[81]. Esta idea aparece imbricada de nuevo con la falta de restricción del círculo de posibles sujetos activos a la que ya se aludió supra, que permitiría sancionar como delito conductas de lesividad mínima para ese interés colectivo cuando, por ejemplo, sean ejecutadas por parte de particulares. En este sentido GALÁN MUÑOZ sostiene que "parece evidente que la propia configuración típica de los comentados delitos pone de manifiesto que no son figuras cuyos injustos exijan que se afecte en modo alguno al funcionamiento del mercado crediticio para apreciar su realización [...]. Si bien es cierto que estos delitos podrán aplicarse a aquellas bancarrotas o concursos de grandes empresas que afecten a múltiples acreedores y pongan en cuestión la confianza en el propio sistema crediticio, también lo es que ninguno de ellos exige que se produzca dicho efecto para poder ser apreciado, pudiendo castigar conductas que tengan una mínima o nula incidencia en el mercado general de crédito, como serían, por ejemplo, las insolvencias de escasa cuantía o con pocos acreedores afectados"[82]. Y si bien el propio autor

81 Gutiérrez Pérez, *El Derecho penal frente a la insolvencia... cit.*, p. 100.

82 Galán Muñoz, en Galán Muñoz y Núñez Castaño, *Los delitos patrimoniales de defraudación... cit.*, p. 112.

considera la posición de la doctrina contraria que señala que también con una acción de escaso valor se puede generar una *reacción en cadena* que llevase a que sus iniciales víctimas se vieran abocadas a su vez al impago de otros acreedores inicialmente no afectados por la insolvencia, lo que pondría en tela de juicio ese sistema de crédito al que aludimos, se muestra muy crítico con tal exégesis al entender que "resulta absolutamente insostenible", puesto que con la misma "no solo estaría intentando sustentar su sanción en unas actuaciones que serían completamente ajenas, con lo que violaría el principio de culpabilidad y el de personalidad de las penas, sino que además lo estaría haciendo basándose en el peligro del bien jurídico colectivo que solo se llegará realmente a generar si finalmente tales conductas se efectúan", por lo que a lo sumo se podría hablar de un delito de peligro *presunto,* que no cumpliría con las exigencias mínimas derivadas del principio de lesividad penal[83]. En el mismo sentido alerta SOUTO GARCÍA, considerando que según la teoría funcionalista se pudieran terminar excluyendo fenómenos de poca entidad o quiebras de escasa proyección: "ni los alzamientos menores, ni las pequeñas quiebras afectarían en modo alguno al sistema crediticio [...]. La consecuencia directa de configurar el bien jurídico como un bien supraindividual limitaría en gran medida la aplicación real del tipo penal"[84]. Sin embargo, esta cuestión nos conduce directamente a adentrarnos en una dinámica propia de los llamados *delitos acumulativos,* categoría en la cual pudieran quedar situadas algunas modalidades de delitos de insolvencia punible si se termina considerando que su objeto jurídico de tutela es el correcto funcionamiento del sistema de crédito; institución a la que nos referiremos más abajo en esta monografía, tal y como venimos advirtiendo desde líneas atrás.

También se ha opuesto tradicionalmente a las tesis funcionalistas el hecho de que, hasta la reforma del año 2015,

---

83 Galán Muñoz, *Presente y futuro de las insolvencias punibles, cit.*, p. 61.

84 Souto García, *Los delitos de alzamiento de bienes en el Código Penal de 1995, cit.*, p. 94.

se exigía la apertura o declaración de concurso para que el hecho pudiera perseguirse penalmente, lo que dejaba en manos de las partes la persecución penal de estos comportamientos (al instituirse una condición de perseguibilidad o procedibilidad en tal sentido, haciéndose preciso con ello la existencia de un concurso voluntario o bien necesario). Como señalase MONGE FERNÁNDEZ "la afirmación de su naturaleza socioeconómica implicaría, en coherencia, la solicitud de la supresión de los óbices de procedibilidad"[85]. A este razonamiento cabe oponer que tras la mencionada reforma las insolvencias punibles prescinden de la exigencia de apertura o declaración de concurso para hacer perseguibles estos delitos. Así, por ejemplo, para el caso del delito de bancarrota el art. 259,4 CP establece ahora que "este delito solamente será perseguible cuando el deudor haya dejado de cumplir regularmente sus obligaciones exigibles o haya sido declarado su concurso", dando la posibilidad de perseguir penalmente el hecho bien (a) cuando exista una declaración de concurso de acreedores, pero también (b) cuando el deudor haya dejado de cumplir con regularidad sus obligaciones, lo cual no significa nada más que este sea *insolvente* (sin mayores exigencias para abordar el problema en sede penal, por tanto). También para el caso del delito que nos ocupa, el favorecimiento ilícito de acreedores, el art. 260 CP tras la reforma del año 2015 sanciona en su primer apartado las conductas de favorecimiento ejecutadas en el marco de un mero estado de insolvencia, y en el segundo apartado similares conductas cuando ya se ha admitido a trámite la solicitud de concurso de acreedores, sin exigir ninguna condición de perseguibilidad adicional. Precisamente por ello esta alusión a las condiciones de perseguibilidad que antes servía como argumento adicional a los partidarios de las tesis patrimonialistas, tras la reforma deviene, por el contrario, como argumento favorable a acoger una postura alternativa sobre el bien jurídico, de carác-

---

[85] Monge Fernández, *El delito concursal punible tras la reforma penal de 2015, cit.*, p. 35.

ter supraindividual, al no someterse ya *in totum* al criterio de sujetos particulares la posibilidad de iniciar un proceso penal en materia de insolvencia.

Precisamente al albur de lo anterior (esto es, analizando los preceptos *tras* la reforma operada en 2015), pensamos que es posible construir un importante argumento adicional (que además se dejó apuntado supra) que puede hacer inclinar la balanza en favor de la consideración de un bien jurídico supraindividual en los delitos de insolvencias punibles, anudado a ese correcto funcionamiento del sistema de crédito. Y es que, si bien tradicionalmente el análisis del bien jurídico en los delitos relacionados con la insolvencia ha sido abordado, por parte de la doctrina, de manera unitaria tanto para las figuras de alzamiento de bienes y sus formas (y otras figuras pretendidamente análogas) como para los delitos concursales y de quiebra, esta consideración conjunta resulta cuanto menos cuestionable tras la reforma operada por LO 1/2015, de 30 de marzo, que como se dijo vino a dividir por un lado los delitos de *frustración de la ejecución* en el Capítulo VII del Título XIII, de los delitos de *insolvencias punibles* en el Capítulo VII bis del mismo Título. Como ha advertido GÓMEZ PAVÓN al albur del análisis de las formas de frustración de la ejecución, "la separación de los delitos de insolvencia punible ha venido acompañada por el cambio de rúbrica de los tipos de alzamiento de bienes, que junto con la introducción de los delitos de los artículos 258 y 258 bis, hacen cuestionable el mantenimiento del mismo bien jurídico en todo el Capítulo y desde luego para el Capítulo VII bis, que tipifica los supuestos de insolvencias punibles. Aun cuando las rúbricas de los Códigos no deba ser un criterio decisivo para la interpretación de aquello que la norma quiere proteger, no puede dejar de tomarse en consideración"[86]. De hecho, ese cambio opera-

86 Gómez Pavón, P.: "Los delitos de frustración de la ejecución", en Gómez Pavón, P., Bustos Rubio, M., y Pavón Herradón, D.: *Delitos económicos. Análisis doctrinal y jurisprudencial*, Ed. Wolters Kluwer, Madrid, 2019, p. 36.

do en el año 2015 es el que mueve a la autora a considerar que, si bien con anterioridad el delito de alzamiento de bienes protegía a su juicio el propio sistema crediticio (pues se enmarcaba por igual dentro de lo que entonces globalmente se consideraban, sin distinción, *insolvencias punibles*), ahora, tras la reforma, esa protección del sistema de crédito, en concreto, ha quedado encomendada a las figuras delictivas que orbitan sobre la situación de insolvencia real, no simulada, del deudor, y que se ubican en un autónomo Capítulo VII bis del Código Penal bajo la denominación de "insolvencias punibles", dejando de lado las formas de "frustración de la ejecución" en las que, en opinión de la autora, al menos el delito de alzamiento de bienes vendría ahora a tutelar la satisfacción del derecho de crédito del acreedor, como interés particular o individual. "Y no tanto por el cambio de rúbrica, como por la separación que se hace de estos delitos y las insolvencias punibles, aun partiendo de un presupuesto común como es la situación de insolvencia, aun cuando esta tenga diferente naturaleza en los distintos delitos", añade la autora[87].

Algunos autores se han mostrado contrarios a esta interpretación entendiendo que a pesar de los cambios que se han producido con la reforma de 2015, la cuestión del bien jurídico permanece inalterada, sin observarse necesidad alguna de distinción entre las formas de alzamiento y los delitos ahora clasificados como *insolvencias punibles*[88].

---

[87] Gómez Pavón, en Gómez Pavón, Bustos Rubio y Pavón Herradón, *Los delitos de frustración de la ejecución, cit.*, p. 37. Si bien la autora considera que es el derecho a la satisfacción del crédito del acreedor lo directamente tutelado en las formas de alzamiento de bienes, se muestra crítica con la posibilidad de que también las otras figuras de frustración de la ejecución, arts. 258 y 258 bis CP, protejan ese mismo bien jurídico (lo que además le conduce a objetar la actual ubicación del delito del art. 258 CP en este capítulo). En similar sentido, antes: Nieto Martín, *El delito de quiebra, cit.*, pp. 39 y ss. y p. 218.

[88] Souto García, *La tutela penal del derecho de crédito tras la reforma… cit.*, pp. 147 y 158; Martínez-Buján Pérez, C.: *Derecho penal económico y de la empresa, parte especial*, Ed. Tirant lo Blanch, 7ª edic., Valencia,

Como puede leerse a BACIGALUPO ZAPATER, firme partidario de la interpretación patrimonialista del bien jurídico, “la cuestión no debería tener trascendencia práctica, pero la agrupación de ambos tipos penales dentro de un mismo apartado sería preferible desde el punto de vista semántico y evitaría plantear la cuestión de relevancia hermenéutica de si la frustración de la ejecución podría responder a un bien jurídico diferente de los delitos de insolvencia”[89]. Para otros autores, tanto las formas de alzamiento de bienes como los otrora denominados *delitos de quiebra o bancarrota* tutelarían el derecho de crédito de los acreedores, estribando la diferencia únicamente en que los primeros se dirigen a la protección de un derecho de crédito de acreedores particulares o singulares, mientras que los segundos tutelarían el crédito de acreedores colectivos o integrados en la masa concursal[90].

Según alcanzamos, la reforma operada en el año 2015 resulta trascendental[91] (aunque en modo alguno argumento único) a la hora de valorar cuál es el concreto bien jurídico tutelado en el delito objeto de examen en este trabajo, el favorecimiento ilícito de acreedores del art. 260 CP, y en general en todas las modalidades de insolvencia punible del Capítulo VII bis. Esta duda se deja atisbar ya incluso en algunas aseveraciones realizadas por parte de la doctrina patrimonialista, que con todo sigue esforzándose en mantener que nada ha cambiado tras la reforma. Así, verbigra-

---

2023, p. 59; Martínez-Buján Pérez, en Bacigalupo Saggese/Feijoo Sánchez/Echano Basaldua, *Los delitos de insolvencias punibles tras la reforma… cit.*, p. 1068; Gutiérrez Pérez, *El Derecho penal frente a la insolvencia… cit.*, p. 90; Pavía Cardell, en Camacho Vizcaíno, *Los delitos de insolvencia punible, cit.*, p. 810;

89 Bacigalupo Zapater, E.: “Insolvencia y delito en el Proyecto de reforma del Código Penal de 2013”, en *Diario La Ley*, nº 8303, 2014, p. 2.

90 Souto García, *Los delitos de alzamiento de bienes en el Código Penal de 1995, cit.*, p. 117.

91 No lo entiende así Martínez-Buján Pérez, *Derecho penal económico y de la empresa, parte especial, cit.*, 7ª edic., p. 59, quien afirma que “la reforma de 2015 no comporta cambios de relieve en relación con la determinación del bien jurídico protegido”.

cia, Souto García comienza su análisis sobre la reforma de 2015 apostillando que la misma "ha renovado el contenido de los delitos que protegen el derecho de crédito y los ha dotado de un mayor campo de actuación" [...] el legislador ha decidido fracturar el antiguo Capítulo VII del Libro II, de forma que ha separado en dos familias delictivas los delitos destinados a tutelar el derecho de crédito", si bien termina concluyendo que tal división resulta, según su interpretación del bien jurídico, innecesaria[92]. Las dudas son comprensibles si se acude a la consulta del preámbulo de la Ley Orgánica que operó el cambio, donde se señalaba que "se lleva a cabo una revisión técnica de los delitos de insolvencia punible que responde a la necesidad de establecer una clara separación entre las conductas de obstaculización o frustración de la ejecución, a las que tradicionalmente se ha entendido referido el delito de alzamiento de bienes, y los delitos de insolvencia o bancarrota". A su vez, el mismo preámbulo apuntaba a una dualidad de bienes afectados en estos delitos tras su reforma[93], lo que, no obstante, carece de interés para algunos autores que, como Martínez-Buján Pérez, consideran que la alusión a intereses socioeconómicos solo manifestaría la *ratio legis* del precepto, más no su bien jurídico tutelado[94].

---

92 Souto García, *La tutela penal del derecho de crédito tras la reforma... cit.*, pp. 145-146.

93 En concreto se podía leer: "la nueva regulación de los delitos de concurso punible o insolvencia conjuga una doble necesidad: la de facilitar una respuesta penal adecuada a los supuestos de realización de actuaciones contrarias al deber de diligencia en la gestión de asuntos económicos que se producen en el contexto de una situación de crisis económica del sujeto o empresa y que ponen en peligro *los intereses de los acreedores y el orden socioeconómico* [...]". No obstante, parece apostillarse aquí una teoría de tipo mixta o ecléctica, al situarse en el mismo nivel ambos bienes jurídicos, por lo que retomaremos esta línea interpretativa en un epígrafe posterior de esta monografía.

94 Martínez-Buján Pérez, en Bacigalupo Saggese/Feijoo Sánchez/Echano Basaldua, *Los delitos de insolvencias punibles tras la reforma... cit.*, p. 1068.

A nuestro modo de ver resulta posible, al menos, considerar que tras la reforma se ha alterado el fundamento punitivo de estos delitos[95]. Y ello porque ahora se hace mucho más evidente que existen diferentes tipos de insolvencia que interesan al Derecho penal: por un lado, aquellas generadas de un modo ficticio o fraudulento, llevadas a cabo por sujetos que persiguen insolventarse como forma de frustrar la ejecución del crédito a cuya satisfacción tiene derecho el acreedor (lo que ocurre en las formas de alzamiento de bienes, pero no tiene por qué ocurrir igual con otros delitos que se ubican en ese capítulo, que, como acontece por ejemplo con la figura del art. 258 CP, realmente tipifican formas de falsedad ideológica; ello responde, creemos, a una nefasta técnica legislativa), en las que se hace muy fácilmente asumible seguir considerando ese derecho individual a la satisfacción del crédito como bien jurídico protegido, manteniendo la consideración de una figura tradicional en nuestro sistema, basada en unas relaciones de mayor "cercanía" entre sujeto activo y pasivo[96]; y por otro lado, aquellas otras insolvencias reales, que obede-

---

95 En contra expresamente Gutiérrez Pérez, *El Derecho penal frente a la insolvencia... cit.*, p. 90, afirmando que el bien jurídico "pese a los abundantes cambios en la fisionomía de los delitos de insolvencia, no ha mutado hacia un bien jurídico-penal de carácter supraindividual. Su fundamento patrimonial se mantiene como el derecho a la satisfacción del derecho de crédito que poseen los acreedores, en caso de incumplimiento de sus obligaciones, sobre el patrimonio del deudor, en virtud del principio de responsabilidad patrimonial universal".

96 Por el contrario, algunos autores han considerado que incluso con la reforma de 2015 las figuras de alzamiento de bienes han perdido su carácter patrimonial pasando a tutelarse ahora un interés diferente concretado en *aspectos procesales del crédito,* o la "garantía de la eficacia de los procedimientos de ejecución judicial del crédito" (así, v.gr.: Gómez Lanz, *Las insolvencias punibles en el Código Penal, cit.*, pp. 169-170). En similar dirección también: Muñoz Cuesta, J.: "Frustración de la ejecución: una nueva forma de protección del acreedor", en *Revista Aranzadi Doctinal,* nº 9, 2015, p. 2, quien tras la reforma identifica el bien jurídico tutelado en el alzamiento de bienes y figuras próximas en el derecho a la ejecución del crédito del acreedor en un "sentido objetivo".

cen a una mala gestión del patrimonio por parte del deudor, a una falta de diligencia en la gestión de sus asuntos económicos, o a la ejecución de ciertas conductas que no debe llevar a cabo cuando ya se encuentra en una situación de insolvencia real preexistente (porque el propio sistema normativo en materia de crédito se lo prohíbe), como precisamente acontece con el delito del art. 260 CP, que sanciona conductas de favorecimiento ilícito de acreedores en situación de insolvencia real[97] del deudor[98]. Estas últimas, a la luz de la regulación actual e incluso de los elementos típicos que las conforman, permiten sostener que realmente se está protegiendo en un primer plano (o directamente) algo que excede del mero interés patrimonial de un sujeto involucrado, alcanzando a la propia funcionalidad del sistema crediticio del país, como pilar fundamental del actual orden socioeconómico (con encaje Constitucional, como se dijo), pues la conducta del sujeto se dirige a quebrar el sistema normativo de crédito que soporta la correcta funcionalidad de aquel[99]. Por ello, la división en dos rúbricas

---

97 Nos referimos, por ahora, al art. 260,1 CP, pues las concretas modalidades típicas del art. 260,2 CP, y su literalidad, aconsejan matizar algunas de estas afirmaciones cuando llegue el momento de su análisis,

98 Como puede leerse a Martínez-Buján Pérez, en Bacigalupo Saggese/Feijoo Sánchez/Echano Basaldua, *Los delitos de insolvencias punibles tras la reforma... cit.*, p. 1067: "después de la reforma de 2015 quedó claro, al menos, que, a diferencia de los delitos de alzamiento (cuyo núcleo esencial es la insolvencia aparente y el engaño), los delitos concursales incorporan tipos de disminución o destrucción de un patrimonio a consecuencia de una gestión irregular y presupone una situación de insolvencia real".

99 No lo entiende así Souto García, *Los delitos de alzamiento de bienes en el Código Penal de 1995, cit.*, pp. 113-114, quien considera que realmente entre las formas de alzamiento y el antiguo delito concursal (ahora insolvencia punible) se protege por igual el derecho de crédito de cada acreedor, si bien solo en una dimensión diferente: "las acciones individuales de cada acreedor se sustituyen por la acción colectiva que se ejercita en el procedimiento concursal. Desde ese instante, rige el principio '*par conditio creditorum*' como manifestación diferente del mismo derecho de crédito. En definitiva, este último principio no deja de ser una de las formas mediante las cuales se materializa el derecho de crédito". A ello hay que oponer que tras la reforma

distintas, y la regulación separada que enfatiza ahora, en el Capítulo VII bis CP, en el control penal del sujeto que se encuentra ya en un estado de insolvencia actual o inminente (como ocurre por ejemplo en nuestro art. 260 CP, o en una de las modalidades de bancarrota del art. 259 CP), y por tanto encontrándose ya frustradas las expectativas de satisfacción "normal" de los créditos de los acreedores, hace que se pueda considerar que lo realmente protegido en los delitos de insolvencias punibles es el correcto y normal funcionamiento del sistema crediticio.

Podemos mostrarnos conformes con aquel sector de la doctrina que manifiesta que en las tradicionales figuras de alzamiento de bienes y otras primigenias modalidades de insolvencia se tutela un interés de carácter patrimonial o individual, relacionado con las legítimas expectativas de satisfacción de los créditos de los acreedores. De este modo, partiendo de la ya analizada responsabilidad patrimonial por deudas (dimanante del Derecho civil), puede afirmarse que en tales figuras tradicionales el bien jurídico queda identificado en "el derecho que tienen los acreedores a realizar el patrimonio del deudor sin obstáculos derivados de conductas o maniobras ilícitas, sean fraudulentas o simplemente dolosas, que hayan determinado la crisis económica o la insolvencia"[100]. No obstante, esto no ocurre en el delito del art. 260 CP, donde en el momento de ejecutarse las conductas de favorecimiento prohibido de acreedores, sea en fase de concurso o con anterioridad, el sujeto ya se encuentra en una situación de insolvencia (actual o inminente), por lo que sus conductas de favorecimiento no *determinan* ni *crean* la situación de crisis o insolvencia (como pudiera

---

de 2015 ni siquiera en estos delitos de *insolvencias punibles* será necesario verse involucrado en un procedimiento concursal, por lo que esta visión argumentativa decae (así por ejemplo, lo dispone el art. 259,4 CP para el caso de las conductas de bancarrota, o el art. 260,1 para el caso del favorecimiento ilícito de acreedores, de carácter *preconcursal*).

100 En estos términos: Monge Fernández, *El delito concursal punible tras la reforma penal de 2015, cit.*, p. 63.

ocurrir, por ejemplo, con el tradicional alzamiento de bienes), sino que justamente son el *presupuesto* sobre el que después se actúa de manera ilícita favoreciendo a terceros acreedores (esto es, una vez las expectativas patrimoniales de los acreedores ya se encuentran mermadas), atentándose en ese momento contra las reglas que determinan el normal funcionamiento del sistema de crédito (que no dejan de ser una garantía colectiva, y que justamente prohíben esos comportamientos)[101].

Esta interpretación fue puesta de manifiesto hace algún tiempo por Nieto Martín, quien, con una clara influencia de la doctrina alemana, sobre la base de la regulación anterior a la reforma operada en el año 2015 ya percibió que no todas las figuras que entonces se denominaban *insolvencias punibles* tutelaban el mismo bien jurídico. De este modo los delitos de alzamiento y sus formas, el favorecimiento ilícito de acreedores y la presentación de documentos falsos en procedimiento concursal protegerían, a modo de bien jurídico y en opinión del autor, el derecho de crédito de los

---

101 Todo ello, como decimos, con los matices que merecerá el análisis del bien jurídico cuando nos aproximemos a estudiar el contenido del art. 260,2 CP, que es de aplicación cuando se ha admitido a trámite la solicitud de concurso de acreedores, lo que no es siempre indicativo de un estado de insolvencia del deudor. Si bien ello responde, en nuestra opinión, a una defectuosa técnica legislativa, la crítica se desarrollará más adelante al calor del análisis particular de esta segunda modalidad. Baste precisar en este momento que, a pesar de que en ciertos casos sea posible sancionar a un deudor solvente, vía art. 260,2 CP y dado ese defecto en la técnica legislativa, no obstante ello no desplaza la consideración de una tutela de un bien jurídico supraindividual o colectivo identificado con el correcto funcionamiento del sistema de crédito también en esta modalidad, pues lo cierto es que sea solvente o no el sujeto con su conducta ataca directamente a ese sistema crediticio normativizado o altamente institucionalizado, llevando a cabo conductas consideradas prohibidas por el sistema, y sin verse autorizado ni judicialmente, ni legalmente, ni por los administradores concursales (en su caso), y por tanto igualmente alterando en *correcto funcionamiento* del sistema de crédito imperante (como decimos, ordenado legalmente, o altamente normativizado). Empero, como apuntamos, sobre ello volveremos más adelante, al estudiar las particularidades del art. 260,2 CP.

acreedores. No obstante, por su parte, el delito concursal se revelaría, a juicio del autor, como un delito pluriofensivo, que protegería tanto los derechos de crédito aludidos como el normal o correcto funcionamiento del sistema de crédito[102]. Y aunque, como vemos, el autor engloba el delito de favorecimiento ilícito de acreedores como delito contra el patrimonio de estos (o mejor, contra su derecho a la satisfacción del crédito), algo que nosotros no compartimos, como se está atisbando (y como resumiremos más abajo en la toma de postura), la teoría iniciada por NIETO MARTÍN resulta sumamente interesante porque pone sobre la mesa la posibilidad de que las figuras que orbitan sobre situaciones de insolvencia del deudor puedan ser diferentes entre sí y por ello también tutelar, en según qué casos, distinto bien jurídico.

1.3. Tesis eclécticas o mixtas

Como línea interpretativa alternativa en la tarea de determinación del bien jurídico en los delitos de insolvencias punibles podemos encontrar algunos pronunciamientos en la doctrina de tipo ecléctico o mixto, que se esfuerzan en argumentar una posible concurrencia de diferentes bienes jurídicos en estos delitos. Las posibilidades de intento de unión detectadas son muchas y muy diversas, pero en esencia pueden exponerse dos grandes líneas: (a) las que abogan por considerar a estos delitos como *delitos pluriofensivos,* y (b) las que optan por acoger un bien jurídico patrimonial y otro supraindividual bajo la relación y distinción existente entre bienes jurídicos *inmediatos* y *mediatos.* Las estudiamos por separado.

En primer lugar, las teorías de la pluriofensividad entienden que en los delitos de insolvencia punible se produce un ataque simultáneo e igual contra ambos bienes

---

102 Nieto Martín, *El delito de quiebra, cit.*, p. 48. Con todo, volveremos a este pensamiento cuando analicemos las tesis pluriofensivas.

jurídicos que se han identificado *supra,* esto es, el patrimonio individual del acreedor (en su caso, como se dijo, concretado en el derecho a la satisfacción del crédito) y la funcionalidad del sistema de crédito[103]. Ya con anterioridad a la importante reforma del año 2015 a la que venimos constantemente aludiendo un representativo sector de la doctrina consideraba que, al menos para el caso del *delito concursal* (antiguo art. 260 CP) era posible identificar ambos bienes jurídicos como objeto de protección penal[104]. Así, por ejemplo, como se adelantó recientemente, para Nieto Martín resulta indiscutible la tutela de un bien jurídico de carácter patrimonial, si bien a ello hay que sumar la funcionalidad del sistema crediticio, pues "la existencia del crédito presupone que los agentes económicos que lo conceden confíen en que el acreedor va a comportarse como un operador mínimamente sensato" por lo que de no salvaguardarse la correcta funcionalidad del sistema de crédito "nos veríamos abocados a una economía de trueque y pago al contado"[105]. Esta línea fue iniciada anteriormente por Tiedemann en Alemania, trasladándose después al seno de la doctrina española. Como puede leerse a este último autor "las insolvencias punibles guardan una estrecha relación con el conjunto del sistema crediticio [...] allí donde no existe crédito alguno, es difícil imaginar un concurso"; de este modo, para el autor es posible ligar al bien jurídico patrimonial otro de carácter supraindividual, protegiéndose en estos injustos "la economía crediticia, así como el interés patrimonial de los acreedores, es decir, su interés [...] en la satisfacción de sus derechos económicos"[106]. La reforma española operada en el año 2015 parecía querer apuntar a algo similar a lo acabado de exponer, cuando en

---

103 Ampliamente, vid.: Souto García, *Los delitos de alzamiento de bienes en el Código Penal de 1995, cit.,* pp. 101 y ss. Cfr. también: Monge Fernández, *El delito concursal punible tras la reforma penal de 2015, cit.,* pp. 65-66.

104 Cfr.: Nieto Martín, *El delito de quiebra, cit.,* p. 48.

105 Ídem, p. 32.

106 Tiedemann, K.: *Manual de Derecho penal económico, parte general y parte especial,* Ed. Tirant lo Blanch, Valencia, 2010, p. 405.

el preámbulo se dejaba leer lo siguiente: "la nueva regulación de los delitos de concurso punible o insolvencia conjuga una doble necesidad: la de facilitar una respuesta penal adecuada a los supuestos de realización de actuaciones contrarias al deber de diligencia en la gestión de asuntos económicos que se producen en el contexto de una situación de crisis económica del sujeto o empresa y que ponen en peligro *los intereses de los acreedores y el orden socioeconómico* [...]"[107]. Con todo, sin ulteriores argumentos la finalidad confesa por el legislador en sede de preámbulos no resulta nunca definitiva para apostillar el verdadero bien jurídico tutelado por la norma.

Dentro de esta postura ecléctica es posible también encuadrar otros pronunciamientos que, más recientemente, abogan por una interpretación *patrimonialista* del bien jurídico, pero dividiendo posibles espacios de afectación dentro de esos intereses patrimoniales. Máxima exponente de esta idea es PASTOR MUÑOZ, quien entiende que en los delitos de insolvencias punibles es posible que se vean afectados un valor patrimonial *presente* (esto es: patrimonio como mecanismo para hacerse el pago), pero también un valor patrimonial *futuro* (esto es: patrimonio como valor perteneciente a la esfera del acreedor, elemento de su propia capacidad de libertad económica jurídicamente reconocida)[108].

---

[107] Como dijimos más arriba, para Martínez-Buján Pérez, en Bacigalupo Saggese/Feijoo Sánchez/Echano Basaldua, *Los delitos de insolvencias punibles tras la reforma... cit.*, p. 1068, esta expresa mención tanto al patrimonio como al orden socioeconómico solo confirmaría, a su juicio, que lo directamente tutelado es el patrimonio de los acreedores, siendo la afectación del orden socioeconómico la *ratio legis* o finalidad del precepto, por lo que también este pronunciamiento del legislador en el preámbulo permite apuntalar la segunda teoría mixta o ecléctica que se expone en las líneas que siguen.

[108] Ampliamente: Pastor Muñoz, N.: "Las dos dimensiones del Derecho de crédito en el Derecho penal patrimonial. A la vez, una reflexión sobre el injusto de las insolvencias punibles", en Santana Vega, D. M., Fernández Bautista, S., Cardenal Montraveta, S., et. al. (dirs.), VV. AA.: *Una perspectiva global del Derecho penal. Libro Homenaje al profesor Dr. Joan J. Queralt Jiménez*, Ed. Atelier, Barcelona, 2021, pp. 664 y ss.

Con todo, pensamos que esta postura no puede dejar de encuadrarse en las tesis patrimonialistas estudiadas, con el matiz que se le quiera dar después al albur de la redacción particular de cada tipo penal.

En el mismo sentido pluriofensivo puede también leerse a Feijoo Sánchez, quien considera que, al menos en lo que se refiere al tradicional delito concursal, ahora llamado también de *bancarrota* (principal modalidad de insolvencia punible), es posible identificar una doble dimensión respecto del bien jurídico protegido: una dimensión individual (patrimonial) y otra macrosocial (sistema crediticio)[109].

En segundo lugar, encontramos las tesis que entienden que es posible combinar ambos bienes jurídicos, patrimonial y supraindividual, en una relación de intereses "mediato vs. inmediato", situándose generalmente como bien jurídico inmediata o directamente lesionado el patrimonio individual (concretado en el derecho a la satisfacción del crédito, como se dijo), y como bien jurídico mediato o espiritualizado el funcionamiento correcto del sistema de crédito[110]. Así, en palabras de Martínez-Buján Pérez "no hay duda de que de *lege lata* la regulación del CP español se orienta en la línea apuntada por el sector doctrinal mayoritario, y que, por tanto, el único bien jurídico directamente protegido [...] viene representado por el aludido

---

109 Feijoo Sánchez, B.: "Sociedades mercantiles en crisis y Derecho penal", en *Anuario de Derecho Concursal,* nº 16, 2009, pp. 8 y ss.; y Feijoo Sánchez, B.: "Crisis económica y concursos punibles" en *Diario La Ley,* nº 7178, 2009, p. 13.

110 En este sentido, verbigracia, Souto García, *Los delitos de alzamiento de bienes en el Código Penal de 1995, cit.,* p. 120. Mismo pronunciamiento de la autora, con posterioridad, en: Souto García, E.: "Insolvencias punibles", en Martínez-Buján Pérez, C. (dir.), Puente Aba, L. M. (coord.), VV. AA.: *Derecho Penal económico y de la empresa,* Ed. Tirant lo Blanch, Valencia, 2013, p. 32; y en Souto García, *La tutela penal del derecho de crédito tras la reforma... cit.,* p. 147. También en este entendimiento: Martínez-Buján Pérez, *Cuestiones fundamentales del delito de alzamiento de bienes, cit.,* p. 450; y Roldán Pérez, *Aspectos críticos de la actual regulación del delito de bancarrota, cit.,* p. 17.

derecho de crédito. Cuestión distinta es que, sentada esta afirmación básica, se agregue que con la incriminación de los delitos de insolvencia el legislador persigue tutelar mediatamente o indirectamente la economía crediticia como pieza fundamental del sistema socio-económico. Esta última precisión es válida en la medida en que con ella se esté aludiendo meramente al bien mediato o *ratio legis*, sin repercusión, por ende, en la delimitación concreta del tipo de injusto"[111]. Esta teoría constituye, en realidad, una pequeña matización de aquella ya estudiada relativa a la tutela de un interés individual identificado en el patrimonio del acreedor, pues este seguiría siendo, en opinión de estos autores, el interés jurídico tutelado, mientras que la correcta funcionalidad del sistema crediticio quedaría relegada a mera finalidad perseguida por el legislador, o *ratio legis* de la norma en su condición de bien jurídico mediato (pues este, tal como entiende la doctrina mayoritaria, no forma parte del tipo, ni por tanto habrá de verse lesionado o puesto en peligro con la conducta típica, siendo más bien la razón de la incriminación o la finalidad última perseguida político-criminalmente, no sirviendo siquiera a funciones interpretativas que solo se le asignan al bien jurídico considerado *inmediato*)[112]. Pero a nuestro modo de ver, poco o nada aporta a la discusión sobre el verdadero bien jurídico tutelado, que sigue siendo, desde esta perspectiva, el patrimonio del acreedor. En palabras de DE LA MATA BARRANCO

---

111 Martínez-Buján Pérez, *Derecho penal económico y de la empresa, parte especial, cit.*, 7ª edic., p. 60.

112 Vid. en este sentido la crítica realizada por: Gutiérrez Pérez, *El Derecho penal frente a la insolvencia… cit.*, pp. 78-79. En palabras de la autora "la principal objeción que recibe esta tesis es su escasa utilidad en el terreno hermenéutico que, a fin de cuentas, es lo que interesa para la aplicación de los tipos. No obstante, esta teoría trata de poner en valor que, en los supuestos de insolvencias punibles, el bien jurídico-penal no se agota en la dimensión patrimonialista, ya que se antoja necesaria una referencia a un interés supraindividual para dotar de legitimación a la figura delictiva". De la misma opinión, v. gr.: Gallego Soler, J. I.: "El bien jurídico-penal en los delitos de insolvencias. ¿Dos modelos de protección enfrentados?", en *Estudios Jurídicos del Ministerio Fiscal*, nº 3, 2002, p. 359.

"el bien jurídico protegido en los delitos de insolvencia es el mismo que en los delitos de frustración de la ejecución, el patrimonio del acreedor [...]. Al margen de la dimensión colectiva de estos delitos (y su correlativa lesividad supraindividual, en cuanto referente mediato) no puede afirmarse la existencia de un bien jurídico directo adicional al patrimonio [...]"[113]. Y si bien el preámbulo de la Ley Orgánica 1/2015 aludida ya advertía sobre la necesidad de "facilitar una respuesta penal adecuada a los supuestos de realización de actuaciones contrarias al deber de diligencia en la gestión de asuntos económicos que se producen en el contexto de una situación de crisis económica del sujeto o empresa y que ponen en peligro los intereses de los acreedores y el orden socioeconómico", se sigue sosteniendo por este sector que la expresa alusión a este último constituiría únicamente la *ratio legis* del precepto, sin que se produzca una lesión plural (como apuntaba la primera de las tesis eclécticas estudiada) a dos bienes jurídicos en igualdad de condiciones (el patrimonio y la funcionalidad del sistema de crédito)[114].

Con todo, como ha advertido Souto García, la consideración del patrimonio del acreedor como bien jurídico directamente tutelado y del sistema crediticio dentro del orden socioeconómico como bien jurídico mediato permite a los partidarios de estas tesis eclécticas seguir tildando a los delitos de insolvencias punibles como *delitos socioeconómicos,* al menos en un sentido amplio o impropio[115]. Para la autora, desde esta clasificación que distingue un bien jurí-

---

113 De la Mata Barranco, N.: "Delitos de frustración de la ejecución y delitos de insolvencia", en De la Mata Barranco, N., Dopico Gómez-Aller, J., Lascurain Sánchez, J. A., y Nieto Martín, A.: *Derecho penal económico y de la empresa,* Ed. Dykinson, Madrid, 2018, p. 312.

114 Gutiérrez Pérez, *El Derecho penal frente a la insolvencia... cit.,* p. 86.

115 Souto García, *La tutela penal del derecho de crédito tras la reforma... cit.*, p. 147. Cfr. extensamente: Martínez-Buján Pérez, C.: "Algunas reflexiones sobre la moderna teoría del Big Crunch en la selección de bienes jurídico-penales", en Díez Ripollés, J. L. (coord.), VV. AA., *La ciencia del Derecho penal en el nuevo siglo. Libro Homenaje al Profesor Doctor Don José Cerezo Mir,* Ed. Tecnos, Madrid, 2002, p. 414.

dico inmediatamente protegido (el patrimonio) y un bien jurídico mediato (el sistema socioeconómico) es posible seguir clasificando a los delitos de insolvencia como delitos de naturaleza socioeconómica (manteniéndose identificado el bien jurídico en sentido técnico o dogmático con el *patrimonio*): "la evolución del Derecho penal económico, que se encuentra ligada a su vez al desarrollo de la economía y a las diferentes formas en que esta se manifiesta, permite justificar la inclusión de los delitos de insolvencia punible en la categoría de los delitos socioeconómicos. Ahora bien, que tal inclusión sea procedente no supone modificar todo lo que en torno a tales delitos se había construido principalmente por las tesis patrimonialistas"[116].

1.4. A modo de conclusión y toma de postura

Tras la reforma operada por Ley Orgánica 1/2015, de 30 de marzo, los tipos penales que orbitan sobre situaciones de *insolvencia* del deudor se han dividido en dos grupos: por un lado, los delitos de frustración de la ejecución (Capítulo VII, Título XIII, Libro II; arts. 257 a 258 ter CP: esencialmente el alzamiento de bienes y sus formas), y, por otro lado, los delitos de insolvencias punibles (Capítulo VII bis, Título XIII, Libro II; arts. 259 a 261 bis CP). Este último grupo acoge en su seno el delito de favorecimiento ilícito de acreedores. A pesar de la actual bifurcación en la regulación de estas conductas, en el análisis sobre el bien jurídico tutelado se ha tenido que acudir al contraste y examen crítico de las distintas posturas existentes a la hora de identificar el concreto objeto jurídico de tutela penal, tanto para el caso del alzamiento de bienes y sus formas, como, en general, para el grupo de delitos que se acomodan bajo la rúbrica de "insolvencias punibles".

---

[116] Souto García, *Los delitos de alzamiento de bienes en el Código Penal de 1995, cit.*, p. 119.

Ni la *fe pública* ni la *Administración de Justicia* (en todo caso posturas claramente minoritarias en la doctrina que se ha aproximado al análisis de los delitos relacionados con situaciones de insolvencia) pueden identificarse como bienes jurídicos protegidos en el delito del art. 260 CP.

En el primer caso, porque nos encontramos ante un concepto impreciso en el que resulta harto difícil delimitar el alcance del término, máxime en un sector, el del *crédito,* en el que confluyen múltiples y muy diversas variables (que dependen de ciertos tipos o sectores de actividad, mercados, elementos financieros, etc.), además de estarse confundiendo lo que realmente puede ser el *medio comisivo* en ciertos delitos de insolvencia (en los que será común recurrir a algún tipo de modalidad falsaria para la ejecución del hecho) con el verdadero bien jurídico tutelado por la norma. Tampoco compartimos que la confianza ciudadana en el sistema de crédito constituya el objeto directo de protección penal en este delito; ese efecto de *confianza* puede derivarse del correcto funcionamiento del sistema crediticio del país, pero ello constituye solo un "efecto" más (que, por cierto, puede derivarse del objeto de protección en muchos otros delitos), y no el bien jurídico protegido por la norma. Desechamos, igualmente, que esta tesis se asemeje o quede directamente imbricada con las teorías que apuntan al correcto funcionamiento del sistema de crédito como bien jurídico protegido, pues ambas son cosas distintas (como decimos, la confianza es solo uno de los posibles *efectos* que dimanan del mantenimiento de un correcto sistema crediticio). La confianza en el sistema puede ser una *finalidad* perseguida por el legislador cuando crea estas figuras delictivas, pero ello no la convierte en objeto directo de protección penal. Por el contrario, el sistema de crédito del país ha de preservarse por muy distintas razones, más allá de la idea de confianza señalada; por ejemplo, por constituir el núcleo central de la propia economía de mercado en los sistemas actuales, sin cuyo mantenimiento y sostén sería muy difícil hablar de un modelo socioeconómico como el que actualmente conocemos. Por tales razones, se descartan la fe pública y la confianza ciudadana como bienes jurídico-penalmente tutelados en este delito.

En el segundo caso, porque, además de que la interpretación sistemática nos aleja de la consideración de la Administración de Justicia como bien jurídico tutelado en los delitos de insolvencia (pues entonces debieran haberse recogido estas figuras dentro del Título XX del Libro II del Código Penal, bajo la rúbrica "Delitos contra la Administración de Justicia"), también esta tesis se aleja demasiado de la concreción de un espacio que podamos identificar como bien jurídico *directa e inmediatamente* protegido. El proceso ejecutorio al que se apunta desde estas interpretaciones constituye un elemento sumamente importante dentro del normal funcionamiento del sistema de crédito, pero dicho proceso es solo el instrumento o medio que vehicula la protección de ciertos intereses, y por ello precisamente esos últimos serán los que converjan a modo de bien jurídico tutelado, también en sede penal frente a los comportamientos más graves, sin que aquél primero pueda considerarse como objeto directo de protección penal.

En el seno de la doctrina es posible identificar dos grandes posturas, que podemos clasificar como mayoritarias, sobre el bien jurídico protegido en los delitos de insolvencia, que se han traído a colación para el concreto injusto de favorecimiento ilícito de acreedores: las posturas patrimonialistas (que consideran un bien jurídico de carácter individual), y las posturas funcionalistas (que identifican un bien jurídico de tipo supraindividual o colectivo).

La doctrina claramente mayoritaria y tradicional identifica el bien jurídico protegido en los delitos relacionados con la insolvencia en el derecho a la satisfacción del crédito por parte del acreedor respecto del patrimonio del deudor. Esto implicaría, en el delito del art. 260 CP, que la incriminación de las conductas típicas (favorecimiento prohibido de terceros acreedores o facilitación de garantías a la que no se tiene derecho, o bien realización de actos de disposición prohibidos o de asunción de obligaciones no procedentes) se fundamentaría en la lesión que con ellas se generaría a ese derecho a la satisfacción de los créditos de los acreedores, desde una postura netamente patrimonialista del bien jurídico. Esto constituye un reflejo de la responsabilidad patrimonial universal dimanante del art. 1911 del Código Civil, que obliga al deudor a responder de sus deudas con todos sus bienes presentes y futuros. Desde esta óptica, el patrimonio tutelado penalmente se identifica como un derecho subjetivo del acreedor (esto es, atiende no al valor monetario de los bienes, sino a los derechos que proporciona ese patrimonio a su titular), por lo que el bien jurídico quedaría dotado de un doble aspecto: un aspecto *positivo,* entendido como el derecho del acreedor a satisfacerse del patrimonio del deudor en caso de incumplimiento, y un aspecto *negativo* que excluiría toda conducta del deudor que tienda a frustrar esa satisfacción del acreedor o acreedores. Desde esta perspectiva el bien jurídico no serviría como elemento de distinción o barrera entre el orden normativo privado y el Derecho público (en nuestro caso, el delito), al responder ambas regulaciones en la idea de la responsabilidad patrimonial universal apuntada.

A las tesis patrimonialistas se les opone como crítica de inicio su proximidad con la proscrita *prisión por deudas* al Estado. Más habiéndose desgranado el contenido de esa antigua institución (hoy prohibida en nuestro sistema) en las páginas anteriores, concluimos que esta no puede constituir la razón última para acoger o desechar las tesis patrimonialistas, pues desde ese entendimiento el fundamento de la sanción penal no deriva, sin más, de una mera imposibilidad de cumplimiento de obligaciones por parte del sujeto deudor, sino realmente de la ejecución de una serie de comportamientos penalmente prohibidos que, según considera este sector doctrinal, resultan atentatorios del derecho a la satisfacción del crédito que se le reconoce al acreedor. Ese, y no otro, constituiría el desvalor de injusto en estos delitos, sin que el mero hecho de *no pagar* ocasione responsabilidad penal a ningún deudor.

No obstante, pensamos que sí existen otros argumentos que nos permiten distanciarnos de las tesis patrimonialistas, y aproximarnos a las teorías funcionalistas que identifican el bien jurídico en el sostenimiento de un normal funcionamiento del sistema crediticio del país.

Ya inicialmente partiendo de que, según la mayoría de autores clasificados dentro de estas teorías patrimonialistas, también el fundamento último de la regulación penal residiría en la responsabilidad patrimonial universal derivada del art. 1911 del Código Civil, y aun tutelándose en vía penal solo algún aspecto particular derivado de esa disposición normativa (así, según algunos autores, el derecho a la *satisfacción* del crédito por parte del acreedor, más no el derecho al *cumplimiento*), podemos plantearnos la necesidad de que el Código Penal deba tutelar elementos meramente patrimoniales cuya regulación parece más propia del terreno extrapenal, civil/mercantil (o en su caso administrativo), por ser consustanciales a tales ámbitos normativos. Por esta razón nos planteábamos si no se hacía posible y necesario indagar entonces en una fundamentación distinta de estos delitos, apoyada en la tutela y protección de otros intereses que van más allá del patrimonio individual de los sujetos, y que se adentran en el núcleo del sistema socioeconómico del país, lo que avalaría, pensamos, una intervención propiamente penal ante ciertos supuestos de insolvencia.

Pero más allá de lo anterior, lo cierto es que, realizada una exégesis de conjunto de las figuras típicas que conforman el capítulo de *insolvencias punibles,* pronto caemos en la cuenta de que ninguna de estas formas delictivas sanciona el comportamiento de generar o causar, por parte del deudor, una situación de insolvencia *aparente, irreal, ficticia o simulada,* con la finalidad de eludir el cumplimiento para con sus acreedores, burlando así el derecho a la satisfacción de sus créditos (como entiende la tesis patrimonialista), de modo contrario a lo que acontece con el tradicional delito de alzamiento de bienes y sus formas, donde además, la insolvencia viene a constituir el resultado del delito, mientras que en estos tipos penales (y entre ellos el del art. 260 CP) la insolvencia es, en todo caso, el presupuesto para cometer el delito[117]. O lo que es igual: cuando hablamos de *insolvencias punibles,* y en particular de conductas de favorecimiento prohibido (al menos en lo que corresponde a la modalidad del art. 260,1 CP), ya no estamos hablando de generar o causar una situación de crisis económica por parte del sujeto activo, pues dichas conductas no determinan ni crean la situación de insolvencia, sino que atentan contra el correcto funcionamiento del sistema crediticio una vez esa insolvencia ya se ha producido.

Esta distinción entre lo que acontece en las diversas formas tradicionales de *alzamiento de bienes* (ahora acomodadas bajo la rúbrica de "frustración de la ejecución") y las propias relacionadas con estados de insolvencia real del sujeto (ahora "insolvencias punibles") no resulta baladí a la hora de determinar con precisión cuál sea el bien jurídico protegido. En las primeras de estas conductas (alzamiento y sus formas) es perfectamente posible fundamentar un menoscabo de intereses patrimoniales del acreedor, una lesión de su derecho a la satisfacción del crédito, o una constricción de las posibilidades de atacar el patrimonio del deudor para hacer efectivo tal derecho. Y ello porque en tales modalidades de conducta la finalidad del sujeto es, como señala la rúbrica del capítulo tras la reforma del año 2015, la de *frustrar* la ejecución del crédito, en diversos instantes temporales de la vida de este (por ejemplo, generando un estado de insolvencia que no es real, sino ficticio o meramente aparente; esto es: supuestos en los que el

---

117 Con el matiz, ya expuesto *supra,* de que también en el caso del delito del art. 260,2 CP, de *lege lata,* será posible sancionar a sujetos deudores que no se encuentren finalmente en un estado de insolvencia, pues dado un defecto en la técnica legislativa se ha optado por prever la aplicación del tipo penal a deudores que ejecutan el comportamiento prohibido cuando se ha *admitido a trámite la solicitud de concurso* (lo que no determina siempre ni necesariamente que el sujeto sea insolvente). Pero sobre la particular figura del art. 260,2 CP volveremos más adelante en esta monografía, al estudiar el llamado *favorecimiento ilícito poscocursal.*

patrimonio del deudor para hacer frente al cumplimiento del crédito existe, pero el sujeto lo ha ocultado del alcance del acreedor frustrando así su derecho a la satisfacción de dicho crédito). No ocurre lo mismo, sin embargo, en la dinámica comisiva de los delitos que, ahora tras la reforma, se denominan "insolvencias punibles", y en los que, como puede comprobarse al calor de la literalidad del art. 260,1 CP, el deudor parte de un estado previo de insolvencia, que no ha simulado ni aparentado, sino que es real, y en ese estado realiza una actuación prohibida que altera las reglas extrapenales sobre la materia, que definen y apuntalan el normal funcionamiento del sistema crediticio, al disponer cómo se debe solucionar esa situación respecto de los acreedores (en nuestro caso favorecer ilícitamente a terceros acreedores, o facilitarles una garantía a la que no tienen derecho, al menos en la modalidad del apartado primero del art. 260 CP[118]). Pero ya previamente las expectativas de los acreedores a la *satisfacción de sus créditos* se encontraban mermadas o frustradas, pues el deudor, como decimos, parte de un estado de insolvencia real previo cuando lleva a cabo estas conductas típicas.

Resultan descartables las tesis que critican el tipo penal del art. 260,1 CP considerando que antes de la admisión a trámite de la solicitud de concurso no existe normativa alguna que determine cómo debe proceder el deudor, por lo que se estarían tipificando realmente actos que se enmarcarían dentro de la facultad de libre disposición del deudor. Pensamos que tal afirmación no es correcta: como ya justificamos, no puede apuntarse que antes de dicha admisión a trámite no exista ninguna regla que delimite lo que el deudor puede o no hacer si este ya es *materialmente insolvente,* ni que establezca ningún orden de prelación entre acreedores, pues lo cierto es que ante tal situación lo que procede es la solicitud de concurso, como garantía para el cumplimiento del crédito ante situaciones de crisis económica del su-

---

118 Como decimos, mayores precisiones habrán de efectuarse en el ámbito propio del art. 260,2 CP.

jeto deudor. Y precisamente el deudor, que como señala el art. 260,1 CP debe encontrarse en situación de insolvencia actual o inminente, no actúa con la diligencia que corresponde y que determina el sistema crediticio actual al favorecer libremente y como le plazca, en tal situación de crisis, a terceros acreedores, atentando dicha conducta contra la correcta funcionalidad del sistema crediticio[119].

Esta argumentación se refuerza también teniendo en cuenta los pronunciamientos doctrinales mayoritarios que antes de la reforma de 2015 consideraban que las conductas de favorecimiento ilícito de acreedores no encajaban en el tradicional delito de alzamiento de bienes (y sus formas) porque en estos tipos penales no es posible afirmar una intención de perjudicar a los derechos de crédito de los acreedores, sino más bien de favorecer ese derecho respecto de algunos de ellos. Así puede leerse a Souto García cuando consideraba, antes de la citada reforma y aun no estando conforme con dicha aseveración, el hecho que "el deudor que favorece a uno de sus acreedores pretende precisamente eso, favorecer a ese concreto acreedor y no perjudicar a los restantes"[120], y "lo cierto es que cuando el deudor favorece a uno o varios de sus acreedores no se queda realmente con los bienes, ni provoca o agrava su insolvencia". El hecho de pagar a un acreedor presupone a la vez la reducción del pasivo. Una deuda pagada es una deuda menos gravando el patrimonio del deudor"[121]. A nuestro

---

119 Con todo, como también vimos, la crítica que intenta deslegitimar el actual art. 260,1 CP pudiera predicarse tanto respecto de las tesis funcionalistas como también de las patrimonialistas, pues en el fondo vienen a señalar que tales conductas no protegerían realmente ningún bien jurídico necesitado de protección penal.

120 Souto García, *Los delitos de alzamiento de bienes en el Código Penal de 1995, cit.*, p. 281. Desde su posición crítica (p. 282) si bien "no puede decirse que el deudor obre con el ánimo de perjudicar a los restantes acreedores; no obstante, actúa con el conocimiento de que su conducta desembocará en dicho perjuicio. El dolo es, por tanto, el único elemento subjetivo que se requiere para consumar el delito."

121 Souto García, *Los delitos de alzamiento de bienes en el Código Penal de 1995, cit.*, p. 282.

modo de ver, es posible matizar esta última afirmación señalando que, con todo, tal conducta sí puede suponer una agravación de la situación de crisis o pendencia económica (en definitiva, de la insolvencia) del deudor, al menos respecto del resto de sus créditos. En todo caso, es cierto que con las conductas de favorecimiento ilícito de acreedores justamente se puede estar dando satisfacción al derecho de crédito de uno o varios acreedores particulares, por lo que no parece que se pueda afirmar, sin más, que lo protegido en estos tipos penales es *siempre y en todo caso* el derecho de crédito de los acreedores. Y por tal razón parece más acertado identificar estos delitos con una tutela del correcto funcionamiento del sistema crediticio, que es el que en este instante entra en escena para procurar, también desde un punto de vista normativizado y especializado, cómo debe procederse con la situación del deudor para lograr la incolumidad del sistema de crédito, regulación que este último termina por quebrantar al favorecer libremente, y no de una forma ordenada, a cualquiera de sus acreedores frente al resto.

Este entendimiento de las diferentes figuras que orbitan en torno a las situaciones de insolvencia del deudor creemos que puede quedar reforzado tras la reforma operada por la más que mentada LO 1/2015, de 30 de marzo, que como se dijo vino a dividir por un lado los delitos de *frustración de la ejecución* en el Capítulo VII del Título XIII, de los delitos de *insolvencias punibles* en el Capítulo VII bis del mismo Título. Y ello porque, aun cuando las rúbricas de los Códigos no deban constituir un criterio decisivo para la interpretación de aquello que la norma quiere proteger, no puede dejar de tomarse en consideración la nueva ordenación normativa de las (insistimos) *diferentes* conductas existentes en materia de insolvencia. Pensamos, en fin, que desde el año 2015 el legislador ha querido ordenar dos grupos de delitos que se desarrollan sobre la situación de insolvencia del deudor: por un lado, delitos que consisten en generar una insolvencia artificiosa, falsa o simulada, con el fin de frustrar las expectativas crediticias de los acreedores respecto del patrimonio del deudor, que constituyen los injustos de *alzamiento de bienes* (ahora ubicados en aquel capítulo denominado *frustración de la ejecución*); y, por otro lado, delitos que consisten en un ataque contra las reglas que sostienen el sistema crediticio del país, que como tal son una garantía de su funcionalidad en el marco de una economía como la nuestra, y que consisten en sancionar conductas llevadas a cabo en el marco de una situación de insolvencia real (no simulada ni fingida), generalmente en el sentido de agravarla, pero en todo caso atentando contra la funcionalidad del propio sistema crediticio que sostiene las reglas ordenadas que permiten dar solución a tal situación de insolvencia real.

Al anterior razonamiento debemos sumar también el hecho de que, si bien las posturas patrimonialistas surgieron inicialmente como modo de justificar y fundamentar la existencia de este tipo de delitos dentro del Código Penal, el avance de la propia sociedad económica pone de manifiesto la existencia de otros espacios necesitados de protección (también penal) que exceden y superan el propio interés particular del acreedor en lo que respecta a sus derechos patrimoniales. Así, como ya identificase algún autor hace años, hemos asistido a un auténtico avance en las relaciones comerciales y de crédito, desde un modelo limitado en el que solo era posible concebir el patrimonio del acreedor como objeto de tutela, a un modelo macrosocial fruto de la evolución de las sociedades modernas en las que se ha construido un auténtico sistema de crédito reglado y altamente normativizado. Esto permite concebir al *sistema crediticio* como una pieza esencial del actual sistema económico y financiero del país, deviniendo su correcto y normal funcionamiento (en general, su preservación) como objeto necesitado de tutela (también penal, ante ciertos tipos de conductas consideradas de alta gravedad). Que el crédito sea hoy una verdadera institución necesaria para el sostenimiento de la economía del país, y que en ciertos casos se haga precisa la intervención penal para su correcta tutela, no es ni más ni menos que responder al sostenimiento del modelo económico que reconoce y consagra nuestra *Constitución económica* (un modelo *social* y no absolutamente liberal como ocurría en los albores de la regulación penal de la quiebra). De este modo, mientras que el tratamiento y respuesta jurídica de los meros ataques al patrimonio *en situaciones de insolvencia del deudor* (que no ante casos de simulación de insolvencia, como dijimos) quedan encomendados al orden extrapenal (por lo general al Derecho privado), debiendo ejercer el acreedor en ese orden sus derechos al cumplimiento y a la satisfacción de sus intereses, las lesiones o peligros del correcto funcionamiento del sistema de crédito del país poseen suficiente entidad como para demandar la intervención del sistema normativo penal, que es lo que da lugar, precisamente, a los delitos que hoy conocemos como *insolvencias punibles*.

Como ya fundamentamos en las líneas anteriores de este capítulo, en nuestro Ordenamiento jurídico las soluciones ante supuestos de insolvencia de un sujeto no se dejan al albur de lo que libremente dispongan y determinen el deudor y el acreedor, ni pertenecen al libre ámbito organizativo del empresario, ni tampoco se autorregulan libremente por el mercado. Al contrario: el Estado ha querido establecer una regulación específica para la ordenación procedimental de un *sistema de garantías* en aras de solucionar este tipo de situaciones, en atención a la trascendencia social de estos supuestos de crisis económica. El respeto por las reglas de garantía existentes para la salvaguarda de un *correcto sistema crediticio* demanda que el deudor que se encuentre ante una situación de insolvencia (como decimos, real y preexistente) se comporte con un concreto deber de diligencia en la gestión de sus asuntos económicos, en defensa, por tanto, de los intereses de sus acreedores (en último término, de ahí su específica tutela extrapenal) pero también del propio sistema crediticio como uno de los pilares del orden socioeconómico del país (en primera instancia). Por ello, quien estando obligado a comportarse con ese deber de diligencia lo incumple, está lesionando directamente el *correcto funcionamiento del sistema crediticio*, que es garantía para la satisfacción, en última instancia, de los derechos de los acreedores afectados por la situación de insolvencia, en el entorno de estos tipos penales.

Por lo demás, si bien el precepto no distingue entre sujetos activos deudores, permitiendo sancionar tanto al particular como al empresario que, en las situaciones típicas, lleven a cabo el comportamiento prohibido, no pensamos que ello sea determinante para inclinar la balanza en favor de las teorías patrimonialistas. Primero, porque aunque es evidente que el particular siempre tendrá una capacidad notablemente inferior de afectar al sistema crediticio con la ejecución de estas conductas, lo cierto es que estará igualmente incurriendo en una agresión a su funcionalidad al no someterse a las preceptivas reglas de garantía que extrapenalmente regulan la materia. Y segundo, porque en todo caso procederá un análisis crítico sobre la figura del sujeto activo en este delito, y sobre la propia naturaleza del precepto (especialmente en su posible condición de *delito acumulativo*), que abra la posibilidad de depurar o perfeccionar la norma desde una perspectiva de *lege ferenda* (análisis que se realizará en posteriores capítulos de este trabajo).

Tampoco convence la crítica que opone a estas teorías funcionalistas una pretendida *indeterminación* a la hora de seleccionar el bien jurídico tutelado. Señalar un bien jurídico de carácter colectivo como objeto directo de protección penal en algún delito nos aproximará siempre (obviamente) a una mayor abstracción, por el mero hecho de resultar supraindividual. Eso puede ocurrir en cualquier delito que tutele bienes jurídicos colectivos o supraindividuales. Pero la indeterminación se disipa cuando se logra concretar el espacio particular que se lesiona con cada delito individualmente considerado. De todos modos, no somos partidarios de identificar el "sistema de crédito" como objeto de protección penal en los delitos de insolvencia punible: lo tutelado es, en todo caso, el *correcto funcionamiento* de dicho sistema crediticio, esto es, su funcionalidad, pues solo así se sostienen los elementos de tal sistema y con ello un importante sector de la economía del país (y de todos sus actores implicados, especialmente los acreedores). Y esa funcionalidad, como ya explicamos, viene muy bien delimitada por las normas que la legitiman ya en sede extrapenal, y esencialmente en la legislación concursal, por lo que no pensamos que pueda hablarse de *indeterminación*.

Por último, pensamos que no es posible, ni tampoco necesario, acudir a vías de interpretación mixtas o eclécticas, ni desde la óptica de la *pluriofensividad* (por las razones delimitadoras entre ambos grupos de delitos que ya hemos argumentado) ni tampoco desde el punto de vista de la coexistencia de un bien jurídico *inmediato* junto a otro *mediato*. En este último caso, por dos razones: primero, porque somos parte de esa opinión mayoritaria que asigna al bien jurídico mediato una mera labor de concreción de la finalidad pretendida por el legislador con la instauración de la norma, pero sin reconocerle a esta institución las mismas facultades y competencias que las que conservaría el tradicional *bien jurídico inmediato*. Siendo esto así, el interés por determinar un pretendido bien jurídico mediato se diluye notablemente. Pero, además, en segundo término, porque pensamos que puede ocurrir justamente lo contrario de lo que patrocina el sector doctrinal que aboga por identificar bienes jurídicos inmediatos y mediatos en los delitos relacionados con situaciones de insolvencia, esto es: que la norma del art. 260 CP realmente tutele, de forma directa o inmediata, un bien jurídico que identificamos como el *correcto funcionamiento del sistema crediticio*, mientras que el bien jurídico mediato quede determinado por algún derecho individual de los acreedores, cuya voluntad de satisfacción sea una de las finalidades perseguidas por el legislador, y que en el concreto ámbito del delito de favorecimiento ilícito de acreedores se identifique finalmente (al menos en parte) con la salvaguarda de la *par conditio creditorum*, esto es, el derecho a la igualdad de trato que merecen los acreedores "iguales" ante este tipo de situaciones en sede de concurso, que vedaría la posibilidad de permitir cualquier ventaja o beneficio injustificado de terceros acreedores frente a alguno de sus iguales. Una de las finalidades, pues, de este principio propio de la legislación concursal, es ordenar los créditos y conseguir un pago distributivo de aquellos. Y este puede ser, además de uno de los fines propios de la legislación extrapenal (como, de facto, es), también uno de los fines que persiga la normativa penal mediante el reconocimiento de estos delitos de *insolvencias punibles*[122]. Pero ese

---

[122] Al respecto, cfr.: Tiedemann, *Manual de Derecho penal económico, parte general y parte especial, cit.*, p. 406. Por su parte, para González Cussac, *Los delitos de quiebra, cit.*, p. 66, y para Souto García, *Los delitos de alzamiento de bienes en el Código Penal de 1995, cit.*, p. 84, el bien jurídico protegido en el delito de favorecimiento ilícito de acreedores es el derecho a la satisfacción de su crédito por parte del acreedor, del patrimonio del deudor, si bien concretado en el principio *par conditio creditorum*. En este sentido puede leerse a la última autora citada: "se trata, pues, de un delito que sanciona el incumplimiento de las normas del concurso, las cuales aseguran un orden en la satisfacción de los créditos y una igualdad de trato a los acreedores. Este principio de paridad se configura así como una de las manifestaciones del derecho de crédito distintas del principal derecho de cobro". Como puede colegirse con facilidad, para este sector el principio *par conditio creditorum* deviene como interés objeto de protección directa en el terreno penal, pero anudado indisolublemente con el propio derecho de crédito del acreedor, por lo que la interpretación sigue siendo de tipo individual o patrimonialista. En nuestra apreciación, no obstante, ese principio puede traducirse en una de las finalidades perseguidas por el legislador penal en el momento de diseñar el delito, más no como bien jurídico directa o inmediatamente tutelado, que seguimos identificando en el correcto funcionamiento del sistema crediticio. Una razón adicional que nos permite separarnos de esta concepción individualista la identificamos con la propia redacción del precepto tras la reforma de 2015, pues ahora se prevé, junto al tradicional favorecimiento ilícito de acreedores *posconcursal* (ahora en el art. 260,2 CP; anteriormente a la reforma en el art. 259 CP CP, en idénticos términos) una novedosa modalidad de favorecimiento prohibido de tipo *preconcursal,* en el art. 260,1 CP. *Ergo* si de *lege lata* es posible también la sanción de conductas de favorecimiento ilícito de acreedores en sede preconcursal, difícilmente puede seguir sosteniéndose un bien jurídico para todo el precepto que se identifique con el principio de *par conditio creditorum,* toda vez que dicho aforismo solo rige en sede concursal, y no antes. De ahí que tal principio pueda ser, a lo sumo, una finalidad perseguida parcialmente por el legislador mediante el establecimiento de este precepto (que no alcanza al conjunto del mismo, como decimos). Sobre la imposibilidad de considerar a la *par conditio creditorum* como bien jurídico tutelado en los delitos de insolvencia punible, vid.: Sánchez

fin constituirá, en todo caso, parte de aquello que denominamos bien jurídico mediato o espiritualizado, quedando incólume el normal funcionamiento del sistema crediticio como bien jurídico directamente tutelado por el delito. Más, como decimos, dado que las facultades que le restan a la institución del bien jurídico mediato son mínimas en la práctica, esta consideración carece de mayor interés[123].

2. NATURALEZA DEL DELITO

2.1. Punto de partida

Una de las cuestiones que suscita un gran interés en el proceso de exégesis del delito de favorecimiento ilícito de acreedores pasa por la determinación de su concreta naturaleza jurídica desde la óptica del ataque al bien jurídico (que acaba de ser determinado), planteando no solo su clasificación como un delito de peligro, sino también su posible consideración como *delito acumulativo.*

Esta cuestión ha sido ya esbozada en el apartado anterior, dedicado al estudio del bien jurídico. En efecto, optar por un entendimiento supraindividual o colectivo del interés jurídico-penal tutelado en este delito, identificándolo finalmente en el correcto funcionamiento del sistema crediticio, aproxima a este injusto, en primer lugar, a los tipos de *peligro*, puesto que una sola acción de favorecimiento prohibido, individualmente considerada, no estará en dis-

---

Dafauce, M.: *Estudio crítico del delito concursal,* Ed. Tirant lo Blanch, Valencia, 2020, p. 147, apuntando el autor al dato, ya advertido, de que en estas modalidades es posible sancionar conductas llevadas a cabo antes del concurso, y no solo después de su apertura (como ocurre, p. ej., con la figura del art. 260,1 CP), por lo que el precepto no podría legitimarse en un ataque a dicho principio, que presenta su natural acomodo en sede concursal.

123 Como afirma, en fin, Feijoo Sánchez, en Reátegui Sánchez y Requejo Sánchez (coords.), *Crisis económica y Derecho penal…cit.,* pp. 553-554, estas posturas intermedias “o bien no sirven para nada o bien tienen que otorgarle preferencia a uno de los dos aspectos”.

posición de lesionar de modo efectivo o de destruir, por sí misma, ese normal funcionamiento del sistema de crédito, como elemento colectivo[124].

En la modalidad del art. 260,1 CP encontramos las siguientes conductas diferenciadas: favorecer a algún acreedor realizando un acto de disposición patrimonial o bien generador de obligaciones destinado a pagar un crédito que no resulte exigible, o bien a facilitarle una garantía a la que no tiene derecho (siempre que no exista justificación económica o empresarial), por parte de un sujeto deudor que se encuentra ya en una situación de insolvencia actual o inminente. Por su parte, en el art. 260,2 CP encontramos como conducta típica la de realizar el deudor un acto de disposición patrimonial o generador de obligaciones destinado a pagar a uno o a varios acreedores, privilegiados o no, con posposición del resto, siempre que se haya admitido a trámite la solicitud de concurso, y no exista autorización (ni judicial ni por parte de los administradores concursales), ni dicha acción encuentre previsión legal[125]. Como fácilmente se colige, al atentar estas conductas contra el correcto o normal funcionamiento del sistema crediticio del país, las acciones de un solo deudor, que ya dan lugar al tipo penal, al menos formalmente, no están en disposición de destruir o menoscabar de forma efectiva, por ellas mismas, dicho bien jurídico, lo que reclama un mayor análisis desde el punto de vista material. En definitiva, resultará que un solo acto de *favorecimiento prohibido,* de los que hemos señalado, no podrá

---

124 Ampliamente, sobre la consideración de los delitos de frustración de la ejecución y de insolvencias punibles (en concreto de las conductas de quiebra o bancarrota de los arts. 259,1 y 259,2 CP) como delitos de peligro o bien de lesión, vid. el muy profundo estudio realizado por: Gutiérrez Pérez, *El Derecho penal frente a la insolvencia… cit.*, pp. 109 y ss. La autora, sin embargo, no se refiere al delito particular de favorecimiento ilícito de acreedores.

125 En cualquier caso, como venimos advirtiendo desde el inicio de este libro, las particularidades y peculiaridades que presenta la figura del favorecimiento ilícito *posconcursal* del art. 260,2 CP serán abordadas en la parte final de esta investigación, de manera autónoma.

lesionar (en el sentido de menoscabar o destruir de modo efectivo) el correcto funcionamiento del sistema de crédito, pudiendo solamente ponerlo en peligro.

Partimos, pues, de la base de que nos encontramos ante delitos de peligro. Un peligro que, además, ha de ser calificado como *abstracto,* toda vez que el tipo penal en examen no demanda, ni en la primera ni en la segunda de las modalidades que lo conforman, la exigencia típica de causación de un concreto o particular peligro para el bien jurídico, presumiéndose tal riesgo en caso de que se lleve a cabo la conducta típica. Esto es: no existe un *resultado* de peligro en el tipo penal de favorecimiento ilícito de acreedores, constituyéndose así en un delito de peligro *abstracto* toda vez que la razón de su castigo proviene de la causación de una situación de riesgo o peligro, en abstracto, para el bien jurídico protegido (algunos autores siguen prefiriendo hoy optar por una calificación de estos delitos como de *peligro presunto,* al presumirse desde la ley *iuris et de iure* la peligrosidad de la conducta prohibida).

Pero al albur de la categoría de *delitos de peligro abstracto* en los últimos tiempos se ha suscitado un cierto interés por parte de algún sector de la doctrina en el análisis y configuración de un modelo de injusto que, en atención a unas características muy concretas que de inmediato van a estudiarse, se identificaría con los llamados *delitos acumulativos.*

Para situar al lector, siquiera sea someramente, en el contenido y alcance de esta institución, en las páginas que siguen delimitaremos el concepto y el significado de los delitos acumulativos.

2.2. Aproximación al contenido de los delitos acumulativos

Actualmente no existe una noción única y estable acerca de lo que podamos entender por *delito acumulativo.* La discusión sobre el contenido de aquellos se encuentra todavía muy solapada y yuxtapuesta con múltiples y variadas consideraciones e interpretaciones[126]. Se hace patente, pues, la necesidad de indagar sobre este paradigma, como modelo de análisis crítico para enfrentar el estudio de su legitimación en el Derecho penal actual, y en su caso, sobre su concreta utilización en la configuración de los tipos penales que conforman la llamada "parte especial"[127].

Para lograr una definición lo más precisa posible debemos partir de unas premisas básicas que delimitan el término. Más tarde, una vez hayamos sentado las bases para una definición lo más ajustada posible a este fenómeno, estaremos en disposición de desgranar su contenido con mayor exactitud, y de identificar (si quiera sea de un modo sistemático) los problemas que esta moderna categoría suscita respecto a los principios basilares del Derecho penal moderno, trasladando la cuestión al ámbito particular del delito de favorecimiento ilícito de acreedores.

Al contrario de lo que inicialmente se pudiera pensar, elaborar una noción de delito acumulativo no implica po-

---

126 Ríos, L.: "Aproximación a los delitos acumulativos", en VV. AA., *X Encuentro de la Asociación Argentina de Profesores de Derecho Penal,* Ed. Infojus, Buenos Aires, 2013, p. 49. Para este autor "el estudio analítico de la acumulación se debe centrar en el relevamiento de las dimensiones de antijuridicidad (contrariedad al ordenamiento penal) y sancionabilidad (atribución individual), de modo paralelo y autónomo al debate político-criminal acerca de su utilización en el ámbito del Derecho penal o en el Derecho administrativo sancionador".

127 Para mayor abundamiento remitimos al lector a nuestra monografía y otros estudios previos sobre el tema, pues abordar todos y cada uno de los controvertidos aspectos de los *delitos acumulativos* excede con mucho del objeto directo de esta investigación. Cfr. ampliamente: Bustos Rubio, M.: *Delitos acumulativos,* Ed. Tirant lo Blanch, Valencia, 2017. De igual modo pueden consultarse también los siguientes trabajos: Bustos Rubio, M.: "Delitos acumulativos y delitos de peligro abstracto: el paradigma de la acumulación en derecho penal", en *Anuario de Derecho Penal y Ciencias Penales,* Tomo LXX, MMXVII, 2017, pp. 293 y ss.; y Bustos Rubio, M.: "El excesivo adelanto de la barrera punitiva en los delitos acumulativos: un arquetipo del moderno Derecho penal", en Maraver Gómez, M. y Pozuelo Pérez, L. (coord.), *La crisis del principio del hecho en Derecho Penal,* Ed. Reus/B de F, Madrid, 2020, pp. 183 y ss.

sicionarse a favor de estos, ni de su existencia en nuestro Derecho penal; más bien consideramos que este es el paso sin el cual resulta harto difícil someter a juicio crítico a esta figura: sin conocer *de qué* estamos hablando es imposible pronunciarse sobre el *si,* el *cómo* o el *porqué* de cualquier institución. Por lo tanto: el hecho de ofrecer una definición y dotar de contenido a la figura del delito acumulativo no implica, *per se,* que este autor se muestre favorable al empleo de dicha dinámica en el actual sistema penal.

La figura de la acumulación nos presenta a un nuevo protagonista, el *actor colectivo*[128], ya no meramente individual como acontece en la mayoría de delitos, pues se establece como potencial destructor de un bien jurídico valioso para la vida en sociedad a un conjunto de esa misma sociedad, o a la sociedad en su conjunto, lo que proyecta una responsabilidad colectiva o vicarial, en que se pretende atribuir la responsabilidad por los grandes riesgos globales reorientados a acciones que podríamos denominar "mínimas" (en principio), dado que tales daños de conjunto se producen como causa de una suma o acumulación de varios actos individuales (por sí mismos, o individualmente considerados, de dudosa capacidad lesiva)[129]. Partimos, pues, de una idea básica: la tendencia a lo global, dejando a un lado la estricta lesividad individual a la que nos tiene acostumbrado el Derecho penal tradicional (sea como injusto de lesión o de peligro), sosteniéndose que lo determinante es la visión macroeconómica o macrosocial más allá de la imputabilidad personal de un sujeto por su actuación individual.

Esta tesis sostiene que es posible tipificar comportamientos individuales que no pueden considerarse por sí mismos lesivos del bien jurídico que se trata de proteger,

---

128 Truccone Borgogno, S.: "Delitos acumulativos ambientales: una aproximación desde el republicanismo", en *Revista de Derecho Ambiental de la Universidad de Palermo,* año II, nº 2, noviembre de 2013, p. 62.

129 Alcácer Guirao, R.: "La protección del futuro y los daños cumulativos", en *Revista Electrónica de Ciencia Penal y Criminología,* nº 4, 2002, p. 8.

teniendo en cuenta la existencia de una posibilidad, más o menos amplia, pero siempre hipotética, de que tal conducta pueda ser realizada, a futuro, por otras personas, llegándose a una situación (ahora sí) efectivamente peligrosa para dicho bien jurídico. Se trata, en puridad, de un adelanto extremo de las barreras punitivas: se conmina al agente individual con una sanción (una pena) que responde ya no sólo a su actuación individual, por sí no lesiva ni efectivamente peligrosa respecto a un determinado bien jurídico, teniendo en cuenta la posibilidad futura (y en gran medida dependiente del azar: *Zufallsbeherrschung*) de que otras personas repitan dicha conducta, lo que (ahora sí) conduciría a una efectiva puesta en peligro o total destrucción de dicho bien jurídico protegido. O, como se preguntaba FEINBERG, "*What if everybody did it?*", ¿qué pasaría si todos lo hicieran?[130].

Paradigma claro de esta situación sería el de los delitos medioambientales. Haciéndonos con el ilustrativo ejemplo propuesto por SILVA SÁNCHEZ, "los vertidos de una empresa —de una sola— por mucho que superen ampliamente los grados de concentración de metales pesados establecidos en la normativa administrativa, no tienen por qué poner en peligro —por ellos solos— el equilibrio de los sistemas naturales. Si sólo se tratara de los vertidos de una empresa, no existiría problema medio ambiental. El problema se deriva de la generalización de vertidos con ciertos grados de concentración de metales"[131]. En igual sentido se pro-

---

130 Feinberg, J.: *Harm to others. The moral limits of the criminal law,* Vol. I, Ed. Oxford University Press, New York, 1987, pp. 225-226.

131 Silva Sánchez, J. M.: *La expansión del Derecho Penal. Aspectos de la política criminal en las sociedades postindustriales,* Ed. Edisofer, 3ª edición, Madrid, 2011, p. 141. O, como añade Ochoa Figueroa, A.: *La tutela del agua mediante el Derecho Penal y el Derecho Administrativo,* Ed. Universidad Complutense de Madrid, Madrid, 2015, pp. 75-76, analizando el ejemplo anterior, "un solo vertido resultaría inocuo tanto para el medioambiente, como para la salud de las personas. Por lo tanto, es posible que no se llegue a producir el riesgo grave que el tipo del artículo 325 CP exige, solo llegando a ese nivel mediante la repetición de las acciones contaminadoras".

nuncia HEFENDEHL cuando apunta que "el Derecho Penal debe quizá ocuparse realmente de riesgos futuros, puesto que una acción típica aislada nunca producirá un atentado real e inmediato contra bienes jurídicos colectivos [...]. Si desde una industria situada en la costa se arrojan un día determinado los vertidos generados al mar, no se producirán en la mayoría de los casos los efectos contaminantes en el mismo momento del vertido puesto que los desechos industriales podrán ser relativamente asimilados por el agua sin causar un grave perjuicio. El verdadero problema vendrá en el futuro, es decir, en el caso hipotético de que todas o la mayoría de las instalaciones o fábricas cercanas hiciesen lo mismo o esta conducta se convirtiese en regla para la industria costera de una zona. Encontrar normas para el futuro, actuar con miras a lo que puede acontecer, sería, según determinados pronósticos, más acertado que querer reaccionar *a posteriori* ante errores, omisiones o catástrofes del presente"[132].

Como fácilmente puede colegirse, el recurso al ejemplo del delito medioambiental es el más repetido en la doctrina a la hora de aproximarse al contenido de los delitos acumulativos. Ello resulta de todo punto lógico dado que una de las primeras ocasiones en las que se diagnostica esta situación es al calor del análisis del delito de contaminación medioambiental en Alemania, *Gewässerverunreinigung*, analizado por KUHLEN en diversos trabajos[133], lo que daría pie al nacimiento de los *kumulationsdelikte* o *kumulationstabeständen* en el sistema germano, los *acumulative harms* en el sistema anglosajón, o, en fin, los denominados *delitos cumulativos o acumulativos* en el sistema hispano.

---

132 Hefendehl, R.: "¿Debe ocuparse el Derecho penal de riesgos futuros? Bienes jurídicos colectivos y delitos de peligro abstracto", en *Anales de Derecho; Universidad de Murcia*, nº 19, 2001, p. 151.

133 Cfr.: Kuhlen, L.: "Der Handlungserfolg der strafbaren Gewässerverunreinigung. 324 StGB", *GA*, 1986; y Kuhlen, L.: "Umweltstrafrecht auf der Suche nach einer neuen Dogmatik", *ZStW*, n. 105, 1993.

La figura de la acumulación es propia del Derecho penal de las sociedades postindustriales, y proviene de la idea, ampliamente asumida, de la posible lesividad global derivada de un cúmulo de conductas, o de acumulaciones o repeticiones (o incluso de *reacciones en cadena* a las que ya aludía algún sector doctrinal durante el análisis de las distintas posturas acerca del bien jurídico tutelado en el delito del art. 260 CP, y sobre las que de inmediato volveremos), si bien este modo de proceder del legislador se ha desarrollado tradicionalmente en el seno del Derecho administrativo[134]. Sin embargo, y a pesar de que la doctrina identifica un claro proceso de *administrativización* de nuestro modelo penal, parece obvio que entre el Derecho penal y el Derecho administrativo sancionador existen diferencias que no pueden obviarse. En este último sector de nuestro Ordenamiento jurídico es perfectamente posible que la conducta individual de un sujeto no sea relevantemente perturbadora de un determinado bien jurídico, como tampoco es necesario, en tal ámbito, un análisis concreto de la *lesividad* del hecho específico en el caso particular. A ello hay que añadir, además, que en esta rama de nuestro sistema es perfectamente posible que la sancionabilidad de un hecho individual no se rija, exclusivamente, por criterios de legalidad en la persecución de un determinado ilícito, sino de manera más próxima a criterios de oportunidad, lo que no debería ocurrir en el Derecho penal. Como explica SILVA SÁNCHEZ en referencia al ilícito administrativo, "lo que es necesario, más bien, es que el género de conductas represente, en términos es-

---

134 Seelman, "Verantwortungszuweisung, Gefahrensteuerung und Verteilungsgerechtigkeit. Zielkonflikte bei der Akzessorietät des Strafrechts gegenüber anderen Rechtsgebieten", en Orsi/Seelman/Schmid/Steinworth (hrsg.), *Gerechtigkeit,* Frankfurt, 1993, pp. 109 y ss. Cfr. Igualmente: Fernández Illanes, S.: "Las acciones preventivas por daños cumulativos en el Derecho internacional público", en *Ars Boni et Aequi,* Vol. 6, nº 2, 2010, pp. 17 y ss., señalando este autor cómo la idea de acumulación, extraña y de difícil encuadre en el Derecho penal tradicional, data de antiguo, sin problemas, en el ámbito del Derecho internacional público.

tadísticos, un peligro para el modelo sectorial de gestión o, si se quiere, en términos menos tecnocráticos, para el buen orden del sector de actividad determinado"[135]. O, en palabras de FEIJOO SÁNCHEZ, "se trata de un método de imputación estadístico para problemas macrosociales o sistemáticos que intenta evitar la creación de riesgos difusos que no tienen una única fuente"[136].

Esta dinámica, propia del Derecho administrativo sancionador, parece haber superado los límites de aquél y haberse acomodado en el seno del Derecho penal, en aquello que se ha llamado *administrativización* de este último[137]. Como ha sabido identificar SILVA SÁNCHEZ, la modificación de la propia estructura y del contenido material de los tipos penales es una de las más significativas expresiones de lo que el mismo autor denomina *expansión y administrativización* del Derecho penal contemporáneo. En efecto, hemos pasado de un modelo básico del delito de lesión de bienes individuales a un modelo de delitos de peligro presunto para bienes jurídicos supraindividuales, con todas las escalas intermedias entre uno y otro. En palabras del autor "esta orientación a la protección de *contextos* cada vez más genéricos (en el espacio y en el tiempo) del disfrute de los bienes jurídicos clásicos, lleva al Derecho penal a entrar en relación con fenómenos de dimensiones estructurales, globales o sistémicas, en los que las aportaciones individuales, autónomamente contempladas, son, por el contrario, de 'intensidad baja'. Con ello, se ha producido seguramente la culminación del proceso: el Derecho penal, que reaccionaba *a posteriori* contra un hecho lesivo individualmente delimitado (en cuanto al sujeto activo y al pasivo), se ha

---

135 Silva Sánchez, *La expansión..., cit.*, p. 138.

136 Feijoo Sánchez, B.: "Sobre la 'administrativización' del derecho penal en la 'sociedad del riesgo'. Un apunte sobre la política criminal a principios del siglo XXI", en *Revista Derecho Penal Contemporáneo*, nº 19, 2007, p. 130.

137 Ampliamente, vid.: Berdugo Gómez de la Torre, I.: *Viejo y nuevo Derecho penal. Principios y desafíos del Derecho penal de hoy*, Ed. Iustel, Madrid, 2012.

convertido en un Derecho de gestión (punitiva) de riesgos generales y, en esa medida, se ha 'administrativizado'"[138].

Pero, a grandes rasgos y sin adentrarnos ahora en la controversia cuantitativa/cualitativa (la primera, más tradicional en la doctrina española; la segunda, en la alemana) para la diferenciación de estos dos grandes sectores del Ordenamiento[139], cabe advertir que uno y otro no son la misma cosa: el Derecho penal, *a priori,* persigue proteger bienes concretos (sean individuales o colectivos) en supuestos determinados y tasados, siguiendo criterios de lesividad o peligrosidad, concreta o abstracta, pero real, y de imputación individual y personal del injusto. Por su parte, el Derecho administrativo sancionador persigue ordenar, de un modo más genérico, ciertos sectores de actividad de la sociedad, reforzando mediante la sanción un determinado modelo de gestión; no sigue, por ello, criterios concretos de lesividad o peligrosidad, sino que atiende más bien a consideraciones de alcance o afectación general, no resultando tan estricto en lo que a la imputación se refiere, y guiándose por criterios de oportunidad[140]. Las diferencias sustanciales entre uno y otro sector de nuestro Derecho permite explicar, con mayores facilidades, la tipificación de infracciones administrativas que, aun cumpliendo funciones de protección social desde una perspectiva global o macrosocial, se restrinjan a un efecto sumativo de conductas individuales, que serán valoradas en conjunto, aunque una a una resulten meramente formales, y no pueda siquiera hablarse de un "peligro abstracto" (al menos tal y como lo conocemos en Derecho penal), sino más bien de un peligro "global", "estadístico" o "presunto"[141]. Dada esta

---

138 Silva Sánchez, *La expansión…, cit.,* p. 134.

139 Sobre ello, amén de la amplia bibliografía existente al respecto, puede consultarse: Caruso Fontán, V./Pedreira González, F., *Principios y garantías del Derecho penal contemporáneo,* Ed. B de F, Buenos Aires/Montevideo, 2014, pp. 11 y ss. Vid. tb.: Berdugo Gómez de la Torre, *Viejo y nuevo Derecho penal…cit.,* pp. 219 y ss.

140 Silva Sánchez, *La expansión…, cit.,* p. 137.

141 Ídem, p. 139.

situación, parece patente, al menos en una primera aproximación, que el Derecho penal, con la figura del delito acumulativo, asume el modo propio de razonar del Derecho administrativo sancionador, en una progresiva transformación de aquél, que pasaría ahora a ser un instrumento de gestión en que lo decisivo ya no es (al menos, no solo) el comportamiento individual de un sujeto, sino las grandes cifras o, en general, la dimensión de conjunto o macrosocial de una suma de comportamientos individuales[142]. Sin embargo, la situación se complica aún más si tenemos en cuenta que, cada vez con mayor intensidad, los principios que rigen en Derecho penal resultan aplicables en el ámbito del Derecho administrativo sancionador. Y decimos que la situación "se complica" porque al aproximarse el contenido garantista y los límites de uno y otro Derecho cada vez se difuminan más las líneas de distinción entre uno y otro, y consecuentemente no van a resultar nada claros sus criterios de diferenciación. No obstante, el problema aparece cuando es el *campo de actuación* del Derecho penal el que se nutre de injustos que proceden del Derecho administrativo, o que tendrían mejor acomodo en este. Y esta situación es perfectamente predicable para el caso de los delitos que nos ocupan en la presente monografía, los de *insolvencias punibles,* cuya nueva regulación, tras la reforma del año 2015, ha ampliado el ámbito de lo penalmente típico hasta aproximarse a terrenos cuya regulación y control tradicionalmente han quedado encomendados a la normativa extrapenal especializada.

Teniendo en cuenta los rasgos principales anteriormente apuntados, estamos en disposición de afirmar que el delito acumulativo es aquella conducta individual acompañada de sanción penal que, aun no poseyendo capacidad lesiva ni *per se* efectivamente peligrosa (real) respecto a un bien jurídico, se apoya en la posibilidad de que dicha conducta sea a su vez realizada, a futuro, por otros sujetos individuales, con lo que el conjunto de comportamientos, valorado

---

142 Ídem, p. 143.

en efecto sumativo, sí termina lesionando o menoscabando de forma efectiva el bien jurídico[143]. Son, en definitiva, supuestos en que la conducta considerada desde una perspectiva meramente individual no muestra por sí misma un riesgo relevante (es *harmless*), mientras que, de otro lado, se admite que *general performance would be harmful,* con lo que la realización de ese mismo acto por un conjunto de sujetos no viene a constituir simplemente una hipótesis remota sino una realidad más o menos inminente[144].

De conformidad con las características perfiladas anteriormente, a nuestro juicio los delitos acumulativos se rigen por un conjunto de patrones que, sintéticamente, se pueden resumir en los siguientes[145]: (a) se trata de un concepto dogmático y no de una técnica legislativa; (b) despliegan su ámbito propio de actuación en el terreno de los bienes jurídicos colectivos; (c) se apoyan sobre un pronóstico realista de futuro, que necesariamente debe prever un efecto sumativo de otras conductas individuales, lo que no deja de constituir una decisión político-criminal del legislador (con todo lo que ello significa); y (d) no pueden confundirse los actos individuales que contribuyen a la acumulación, con las infracciones insignificantes o de mera bagatela[146].

En primer lugar, como acabamos de señalar, el delito acumulativo debe ser entendido como un concepto eminentemente dogmático y no como un instrumento más de técnica legislativa. Debemos advertir, sin embargo, que esta característica, más que constituir un elemento caracterizador del ilícito acumulativo, es un mero dato o apunte previo al contenido de aquél, pero sumamente necesario para entender su dinámica y su ámbito de operatividad dentro del

---

143 Kuhlen, *Umweltstrafrecht auf der Suche… cit.,* pp. 697 y ss.

144 En estos términos: Silva Sánchez, *La expansión…, cit.,* p. 144.

145 Vid.: Bustos Rubio, *Delitos acumulativos, cit.,* pp. 25 y ss.

146 Vid. ampliamente: Silva Días, A.: "¿Y si todos lo hiciéramos? Consideraciones acerca de la '(in)capacidad de resonancia' del Derecho penal con la figura de la acumulación", en *Anuario de Derecho penal y Ciencias Penales,* nº 56, 2003, pp. 435 y ss.

Derecho penal. En efecto, el delito acumulativo no es un tipo penal incriminatorio expreso, como tampoco es resultado de aplicar una regla específica de la Parte General del Código Penal a un tipo de la Parte Especial, que amplíe la tipicidad o la penalidad de este, sino que, por el contrario, remite a la calificación de ciertos comportamientos como típicos y punibles. En definitiva, la figura de la acumulación es un concepto de carácter y creación dogmática, de marcado corte político-criminal, que puede servirnos para proceder a la interpretación de determinados tipos penales y, consecuentemente, para afirmar la imputación de un determinado comportamiento[147]. Se trata, en puridad, de una categoría dogmática al servicio de la comprensión e interpretación de la dinámica delictiva en determinados sectores de la vida en sociedad (con independencia de que resulte discutible que el Derecho penal actual deba acudir a esta categoría dogmática).

SILVA DÍAS ha querido ver la similitud del delito acumulativo con el concepto, más familiar, aunque todavía difuso, de adecuación social en Derecho penal; para este autor, el uso de la técnica de la acumulación "se asemeja al de la adecuación social y se aparta de nociones como la de peligro concreto —que es también y sobre todo una técnica legislativa— o la comisión por omisión —que es una regla de imputación presente en la Parte General del Código Penal—"[148].

---

147 Ríos, *Aproximación a los delitos acumulativos, cit.*, p. 50: "el diagnóstico y la crítica acerca de los delitos acumulativos se encuentran aún preservadas en el ámbito político-criminal o de criminalización [...] siendo necesario trasladar o descender la discusión a los planos analíticos de las estructuras de antijuridicidad y sancionabilidad".

148 Silva Días, *¿Y si todos lo hiciéramos?... cit.*, p. 435. Añade el autor "del mismo modo que la (in) adecuación social, la figura de la acumulación se conforma a partir de la concepción existente en la comunidad jurídica acerca de los límites de la tipicidad y, por extensión, de la imputación jurídico-penal. En ambos casos se plantea la misma cuestión de fondo: hasta dónde está permitido llegar en la atribución de responsabilidad penal. En el primer caso, se trata de saber si un comportamiento es poseedor de significado social, en cuanto

No estando, por tanto, ante una técnica legislativa más, a nuestro juicio entonces puede extraerse una conclusión clara: la figura de la acumulación va a poder resultar, *a priori,* perfectamente compatible con el empleo de cualquier técnica legislativa que se precie (y que se encuentre hoy sólidamente construida y fundamentada en nuestro sistema de Derecho penal); o, a la inversa, cualquier técnica legislativa que se adecue a los caracteres de la acumulación podrá ser utilizada para legislar sobre la base de este paradigma. Con ello estamos queriendo decir que, en principio y, reiteramos, siempre que no aparezcan obstáculos dados los caracteres propios de la figura del injusto por acumulación, será perfectamente posible que un delito acumulativo sea calificado, a su vez, como delito de peligro (por ejemplo, y ello será lo más común, de peligro abstracto). En este último caso nos encontraremos ante un comportamiento tipificado por el legislador como *delito de peligro* mediante esa técnica legislativa, pero a su vez dogmáticamente clasificado como *delito acumulativo,* si es que efectivamente en ese supuesto concreto nos encontramos ante el paradigma de la acumulación y su dinámica propia, y si el fundamento de tal figura delictiva proviene de la idea de la acumulación[149]. Los delitos acumulativos,

---

aparece como lesivo de un determinado bien jurídico; en el segundo caso, la cuestión a decidir es si son admisibles formas de imputación individual basadas en la idea de acción colectiva, o sea, si pueden constituir un tipo de injusto los comportamientos cuya relevancia se asienta en una lógica de masas, en el hecho de ser practicados por un gran número de individuos".

149 En contra, considerando que los delitos por acumulación pueden constituir auténticas *técnicas de tipificación,* cfr.: Ríos, *Aproximación a los delitos acumulativos, cit.,* p. 45. En sentido similar, puede leerse a Feijoo Sánchez, *Sobre la 'administrativización' del derecho penal... cit.,* p. 132: "los denominados delitos cumulativos o por acumulación o, con la terminología que prefiero, la tipificación de daños acumulativos es una técnica de protección de bienes jurídicos colectivos o supra individuales que debe pertenecer en exclusiva al Derecho administrativo, pero que resulta ilegítima en el Derecho penal en la medida en la que al penado se le imputan personalmente consecuencias de su acción que no son suyas [...]".

pues, no son a nuestro juicio una subespecie o subtipo de los tradicionales delitos de peligro abstracto, pues no son idéntica cosa[150]: los delitos acumulativos son una *categoría dogmática* clasificatoria que puede resultar útil en la configuración, interpretación, entendimiento o fundamentación de ciertos tipos de delitos (que atentan contra bienes jurídicos colectivos o supraindividuales), mientras que los delitos de peligro abstracto suponen una auténtica *técnica legislativa.* Desde esta perspectiva, es perfectamente posible que un delito de peligro abstracto (como técnica legislativa) responda a, o se fundamente en, la dinámica propia de la acumulación (como mera categoría dogmática). En este caso, la *ratio* de la incriminación en el delito de peligro abstracto provendrá de la idea de la acumulación, lo que indubitadamente afectará a su entendimiento, pero ese injusto no dejará de ser un delito de peligro (abstracto). Y resulta claro que, por su propia estructura, los delitos de peligro abstracto pueden estar en disposición de responder muy bien a la dinámica de la acumulación. Esto nos hizo sostener en algunas investigaciones previas que, si bien todo delito acumulativo se apoya en la técnica legislativa del peligro abstracto, no todo delito de peligro abstracto tiene por qué responder siempre y en todo caso al fundamento de la acumulación[151].

En segundo lugar, la figura de la acumulación se encuentra en íntima relación con los bienes jurídicos colectivos o supraindividuales. De este modo expresan VON HIRSCH y WHOLERS lo siguiente: "el ámbito principal de aplicación de este tipo de delitos es la protección de intereses supraindividuales (colectivos), en los que incluso cons-

---

150 En contra: Mendoza Buergo, B.: *Límites dogmáticos y político-criminales de los delitos de peligro abstracto,* Ed. Comares, Granada, 2001, p. 61, quien concibe a los delitos acumulativos como un verdadero subtipo o subespecie de los delitos de peligro abstracto.

151 En profundidad, cfr.: Bustos Rubio, *Delitos acumulativos y delitos de peligro abstracto... cit.,* pp. 296 y ss.; y especialmente vid.: ídem., pp. 324-325.

tituye un verdadero prototipo de tipo penal"[152]. Encontramos, entonces, que el ámbito propio de operatividad de los delitos acumulativos es el de los bienes jurídicos colectivos, pues es en dicho ámbito donde pueden desplegar todo su sentido. Como vimos, la figura de la acumulación empezó a construirse desde la doctrina al calor del delito medioambiental; pero nada impide hoy encontrar la dinámica propia de la acumulación como parte del fundamento de otros muchos delitos que tutelan bienes jurídicos colectivos (así, por ejemplo, en el caso del delito fiscal, los delitos contra la Seguridad Social o el blanqueo de capitales, por citar solo algunos[153]). Tal como ha afirmado Silva Días "la acumulación ni es exclusiva de las agresiones al medio ambiente, ni constituye realmente una novedad en el Derecho penal, sino que por el contrario configura el centro de gravedad del injusto de los delitos contra bienes jurídicos colectivos no susceptibles de ser lesionados por una acción individual"[154]. Y, apoyándose en el pensamiento de Hefendehl señala que "en el ámbito de los bienes jurídicos colectivos no puede hablarse de una causalidad lesiva real, por lo que es preciso establecer equivalentes materiales. Uno de ellos, quizá el principal, es la idea de la acumulación"[155].

El recurso a la tutela de bienes jurídicos colectivos es un síntoma más del proceso de cambio que opera en el Derecho penal *moderno* desde hace ya algún tiempo. La incorporación en el Derecho penal de estos nuevos bienes jurídicos ha abierto la puerta a un progresivo desembarco de comportamientos que por su naturaleza se asemejan en mucho a los que contempla el Derecho administrativo sanciona-

---

152 Von Hirsch/A./Wholers, W.: "Teoría del bien jurídico y estructura del delito. Sobre los criterios de imputación justa", en Hefendehl, R. (ed.), VV. AA., *La teoría del bien jurídico. ¿Fundamento de legitimación del Derecho penal o juego de abalorios dogmático?*, Ed. Marcial Pons, Madrid, 2007, p. 289.

153 Cfr.: Bustos Rubio, *La regularización en el delito de defraudación a la Seguridad Social, cit.*, pp. 52 y ss.

154 Silva Días, *¿Y si todos lo hiciéramos?... cit.*, pp. 436-437.

155 Ídem, p. 437.

dor, pues de alguna manera al incorporarse la pena como medio para reforzar la actuación de la Administración (en determinados ámbitos), se está pasando de proteger bienes jurídicos a tutelar *funciones*[156]. Esta tutela de funciones no nos parece incorrecta, sin embargo, siempre y cuando dicha protección se dirija a proteger derechos concretos de las personas administradas que tengan, al menos, reflejo constitucional (ocurre así, por ejemplo, en el ámbito del Derecho penal de la Seguridad Social, donde a nuestro juicio, en el caso de la defraudación del art. 307 CP, se tutela la función recaudatoria de la Seguridad Social, su correcto proceso de recaudación, pero no como fin en sí mismo o desvinculado de consideraciones ulteriores, sino en tanto logrando la intangibilidad de esa función se consigue mantener un sistema público de Seguridad Social al servicio prestacional o asistencial de los ciudadanos, tal y como señala el art. 41 de nuestra Constitución)[157]. El riesgo, pues, que debe evitarse, es el de caer en una inversión del modelo social, olvidando su esencia personalista (detrás del concepto "sociedad" subyacen "personas"), bajo la justificación de dispensar protección a supuestos de bienes jurídicos colectivos. En el caso que ahora nos ocupa, también con la tutela directa del correcto funcionamiento del sistema de crédito se termina logrando una tutela efectiva de derechos de todos los actores involucrados en dicho proceso, como ya dijimos *supra,* y especialmente de los acreedores.

En todo caso, resulta lógico que cuando hablamos de delitos acumulativos nos estemos refiriendo a ilícitos en los que se tutelan bienes jurídicos colectivos: el contenido de estos tiene un carácter masivo y universal, y su menoscabo afectará siempre a la colectividad, o a un colectivo[158], lo que

---

156 Berdugo Gómez de la Torre, *Viejo y nuevo Derecho penal…cit.,* p. 199.

157 Bustos Rubio, *La regularización en el delito de defraudación a la Seguridad Social, cit.,* pp. 52 y ss.

158 Bustos Ramírez, J.: "Los bienes jurídicos colectivos", en *Revista de la Facultad de Derecho de la Universidad Complutense,* nº 11, 1986, p. 158. Igualmente, en Bustos Ramírez, J.: *Control social y sistema penal,* Ed. PPU, Barcelona, 1987, p. 195.

casa perfectamente con la dinámica propia del ilícito acumulativo. Tampoco resulta sorprendente que el injusto acumulativo venga normalmente referido a los bienes jurídicos colectivos si se tiene en cuenta que estamos hablando, en la mayor parte de los casos, de un refuerzo de la intervención extrapenal en materias que siempre están vinculadas a intereses colectivos, o no meramente individuales (ejemplo: medioambiente, salud pública, seguridad del tráfico, recaudación administrativa o, en fin, sistema del crédito)[159].

Indagar en la tutela penal de bienes jurídicos colectivos, pues, no es en modo alguno rechazable (tal y como postulaba, inicialmente y por ejemplo, la Escuela de Frankfurt). Es obvio que esa tutela se hace necesaria si tenemos en cuenta que supone, a veces, el único modo de luchar contra una criminalidad de cuello blanco o de los poderosos, o en general atentatoria de bienes jurídicos despersonalizados o colectivos, en sectores altamente técnicos o especializados, y por tanto abandonando esa concepción inicial del Derecho penal como un *Derecho penal personal*. Político-criminalmente se puede justificar el recurso del Derecho penal en la tutela de bienes jurídicos colectivos de esta manera[160]. Sin embargo, en esa tarea debemos ser responsables y no tender, sin más, a la administrativización del Derecho penal; por ejemplo, huyendo de algunas concepciones actuales que defienden la posibilidad de que, a modo de excepción, es posible que un delito no suponga realmente la lesión o puesta en peligro de un bien jurídico (delitos de mera desobediencia, o formales). En definitiva, parafraseando a Bustos Ramírez, "los bienes jurídicos colectivos hay que definirlos a partir de una relación social basada en la satisfacción de necesidades de cada uno de los miembros de la sociedad o de un colectivo y en conformidad al funcionamiento del sistema social"[161].

---

159 Berdugo Gómez de la Torre, *Viejo y nuevo Derecho penal…cit.*, p. p. 211.

160 Ampliamente, vid.: Berdugo Gómez de la Torre, *Viejo y nuevo Derecho penal…cit.*, pp. 211-212.

161 Bustos Ramírez, *Control social y sistema penal, cit.*, p. 197.

En tercer lugar, desde la doctrina partidaria de la acumulación se sostiene la idea de que el legislador se ha de ver obligado a someter el efecto acumulativo a un pronóstico "realista" de futuro, es decir, que tiene la obligación de poder afirmar que, partiendo de datos empíricos, es suficientemente razonable esperar (esto es, que hay una *seria probabilidad*) que sin una prohibición reforzada con la amenaza de la pena, ciertas actuaciones serán realizadas en el futuro de un modo asiduo por un conjunto de personas, de lo que se desprenderá (ahora sí) una lesión de carácter global y grave para el bien jurídico protegido[162]. En palabras de Ríos "la aportación cumulativa sólo puede considerarse portadora de dañosidad social suficiente cuando la hipótesis de los efectos cumulativos es suficientemente realista"[163]. Esta exigencia es quizá la que añade mayor dificultad a los operadores jurídicos, y en concreto al legislador, que debe hacer uso de una discrecionalidad vinculada a una suficiente justificación de la incriminación que se apoye en conocimientos científicos ajenos a su material natural de trabajo (la norma), conocimientos que (a) no siempre estarán disponibles, y/o (b) no siempre serán irrefutables.

Esta idea atinente al pronóstico realista o fiable de producción de daños futuros conecta directamente con una interpretación de este tipo de delitos apoyada en la idea de *seguridad* para la disposición y funcionalidad de los bienes supraindividuales. De este modo, se aduce, los delitos acumulativos vendrían a procurar la intangibilidad de las condiciones de seguridad de ciertos bienes o intereses como único modo de preservar su disfrute y función en sociedad, y con las repercusiones que ello tendría para los sujetos individuales que se puedan ver afectados, como dijimos. Sin embargo, este argumento (o fundamentación) no parece del todo concluyente, pues puede que se conozcan perfectamente, por parte del legislador, los efectos de ciertas con-

---

162 Silva Días, *¿Y si todos lo hiciéramos?... cit.*, p. 438.

163 Ríos, *Aproximación a los delitos acumulativos, cit.* p. 59.

ductas, pero se desconozca el grado de probabilidad con el que aquellas se producirán en el futuro; o puede que ni siquiera exista seguridad sobre los concretos o posibles efectos que tales conductas pueden tener[164].

No obstante, es cierto que tal modo de proceder de nuestro legislador no debe resultar extraño, pues las más de las veces aquél se apoyará en datos empíricos o estadísticos que tomará en consideración en el momento de poner en marcha la maquinaria político-criminal que considere más acertada u oportuna (piénsese, por ejemplo, en los delitos contra la seguridad del tráfico o en el fenómeno de la violencia intrafamiliar y de género, e incluso en ciertos delitos económicos, o en el tráfico de drogas). En todo caso, los métodos empíricos siempre han de posibilitar captar con precisión aspectos del objeto de estudio que son cognoscibles sensorialmente, permitiendo acumular datos e informaciones sobre los mismos[165]. En cualquier caso, más allá de que se trate de datos empíricos o no, lo que resulta innegable es que el legislador penal siempre pone en marcha una u otra opción político-criminal en según qué ámbitos y materias, en muchas ocasiones de fundamentación difusa o poco clara e, incluso, escasamente convincente, por lo que esta exigencia de la que hablamos no puede resultar extraña al momento de hacer Derecho penal.

Desde tal perspectiva, identificamos que la institución de la acumulación en Derecho penal no se sitúa tanto en el nivel del tipo (ya configurado), sino más bien en el nivel de la criminalización (*ex ante*), imbricada con las más variadas decisiones político-criminales del legislador[166]. En ningún caso estamos ante una nueva categoría sumativa a otras ya

---

164 Truccone Borgogno, *Delitos acumulativos ambientales… cit.*, p. 76.

165 Villabella Armengol, C. M.: “La investigación científica en la ciencia jurídica. Sus particularidades”, en *Revista del Instituto de Ciencias Jurídicas de Puebla*, nº. 23, 2009, p. 29. En particular sobre el manejo de datos empíricos en Derecho penal resulta interesante la obra de: Benito Sánchez, D.: *Evidencia empírica y populismo punitivo*, Ed. Bosch, Barcelona, 2020.

166 Bustos Rubio, *Delitos acumulativos… cit.*, pp. 31 y ss.

existentes, como por ejemplo las técnicas legislativas del peligro concreto o abstracto, sino ante una concepción puramente dogmática que, al contrario de lo que se pueda pensar en una primera aproximación, puede ayudar al intérprete a dibujar con mayor precisión los contornos de un determinado tipo penal y, en su caso, a comprender el mismo, así como sus posibles deficiencias técnicas.

En cuarto y último lugar, los actos que dan lugar a la acumulación no deben ser confundidos con aquello que se ha venido a denominar "insignificancia" o "bagatela" en nuestro Derecho penal[167]. Por ello, como explica SILVA DÍAS, en los delitos acumulativos "las contribuciones individuales no se sustraen al carácter limitador del principio de insignificancia, careciendo por tanto de relevancia penal todas aquellas conductas que pudieran ser calificadas como meras bagatelas"[168]. Sin poder ahondar demasiado en esta distinción[169], debe quedar claro que *insignificancia* y *acumulación* no son idéntica cosa. En primer lugar, porque aquélla primera no es siquiera una categoría dogmática, sino más bien un criterio interpretativo, mientras que, como venimos defendiendo, sí lo es (o puede serlo) la acumulación. En segundo lugar, porque la insignificancia, como criterio, a lo más que puede aspirar es a limitar la interpretación de los tipos penales ya configurados, mientras que la figura de la acumulación explica y fundamenta (o pretende fundamentar) la criminalización de un determinado comportamiento (si bien es cierto que ese

---

167 Ampliamente sobre el criterio de insignificancia y su particular relación con los delitos económicos, puede verse: Bustos Rubio, M.: "Insignificancia y Derecho penal económico", en *InDret,* nº 4, 2023, pp. 110 y ss.

168 Silva Días, *¿Y si todos lo hiciéramos?... cit.*, p. 438. Añade este autor lo siguiente: "aun cuando se afirme que la idea de la acumulación abarca también conductas de bagatela, se pone inmediatamente de manifiesto que ello no ha de llevar a la confusión entre el Derecho penal con otros mecanismos jurídicos reactivos, dado que la tipicidad penal, al igual que respecto de cualquier otra incriminación, presupone la previa criba que conforma el principio de insignificancia".

169 Nos remitimos para su contraste en profundidad a: Bustos Rubio, *Delitos acumulativos, cit.,* pp. 32 y ss.

comportamiento valorado desde una óptica individual puede resultarnos ciertamente irrelevante respecto del bien jurídico que se pretende salvaguardar). El criterio de la insignificancia puede ser un mecanismo de auxilio interpretativo, pero no opera *ex ante* a la tipicidad, sino *ex post,* al momento de aplicar el tipo penal al supuesto concreto de hecho que se nos presente[170]. El criterio de la acumulación, por su parte, no es una herramienta interpretativa que permita limitar el tipo penal ante un supuesto de hecho particular, sino que conduce a criminalizar (y explica dicha criminalización) un determinado comportamiento, por sí solo irrelevante para la destrucción de un interés jurídico, con apoyo en el futuro efecto sumativo o en cadena derivado de la reiteración de estas conductas en sociedad. En cualquier caso, no existe confrontación ni riña entre uno y otro, precisamente porque son distintos y operan en planos completamente desiguales: un hecho, en un supuesto real concreto, puede ser defendido como insignificante en el instante de la interpretación y posterior aplicación, y a su vez provenir el tipo penal aplicable de la dinámica político-criminal de la acumulación.

Ya en último lugar, hay que rescatar nuevamente la idea de que, una vez configurado el contenido y alcance de los llamados *delitos acumulativos,* ello no implica que nos mostremos conformes con esta dinámica y con su aterrizaje, ya más que inevitable, en el seno del actual sistema penal. Precisamente el recurso a este tipo de delitos plantea muy intensos problemas desde la óptica de algunos de los principios basilares de nuestro modelo penal, como por ejemplo, el principio de culpabilidad, el principio de personalidad, el principio de ofensividad o el principio de proporcionalidad. No obstante, sobre este conjunto de importantes críticas ya nos hemos pronunciado en algunas investigaciones previas de nuestra firma, a las que nos remitimos para su consulta[171].

---

170 Bustos Rubio, *Insignificancia y Derecho penal económico, cit.,* pp. 118 y ss.

171 Ampliamente: Bustos Rubio, *Delitos acumulativos, cit.,* pp. 45 y ss; y Bustos Rubio, *Delitos acumulativos y delitos de peligro abstracto… cit.,* pp. 309 y ss.

En esta monografía, pues, partimos de la construcción de delito acumulativo acabada de sintetizar, y analizamos si de *lege lata* la actual configuración del tipo penal de favorecimiento ilícito de acreedores (art. 260 CP) puede responder a tal categoría dogmática.

2.3. *El delito de favorecimiento ilícito de acreedores como delito de peligro abstracto y como delito acumulativo*

Realizada una somera exégesis del injusto acumulativo, de su contenido, alcance y, especialmente, de su delimitación y puntos de coincidencia con los delitos de peligro abstracto, conviene trasladar todo lo dicho al ámbito típico del delito de favorecimiento ilícito de acreedores.

En atención al bien jurídico protegido y a las conductas típicas recogidas en el art. 260 CP, podemos afirmar que nos encontramos ante delitos de *mera actividad* (pues no se exige la causación de ningún resultado lesivo separado espaciotemporalmente de la acción[172]) y de peligro, pues con la realización de un solo comportamiento individual de los contemplados en las dos modalidades típicas del art. 260 CP no será posible afirmar una destrucción efectiva del bien jurídico que constituye, a nuestro juicio, el correcto funcionamiento del sistema crediticio, sino exclusivamente una puesta en peligro del mismo[173].

---

172 Ello es así porque el "favorecimiento" que exige el precepto no puede entenderse como resultado separado espacio-temporalmente de las acciones típicas (esto es: realizar actos de disposición patrimonial o generadores de obligaciones destinados a pagar créditos no exigibles o a facilitar una garantía indebida), sino que precisamente tales conductas definen y concretan en qué consiste el *favorecimiento prohibido* de acreedores.

173 Martínez-Buján Pérez, en Bacigalupo Saggese/Feijoo Sánchez/Echano Basaldua, *Los delitos de insolvencias punibles tras la reforma... cit.*, p. 1068.

Siendo un delito de peligro[174], lo será también de *peligro abstracto,* pues como ya aventuramos al comienzo de este análisis, el tipo penal no contempla ni exige (ni en el caso del favorecimiento ilícito preconcursal, ni tampoco en el caso del favorecimiento prohibido posconcursal) la necesidad de causación de un concreto peligro para el bien jurídico, presumiéndose, desde la letra de la ley, tal riesgo en caso de que se lleve a cabo la conducta típica. No existe, pues, un *resultado* de peligro en el delito de favorecimiento ilícito de acreedores, resultando este injusto uno de peligro *abstracto* toda vez que la razón de su castigo proviene de la causación de una situación de riesgo o peligro, en abstracto, para el bien jurídico protegido[175].

Procede también identificar este delito como un *delito acumulativo.* Y ello porque, además de las restantes características propias de los injustos acumulativos, que ya hemos apuntado en el epígrafe anterior, se confirma la más significativa de ellas, relativa al juicio o pronóstico realista de peligro futuro derivado de la acumulación, si caemos en la cuenta de que, desde una óptica político-criminal, la *ratio* de la incriminación responde de manera muy fiel a la dinámica propia de la *acumulación.*

---

174 Como explica Queralt Jiménez, *Derecho penal español, parte especial, cit.,* p. 753, nos encontramos ante delitos de peligro porque, además, el legislador "ha prescindido del régimen penológico anterior, que dependía en parte del perjuicio ocasionado. El legislador penal no ha tenido en cuenta aquí, y ello es compartible, el daño concreto, económicamente evaluable, en cada afectado"; ello, a juicio del autor, ratificaría la consideración de estos delitos como tipos de peligro. Esta afirmación resulta predicable no ya tanto del delito en examen sino, en general, de los delitos relacionados con situaciones de insolvencia del deudor, y en particular con las modalidades de quiebra o bancarrota.

175 En particular, sobre el empleo de la técnica de los delitos de peligro abstracto en el ámbito del Derecho penal socioeconómico puede verse: Kindhäuser, U.: "Acerca de la legitimidad de los delitos de peligro abstracto en el ámbito del Derecho penal económico", en VV. AA., *Hacia un Derecho penal económico europeo. Jornadas en honor al profesor Klaus Tiedeman,* Ed. BOE, Madrid, 1995, pp. 446 y ss.

En efecto, es característica propia de estos delitos la posible producción de la llamada "reacción en cadena"[176] que, en palabras de Gutiérrez Pérez, "se aprecia cuando el sujeto pasivo, como consecuencia del hecho delictivo, no puede afrontar el pago de sus obligaciones, extendiéndose sus efectos [...] como *fichas de dominó*. De este modo se produce una suerte de *efecto contagio* que puede afectar a diversas esferas: trabajadores, acreedores a su vez del acreedor-sujeto pasivo, restricción del crédito o pérdida de la confianza"[177]. Este efecto es muy probable en las relaciones crediticias en las que, en muchas ocasiones, la solvencia y posibilidad de cumplimiento de un deudor depende del cumplimiento del derecho de crédito del que es acreedor respecto de otros deudores. Esta situación es perfectamente identificable en todas las conductas delictivas relacionadas con estados de insolvencia, y en el caso particular de las actualmente clasificadas como *insolvencias punibles* donde el sujeto, por lo general, agrava una situación de crisis o pendencia económica cuando se encuentra ya en un estado de insolvencia e incumple con las reglas del correcto funcionamiento del sistema de crédito previstas para el control y

176 En estos términos: Martínez-Buján Pérez, *Cuestiones fundamentales del delito de alzamiento de bienes, cit.*, p. 451.

177 Gutiérrez Pérez, *El Derecho penal frente a la insolvencia... cit.*, pp. 66-67. Se apoya la autora en la terminología empleada por Bajo Fernández, a la que en seguida aludiremos. Por lo demás, la autora utiliza este argumento como uno más para sostener su interpretación patrimonialista del bien jurídico, afirmando que "los delitos de insolvencia no impiden el castigo de insolvencias insignificantes, que difícilmente afectan al sistema crediticio desde una dimensión socioeconómica, a salvo de los denominados efectos de reacción en cadena, dominó o resaca". No obstante, como ya dijimos, la clasificación de un delito como *delito acumulativo* no implica negar la existencia de una conducta que, en atención a las particularidades concretas del hecho, termine siendo insignificante o de bagatela; la discusión opera, como dijimos, en distinto plano: lo primero afecta a la consideración y configuración de una figura delictiva *ex ante*, mientras que lo segundo implica una interpretación del delito ya configurado *ex post*. Con todo, sobre el papel de la insignificancia en Derecho penal económico, vid.: Bustos Rubio, *Insignificancia y Derecho penal económico, cit.*, pp. 110 y ss.

contención de tal situación, lo que dificultará mucho más la posibilidad de cumplimiento generándose respecto de sus acreedores un posible efecto resaca o dominó como el que se ha explicado. En particular, en el caso del delito de favorecimiento ilícito de acreedores, podrá ocurrir que el hecho de favorecer, pre o posconcursalmente, a alguno de los acreedores frente al resto genere esa reacción de repetición o acumulación de conductas por parte de los acreedores no favorecidos en su posición de deudores respecto de otros terceros acreedores, ocasionándose así una reacción en cadena que, obviamente, traspasará los intereses individuales de las partes implicadas y afectará o pondrá en riesgo efectivo el conjunto del sistema crediticio o, en concreto, su normal funcionamiento (con todo lo que ello implica, como dijimos)[178].

Como han explicado Bajo Fernández y Bacigalupo Saggese "los delitos de insolvencia son algunos de los más característicos entre los delitos económicos. Su importancia criminológica estriba en uno de sus efectos más significados: la reacción en cadena, ya que se van transmitiendo de unos comerciantes a otros las dificultades de pago y las crisis, los despidos masivos de trabajadores, el alza de interés en los injustos de crédito, etc."[179]. En similar sentido se ha pronunciado Nieto Martín, considerando, al hilo del análisis sobre el delito de quiebra, que "la protección de bienes jurídicos supraindividuales se caracteriza dogmáticamente porque no resulta posible imputar a un determinado comportamiento la lesión del bien jurídico, es su repetición lo que acaba afectándolos"[180].

---

178 Considerando que este efecto es solo coyuntural y no estructural en estos delitos, vid.: Feijoo Sánchez, B.: *Orden socioeconómico y delito. Cuestiones actuales de los delitos económicos*, Ed. BdeF, Buenos Aires, 2016, p. 24.

179 Bajo Fernández, M. y Bacigalupo Saggese, S.: *Derecho Penal Económico,* Ed. Tecnos, Madrid, 2001, p. 371.

180 Nieto Martín, *El delito de quiebra, cit.,* p. 46.

No obstante, queremos matizar, al hilo de las palabras del último autor citado, que ese efecto acumulativo a futuro no tiene por qué derivarse siempre de la dinámica de *reacción en cadena* que se acaba de exponer. En ocasiones, simplemente, se tratará de considerar un efecto acumulativo derivado de la ejecución de este tipo de comportamientos en el seno del sistema crediticio del país, que será el que podrá causar ese riesgo real y efectivo para el bien jurídico, sin que dicho efecto derive de un mismo caso de insolvencia (con contagio del resto de créditos, como se dijo), sino también de un cúmulo de situaciones diferentes entre sí que se produzcan en sociedad (por ejemplo, si los sujetos activos terminan por percibir que la sanción ante los comportamientos prohibidos del resto de deudores es mínima, o que les "merece la pena" de algún modo acudir a la agravación de su estado de insolvencia, o, verbigracia, si nos encontramos en una época de crisis económica en la que se producen multitud de incumplimientos, etc.). Lo que parece claro es, pues, que de un modo u otro ese efecto acumulativo aparece como *ratio* para la incriminación de este tipo de conductas que, como decimos, atentan contra un bien jurídico despersonalizado, supraindividual o colectivo; y dicho criterio es utilizado por el legislador para el diseño de la política criminal que en este terreno concreto considera más adecuada, instituyendo unas modalidades típicas mediante la técnica del *peligro abstracto* pero dogmáticamente encuadradas en el ideal de la acumulación[181].

Por lo tanto, de todas las características que apuntábamos supra, definitorias de los delitos acumulativos, en el delito de favorecimiento ilícito de acreedores se dan todas, a saber: (a) nos encontramos ante un concepto dogmático pero no ante una técnica legislativa, puesto que al albur de dicha técnica estamos, como se ha dicho, ante un delito de peligro abstracto; (b) el delito de favo-

---

181 Ocaña Rodríguez, *El delito de insolvencia punible del art. 260 CP... cit.*, p. 35.

recimiento prohibido de acreedores tutela, como ya argumentamos, un bien jurídico de carácter colectivo, que es donde tienen espacio de operatividad los injustos acumulativos, identificado con el correcto funcionamiento del sistema crediticio; (c) estos injustos parecen apoyarse en un pronóstico realista de futuro, que deriva de un juicio de oportunidad realizado por el legislador en uso de sus competencias y facultades para dirigir la política criminal según considere oportuno, a la luz de la realidad social del momento y siempre dentro del marco constitucional, previendo la existencia de un posible efecto sumativo, o bien una reacción en cadena, que se generaría de la comisión de este tipo de conductas respecto del propio sistema de crédito; y (d) ello no implica criminalizar meras conductas de bagatela, pues como también dijimos, una y otra institución son diferentes y tienen espacios de operatividad propio, sin que pueda afirmarse que las conductas que de *lege lata* contempla el delito del art. 260 CP sean siempre nimias o de bagatela (ese análisis, en su caso, dependerá *ex post* de una interpretación adaptada a las concretas circunstancias del caso).

Por todo lo expuesto, siendo un delito de peligro abstracto, es posible también clasificar al delito de favorecimiento ilícito de acreedores como *delito acumulativo*. Y desde nuestra concepción (tal y como se ha explicado anteriormente) el delito sigue siendo tanto un delito de peligro abstracto como un delito acumulativo, pues ambas nomenclaturas no apuntan a idéntica cosa, ni los injustos acumulativos son, como argüimos, un subtipo o clase de delito de peligro abstracto. En el delito de favorecimiento ilícito de acreedores nos encontramos ante un comportamiento tipificado por el legislador por medio de la técnica legislativa del *delito de peligro abstracto*, pero a su vez dogmáticamente clasificado como *delito acumulativo*, al responder el paradigma de la acumulación y a su dinámica propia.

Como decimos, los delitos acumulativos no son, a nuestro modo de ver, una subespecie o subtipo de los tradicionales delitos de peligro abstracto, pues no son lo mismo: los delitos acumulativos son una *categoría dogmática* clasificatoria que puede resultarnos útil en la tarea de entendimiento de un tipo penal, como es el de favorecimiento ilícito de acreedores, que atenta contra un bien jurídico de carácter colectivo (el correcto funcionamiento del sistema de crédito) y que responde a la idea de la acumulación o del riesgo derivado de una suma de conductas similares en el marco del sistema de crédito (o reacción en cadena). Por el contrario, como también se expuso, los delitos de peligro abstracto suponen una auténtica *técnica legislativa.* Por ello, desde nuestra perspectiva, es perfectamente posible que un delito de peligro abstracto (como técnica legislativa) se fundamente en la dinámica propia de la acumulación (como mera categoría dogmática). Y esto es lo que justamente acontece en el delito del art. 260 CP que está siendo analizado. El injusto de favorecimiento prohibido de acreedores deviene en un delito de peligro abstracto en el que la *ratio* de la incriminación reposa en la idea de la acumulación.

Esta clasificación no implica, como dijimos, que nos mostremos *in totum* partidarios de la dinámica que deriva de la idea de la acumulación en Derecho penal, que aquí simplemente estamos utilizando para enmarcar la concreta naturaleza del delito en examen (y además desde la consideración de esta categoría como instrumento meramente dogmático, de utilidad para la comprensión de ciertos fenómenos delictivos, pero no como auténtica técnica legislativa, que seguiría siendo la propia de los delitos de peligro abstracto)[182]. Pero tal posicionamiento crítico, que podemos en parte compartir, no excluye que de *lege lata* los delitos en examen respondan, *de facto,* a la idea de la acumulación anteriormente explicada (desde la óptica de la incriminación de la conducta, y por tanto desde un posicionamiento político-criminal). Por ello no podemos asumir

182 Ya nos mostramos críticos con los delitos acumulativos en: Bustos Rubio, *Delitos acumulativos, cit.,* pp. 69 y ss.

las críticas que se oponen desde algún sector de la doctrina en contra de la consideración del bien jurídico como un interés supraindividual o colectivo, identificado en el normal funcionamiento del sistema de crédito, apelando a que los delitos acumulativos no casan bien con el modelo de imputación penal personal y garantista que debe imperar en nuestro sistema[183] (situación que, por lo demás, puede ocurrir con muchas otras figuras de la parte general y especial de nuestro Código Penal, y por muy diversas razones, pero que se debe reconducir, en su caso, a un posterior nivel de análisis).

---

183 Vid. en esta línea: Gutiérrez Pérez, *El Derecho penal frente a la insolvencia... cit.*, pp. 90 y ss., y p. 100. También considerando rechazable la interpretación que afirma la existencia de un bien jurídico supraindividual con apoyo en una crítica a los delitos acumulativos: Galán Muñoz, *Presente y futuro de las insolvencias punibles, cit.*, p. 61, cuando afirma el autor que este planteamiento resulta insostenible "porque al intentar fundamentar el castigo del autor de dichos delitos atendiendo a futuras y completamente autónomas conductas de terceros, no solo estaría intentando sustentar su sanción en unas actuaciones que le serían completamente ajenas, con lo que violaría el principio de culpabilidad y el de personalidad de las penas, sino que además lo estaría haciendo basándose en una puesta en peligro del bien jurídico colectivo que solo se llegará realmente a generar si finalmente tales conductas se efectúan; lo que ni se habrá producido cuando se aprecia este delito, ni tal vez nunca se llegue a dar, con lo que nos encontraremos ante un peligro completamente presunto y a todas luces inexistente que en modo alguno responderá a las exigencias mínimas que se derivan del principio de lesividad". Como decimos (i) estas críticas ya han sido tratadas y enfrentadas por nosotros en Bustos Rubio, *Delitos acumulativos, cit.* pp. 69 y ss., y, especialmente, pp. 117 y ss. obra a la que nos remitimos para mayor contraste; (ii) además del efecto en cadena al que apunta el autor, también es posible, como dijimos, que la acumulación se derive del efecto sumativo de muy diversas conductas delictivas independientes entre sí, por muy diferentes razones; y (iii) ello constituye solo una clasificación *dogmática* de una situación de incriminación de ciertos tipos penales, en los que la dinámica de la acumulación aparece como criterio *ex ante* en la mente del legislador para decidir sobre la tipificación de ciertas conductas, y por tanto son propias del terreno de la política-criminal, reconduciéndose al terreno de los delitos de peligro abstracto a través de esa concreta técnica legislativa.

3. LOS SUJETOS DEL DELITO

3.1. El sujeto activo

El sujeto activo del delito es el *deudor*, que es a quien se refiere el art. 260 CP, en ambas modalidades, cuando castiga a quien, encontrándose en una situación de insolvencia actual o inminente (para el favorecimiento *preconcursal*), o bien ya una vez se haya admitido a trámite la solicitud de concurso (en el caso del favorecimiento *posconcursal*) realice los actos de favorecimiento o preterición prohibidos.

Se trata, como ha identificado prácticamente la totalidad de la doctrina, de un delito especial, pues la propia norma penal ha determinado que sólo puede ser sujeto activo del delito aquél que posea la condición particular de ser *deudor*. Esa, y no otra, es la condición o elemento personal que precisamente da lugar al delito, que se apoya en la existencia de una relación crediticia entre un deudor y un acreedor (o varios acreedores)[184]. No compartimos la clasificación que realiza (o de la que al menos presenta dudas) BENÍTEZ ORTÚZAR, considerando estos delitos como posibles delitos comunes desde la afirmación de que el sujeto activo puede ser tanto un empresario como un particular[185]. Esta cuestión, a la que de inmediato nos re-

---

184 Muñoz Conde, *El delito de alzamiento de bienes, cit.*, p. 93; Monge Fernández, *El delito concursal punible tras la reforma penal de 2015, cit.*, p. 68; Souto García, *Los delitos de alzamiento de bienes en el Código Penal de 1995, cit.*, p. 290; Souto García, *La tutela penal del derecho de crédito tras la reforma... cit.*, p. 148; Martínez-Buján Pérez, en Bacigalupo Saggese/Feijoo Sánchez/Echano Basaldua, *Los delitos de insolvencias punibles tras la reforma... cit.*, p. 1075; Magdalena Cámara, *Aspectos dogmáticos y político-criminales de las insolvencias punibles, cit.*, p. 49; González Cussac, J. L.: "Delitos contra el patrimonio y el orden socioeconómico (VIII): frustración de la ejecución e insolvencias punibles", en González Cussac, J. L. (coord.), VV. AA.: *Derecho penal, parte especial*, Ed. Tirant lo Blanch, 8ª edic., Valencia, 2023, p. 509.

185 Benítez Ortúzar, en Morillas Cuevas, *Frustración de la ejecución e insolvencias punibles, cit.*, p. 587. Decimos que el autor presenta dudas sobre esta clasificación porque más adelante, ya en el concreto análisis del favorecimiento de acreedores, termina afirmando, a nuestro

feriremos, no afecta en nada a la calificación de estos tipos penales como delitos especiales, pues el injusto sigue aludiendo a un sujeto concreto que está llamado, dada su especial posición, a cometer la conducta típica: el deudor, con independencia de que ese deudor sea un particular o un empresario.

La primera consecuencia de esta configuración es que quien no reúna la condición de *deudor* no podrá ser autor de este delito especial, sino a lo sumo partícipe en ellos (bien como inductores o cooperadores necesarios ex art. 28 CP, bien como cómplices ex art. 29 CP). De este modo, mientras el sujeto deudor será siempre el *intraneus* del delito, los terceros partícipes serán considerados *extraneus*[186].

Pero, además, estamos ante un delito especial *propio,* pues el tipo penal describe un conjunto de conductas que sólo resultan punibles a título de autor si son realizadas por sujetos concretos (los considerados deudores), sin que exista correlación con ningún otro delito común que castigue la misma conducta para el resto de sujetos no-deudores[187]. En este delito el sujeto activo posee, pues, una relación determinada respecto del bien jurídico, que es la que constituye el propio desvalor del acto. Ello implica que la calificación de la intervención del *extraneus* como partícipe en el delito del *intraneus* sea la única posible, puesto que

---

juicio con acierto, que nos encontramos ante "un delito especial, que sólo puede ser realizado por el deudor" [ídem., p. 596].

186 Campaner Muñoz, *El Derecho penal de las insolvencias… cit.,* p. 292; Roldán Pérez, *Aspectos críticos de la actual regulación del delito de bancarrota, cit.,* p. 33; y De Urbano Castrillo, E.: "El delito de bancarrota a examen", en *Revista Aranzadi Doctrinal,* nº 10, 2016, p. 4.

187 Monge Fernández, *El delito concursal punible tras la reforma penal de 2015, cit.,* p. 68; Souto García, *La tutela penal del derecho de crédito tras la reforma… cit.,* p. 148; Roldán Pérez, *Aspectos críticos de la actual regulación del delito de bancarrota, cit.,* p. 28; Martínez-Buján Pérez, en Bacigalupo Saggese/Feijoo Sánchez/Echano Basaldua, *Los delitos de insolvencias punibles tras la reforma… cit.,* p. 1075; Caballero Brun, F.: "Algunos problemas de autoría y participación en las denominadas insolvencias punibles", en *Revista Penal,* nº 21, 2008, p. 54.

no existe ningún otro delito de la parte especial del Código Penal (Libro II) que pueda realizar el *extraneus*.

Sobre el concepto de *deudor* debemos decir que es aquella persona, física o jurídica, que debe una cosa o cantidad de dinero a otra persona, que es su acreedor. Por tanto, es una de las partes que interviene en la relación crediticia existente; en concreto, quien contrae voluntariamente una deuda con otra persona, llamada acreedor. Es este sujeto, el deudor, quien tiene la obligación civil, ya analizada en líneas anteriores, de responder con su patrimonio, presente y futuro, de dicha obligación (que puede consistir en una prestación de dar, de hacer o de no hacer), ex. art. 1911 del Código Civil[188].

Advierte SOUTO GARCÍA que por sujeto *deudor* no ha de entenderse solamente a la persona directamente obligada al cumplimiento de la prestación sino también a los posibles obligados subsidiariamente, pudiendo ser, por ejemplo, sujetos activos los avalistas o los fiadores: "la obligación de pago de estos últimos es subsidiaria y complementaria, de forma que sólo si el deudor principal no paga ha de hacerse cargo el tercero que se comprometió a suplirle"[189].

Una de las críticas que se achaca, en general, a todos los tipos penales de *insolvencias punibles*, y que de alguna forma ya ha sido apuntada por los partidarios de las tesis patrimonialistas del bien jurídico (y expuesta supra por nosotros) para el sostenimiento de su interpretación, pasa por señalar que estos delitos, de *lege lata,* no diferencian entre sujetos deudores particulares y sujetos deudores empresarios (lo que, como se dijo, en nada supone obstáculo para que se puedan seguir calificando a estos delitos como delitos especiales propios), por lo que cualquiera de ellos,

---

188 Sobre esa relación obligacional previa, puede verse en profundidad: Souto García, *Los delitos de alzamiento de bienes en el Código Penal de 1995, cit.*, pp. 218 y ss. También se refiere a ella, en el ámbito de los tipos penales de bancarrota: Monge Fernández, *El delito concursal punible tras la reforma penal de 2015, cit.*, p. 69.

189 Souto García, *Los delitos de alzamiento de bienes en el Código Penal de 1995, cit.*, p. 289.

particular o empresario, que reúna la condición de ser *deudor*, podrá finalmente cometer el delito. Esto les conducía, como se vio, a sostener que en el caso de particulares resultaría difícil llegar a afectar a un bien jurídico de carácter supraindividual, como es el correcto funcionamiento del sistema de crédito, al encontrarse aquellos en una situación notablemente inferior en cuanto a su capacidad para generar ese riesgo contra la institución del crédito[190].

En el sentido anterior oponía Gutiérrez Pérez que "la unidad de tratamiento conferida tanto a particulares como a empresarios no fundamenta la existencia de un bien jurídico-penal supraindividual en el delito concursal. El Código Penal no diferencia las situaciones de insolvencia provocadas por particulares de las generadas por las sociedades mercantiles o empresarios", dato que, a juicio de la autora, sería indicativo de que tanto en las tradicionales modalidades de alzamiento de bienes como en los injustos concursales no existiría distinción respecto del bien jurídico protegido, siendo en ambos casos de tipo patrimonialista[191].

Pero tal situación ha sido identificada incluso por los autores partidarios de posturas supraindividuales del bien jurídico. Exponente claro, y ya tuvimos ocasión de señalarlo supra, fue Bustos Ramírez, quien ya afirmó, si bien desde el plano de *lege ferenda,* que "la incriminación ha de referirse solo a los empresarios, exclusivamente a aquellos en que su actividad empresarial mantiene posiciones de poder dominante en el sistema económico y reducida a aquellos que intencionadamente abusan del sistema económico financiero crediticio. Solo así la insolvencia puede adquirir algún sentido desde una perspectiva criminal. Todo lo demás ha de quedar entregado a las sanciones mercantiles y/o administrativas que correspondan"[192].

---

190 Roca de Agapito, en Rojo Fernández y Campuzano Laguillo, *Problemas centrales del delito de concurso punible… cit.*, pp. 573 y ss.

191 Gutiérrez Pérez, *El Derecho penal frente a la insolvencia… cit.*, p. 70.

192 Bustos Ramírez, *Política criminal y bien jurídico en el delito de quiebra… cit.*, p. 61.

También se advierte esta crítica en los comentarios vertidos por algún sector doctrinal en el momento inmediatamente posterior a la entrada en vigor de la reforma del año 2015. Así, verbigracia, MARTÍNEZ-BUJÁN PÉREZ manifestó que "para dar coherencia a este nuevo sistema el legislador de 2015 tendría que haber convertido este delito en un delito empresarial, puesto que no se puede admitir que un particular deba responder penalmente por la mera gestión desordenada de su patrimonio. Esto solo tiene sentido con relación a personas cuya actividad profesional comprenda la protección del crédito; y no lo tiene, en cambio, en el caso de los particulares, los cuales únicamente deberían responder si han cometido un delito de alzamiento de bienes y no deberían ser sujetos activos idóneos del delito concursal"[193].

Debe precisarse, no obstante, que la mayor parte de estas afirmaciones se han realizado al albur de las modalidades de *bancarrota* del art. 259 CP, en donde, como bien identifica QUINTERO OLIVARES, "es desafortunado que no se haya regulado por separado la quiebra o concurso delictivo de los particulares. Este artículo 259 debiera dedicarse exclusivamente a la quiebra del empresario: es fácil observar que casi todas las conductas que suponen indicios de delictuosidad solo son imaginables para empresarios, y no para particulares"[194]. Y pensamos que, a priori, tiene razón el autor: un mero vistazo al catálogo de conductas delictivas del art. 259,1 CP nos hace pensar que, realmente, el legislador tenía en mente a los empresarios cuando redactó el precepto.

Lo cierto es que, como ya adelantamos, para el caso concreto del art. 260 CP *de lege lata* el tipo no limita el círculo

---

193 Martínez-Buján Pérez, en Bacigalupo Saggese/Feijoo Sánchez/ Echano Basaldua, *Los delitos de insolvencias punibles tras la reforma... cit.*, p. 1067. Le sigue: Roldán Pérez, *Aspectos críticos de la actual regulación del delito de bancarrota, cit.*, p. 29.

194 Quintero Olivares, G.: "De las insolvencias punibles", en Quintero Olivares, G. (dir), y Morales Prats, F. (coord.), VV. AA., *Comentarios a la parte especial del Derecho Penal,* Ed. Aranzadi, 10ª edic., Navarra, 2016, p. 725.

de sujetos activos al empresario o comerciante, pudiendo ser cualquier *deudor*, incluidos particulares, el que lleve a cabo el comportamiento típico[195]. Es cierto, pensamos, que el empresario estará *normalmente* en mejor disposición de afectar con su conducta a ese correcto funcionamiento del sistema crediticio, que hemos identificado como interés jurídico directamente tutelado por la norma. Y ello porque *normalmente* el empresario será el sujeto mejor posicionado para llevar a cabo este tipo de conductas, dado que en el desarrollo, mantenimiento e impulso de su actividad empresarial lo habitual es que se embarque en diversas relaciones crediticias con terceros (tanto como acreedor como, sobre todo y en lo que aquí interesa, como deudor). El concepto de *comerciante*, que es el que utiliza el Código de Comercio, establece un criterio normativo para definir a tal sujeto en el art. 1 (Real Decreto de 22 de agosto de 1885, por el que se publica el Código de Comercio), en los términos siguientes: "son comerciantes para los efectos de este Código: 1.º Los que, teniendo capacidad legal para ejercer el comercio, se dedican a él habitualmente. 2.º Las compañías mercantiles o industriales que se constituyeren con arreglo a este Código". Esa *habitualidad* a la que se refiere el precepto permite confirmar que el empresario o comerciante estará más acostumbrado, en el ejercicio de sus competencias, a establecer relaciones crediticias con terceros, incluso a mayor escala de las que pudiera establecer, de modo más puntual, un particular.

Pero que *normalmente* ello sea así no implica que solo, siempre y en todo caso el empresario o comerciante sea el único que pueda llevar a cabo las conductas típicas (al menos en lo que al ámbito del art. 260 CP se refiere), ni ser ellos los únicos sujetos que pueden poner en peligro con su conducta (y siempre desde el ideal de la acumulación al que nos hemos referido en secciones anteriores de este trabajo) el correcto funcionamiento del sistema de

---

[195] Monge Fernández, *El delito concursal punible tras la reforma penal de 2015, cit.*, p. 68.

crédito. No en vano, el Real Decreto Legislativo 1/2020, de 5 de mayo, por el que se aprueba el texto refundido de la Ley Concursal, y que es la norma extrapenal de referencia para estos delitos, delimitando su presupuesto subjetivo de aplicación apunta en el art. 1,1 que "la declaración de concurso procederá respecto de *cualquier deudor*, sea persona natural o jurídica" (cursivas nuestras). Y si bien es cierto que esta legislación regula las reglas de aplicación ante una situación de insolvencia que se ha conducido al concurso de acreedores, y que el art. 260 CP sanciona conductas típicas de favorecimiento de acreedores en sede pre y posconcursal (arts. 260,1 y 260,2 respectivamente), no es menos cierto que la norma principal de apoyo ya señala que su ámbito subjetivo de aplicación se extiende a *cualquier deudor*, persona física o jurídica, sin distinguir entre el deudor empresario o comerciante y el deudor particular, por lo que ambos quedan sometidos a dicho régimen[196]. Régimen que, por cierto, siendo de aplicación, como decimos, a la situación de insolvencia en fase concursal, también determina reglas de aplicación preconcursal, bastando la mera situación de *insolvencia* del deudor (lo que se deriva, por ejemplo, del art. 2,1 de la ley precitada, que establece que "la declaración de concurso procederá en caso de *insolvencia* del deudor" [cursivas nuestras]). Insolvencia a la que alude el favorecimiento ilícito preconcursal en el art. 260,1 CP. Por tal razón, pensamos que *ubi lex non distinguit nec nos distinguere debemus,* y por ello el punto de partida ha de ser el de considerar que tanto el particular como el empresario pueden ser sujetos activos de este delito, en su consideración de *deudores* (y, normalmente y a salvo de alguna excepción, de deudores insolventes). Y ello, pensamos, no resulta en modo alguno argumento definitivo para excluir la tutela del correcto funcionamiento del sistema de crédito como bien jurídico en estos delitos.

---

196 Sánchez Dafauce, M.: "Consideraciones de emergencia para una interpretación mesurada de los delitos de insolvencia", en *Revista de Derecho y Proceso Penal,* nº 62, 2021 (proview).

Con todo, y aunque la letra de la ley sea determinante puesto que el principio de legalidad es la base de nuestro modelo penal de garantías, resulta loable el intento de ciertos sectores de la doctrina de reconducir el ámbito de aplicación del delito al caso de los empresarios, con exclusión de los particulares, en lo que al sujeto activo del injusto se refiere. Constituye ello una interpretación restrictiva que en todo caso puede resultar asumible en dicho modelo si se considera finalmente que resulta *in bona partem* para el sujeto activo (sobre ello volveremos de inmediato). De este modo, entendiendo que los tipos penales *concursales* presentan una estrecha relación con personas cuya actividad profesional se dirige muy intensamente a la tutela del crédito (esto es, los empresarios) algunos autores, como Gómez Lanz, han considerado que "la capacidad notablemente inferior que el deudor particular tiene para incidir en el bien supraindividual que se supone tutelado en las insolvencias punibles permite sostener que no es preciso recurrir a una modalidad propia de insolvencia punible para sancionar las descapitalizaciones del patrimonio propio, bastando en tales casos con el delito de alzamiento de bienes (naturalmente, si es que concurren los elementos típicos del mismo)"[197]. En el mismo sentido parece apuntar Sánchez Dafauce cuando afirma que "solo el empresario debe ser sujeto activo del delito concursal pues solo a él le incumbe un deber especial de gestión del crédito [...] el tipo implica un deber penal de *solvencia*, cercano en su fundamento a los deberes especiales del empresario. Fuera del alzamiento de bienes, una obligación penal de protección del crédito solo puede proceder del incumplimiento de un deber de ordenada gestión profesional. Aquí está el límite razonable de la prisión por deudas. Además, resulta incongruente que, al tiempo que se promulga la ley de segunda oportunidad, con el beneficio de exoneración del pasivo insatisfecho del deudor persona natural, se ti-

---

197 Gómez Lanz, *Las insolvencias punibles en el Código Penal, cit.*, pp. 170-171.

pifique la insolvencia, incluso imprudente, del deudor no empresario"[198]. Recordemos que, en efecto, estas apreciaciones por parte de los mencionados autores se realizan sobre el tipo penal de bancarrota (art. 259 CP).

No obstante, aproximando tal razonamiento al terreno particular de nuestro delito, se desliza una posible consideración: en tales supuestos no sería preciso, ni adecuado, recurrir a la sanción de las conductas de favorecimiento prohibido llevadas a cabo por el particular enmarcando tales actos en el ámbito del art. 260 CP, como modalidad autónoma de insolvencia punible, siendo mejor opción aplicar el tradicional delito de alzamiento de bienes si ello resulta posible a la luz de las particularidades del concreto supuesto fáctico (delito este último que, a nuestro juicio, sí puede tutelar de forma directa los derechos patrimoniales del acreedor, al menos tras la reforma de 2015, como se dejó apuntado más arriba).

Pese a todo, según alcanzamos, esta reconducción al ámbito típico del alzamiento de bienes no será siempre viable, menos aún en el concreto caso del art. 260 CP (de ahí que las reinterpretaciones apuntadas se dirijan, como decimos, a los delitos de bancarrota en el marco del art. 259 CP). Y ello porque, como también dijimos más arriba, a nuestro modo de ver en las conductas de alzamiento y sus formas el sujeto genera una situación de insolvencia ficticia o simulada, mientras que en el marco de las insolvencias punibles hablaremos de crisis económicas reales, esto es, de insolvencias ciertas, no aparentadas[199]. Este es, creemos, uno de los elementos para la distinción entre las actuales conductas de *frustración de la ejecución* y las de *insolvencias punibles*. Por tanto, y ya en consideración particular de nuestro delito del art. 260 CP, no creemos que sea posible derivar las conductas de favorecimiento prohibido cuando el sujeto ya está en una situación de insolvencia ac-

---

198 Sánchez Dafauce, *Estudio crítico del delito concursal, cit.*, p. 17.

199 Sánchez Dafauce, *Consideraciones de emergencia…, cit.*, (proview).

tual o inminente (art. 260,1 CP) o cuando ha sido admitida a trámite la solicitud de concurso (art. 260,2 CP) al delito de alzamiento de bienes genérico. Algo que, no obstante, sí pudiera intentarse con las conductas de quiebra o bancarrota del art. 259,2 CP, que consisten en *causar* (como resultado) una insolvencia a través de medios concretos (los dispuestos en el art. 259,1, conductas 1ª a 9ª), pero ya entonces rechazándose la delimitación propuesta que aboga por considerar como insolvencias ficticias a las propias del alzamiento de bienes y sus formas, y como insolvencias reales a las conductas que actualmente se denominan *insolvencias punibles*[200].

Pero es que, más allá de lo anterior, no puede decirse que la interpretación patrocinada por este sector de la doctrina quede legitimada en que de este modo se termina dando un mejor trato al particular (con una pretendida menor capacidad para lesionar el sistema crediticio) que al empresario (se supone que con mayores capacidades), o que dicho resultado interpretativo resulte siempre *in bona partem,* como se apuntó. Al menos no desde la perspectiva de *lege lata.* Y ello porque el delito de alzamiento de bienes, en sus diferentes formas (art. 257 CP) presenta una pena de prisión de uno a cuatro años y multa de doce a veinticuatro meses, mientras que en el caso de nuestro delito, el favorecimiento prohibido preconcursal tiene pena de seis meses a tres años de prisión o (y es alternativa) multa de ocho a veinticuatro meses (esto es: marco penal inferior que el señalado para el alzamiento), y la modalidad de favorecimiento ilícito posconcursal presenta una pena de prisión de uno a cuatro años y (acumulativa) multa de doce a

200 No obstante reconocemos la dificultad de delimitación práctica que genera este criterio cuando se trata de desligar conductas de alzamiento de bienes (como la del art. 257,1,1ª CP) de las conductas de bancarrota que consisten en la causación de un estado de insolvencia (ex art. 259,2 CP). Por exceder esta cuestión del objetivo analítico principal de este trabajo, nos remitimos al tratamiento dado por nosotros a la cuestión en: Bustos Rubio, *Los delitos de bancarrota: una modalidad de insolvencia punible, cit.*, p. 224.

veinticuatro meses (exactamente la misma pena que el tipo de alzamiento de bienes, en sus diferentes modalidades), por lo que ni siquiera desde esta perspectiva tiene sentido reconducir la punición de estas conductas al ámbito del alzamiento. Pero, aún más, tampoco tiene demasiado sentido intentarlo para el caso de las conductas de bancarrota punible (de los arts. 259,1 CP, si se trata de agravaciones de situaciones de insolvencia, o del 259,2 CP, si se trata de la causación de una insolvencia real), pues para sus dos modalidades se prevé una misma pena de prisión de uno a cuatro años y multa de ocho a veinticuatro meses (por tanto, más benévola que la pena, al menos de multa, prevista para el tipo de alzamiento de bienes). Tal reconducción solo podría interpretarse como *in bonus* si se concibe que en el alzamiento de bienes solo se sancionan conductas de ocultamiento de bienes, más no otras que supongan, simplemente, una "mala gestión" del patrimonio (ex art. 259 CP) o de favorecimiento prohibido de acreedores (ex art. 260 CP), por lo que dejando las conductas del particular enmarcadas dentro del ámbito del alzamiento y sus formas solo se estarían sancionando acciones de ocultamiento de bienes (o, como dijimos, de insolvencia ficticia) pero no de quiebra del particular o de favorecimiento ilícito de terceros acreedores, cuya punición quedaría reservada para el empresario. Pero esta concepción teleológicamente orientada pensamos que solo tiene cabida desde una óptica de *lege ferenda,* no resultando, a la luz de lo dicho anteriormente, una posibilidad interpretativa favorable desde el plano de la *lege lata*[201].

---

201 Ocurre que, no obstante, desde la perspectiva de *lege ferenda* pudiera incluso solicitarse directamente la supresión de la modalidad de favorecimiento ilícito preconcursal del art. 260,1 CP, que ya antes de su incorporación *ex novo* al Código Penal en la reforma del año 2015 se consideraba una conducta atípica a la luz del tradicional delito de alzamiento de bienes. O, en su caso, la delimitación de los tipos penales concursales (especialmente de la bancarrota) para el caso del empresario como sujeto activo, como parece apuntar aquél sector doctrinal que ya ha sido expuesto. Cfr. en este sentido: Souto García, *La tutela penal del derecho de crédito tras la reforma... cit.*, p. 172.

Con todo debemos terminar apuntando que el punto de partida que utilizan estos autores también resulta cuestionable: si bien será hasta cierto punto habitual que el empresario o comerciante posea mayores capacidades para poner en riesgo el correcto funcionamiento del sistema crediticio, ello no siempre será así; dependerá de múltiples circunstancias: tipo de empresario, tipo de actividad empresarial, volumen de negocio y de créditos, patrimonio, etc. No todos los empresarios poseerán, en definitiva, esa aludida mayor capacidad siempre y en cualquier tipo de circunstancia. E igualmente, puede acontecer que un sujeto particular, como deudor, a la luz de las características concretas de su situación y de los elementos concomitantes a la misma, posea una capacidad mayor para afectar al bien jurídico cuando lleve a cabo alguna de las conductas de favorecimiento prohibido.

En todo caso, debemos también señalar que el legislador ha actuado conscientemente ante esta situación y ha querido contemplar como sujeto activo al deudor sin limitarlo al empresario ni dejar fuera al particular, en el caso del delito del art. 260 CP, pues la interpretación que pudiese apuntar a un "mero despiste" de este legislador no casaría demasiado bien con la previsión, en la primera modalidad del precepto, de la cláusula de cierre que desplaza la aplicación del tipo penal cuando se trate de una operación que carezca de justificación *económica o empresarial,* aludiendo así de forma expresa a una posible justificación ya no sólo de tipo empresarial sino, en general, de carácter económico, lo que alcanza también al particular. Sobre esta cláusula, su extensión y significado, volveremos más adelante en este trabajo.

Por último, debe señalarse que tras la reforma del año 2015 se vino a prever para el delito del art. 260 CP (y, en general, para todos los delitos de "insolvencias punibles", pero también para los ahora denominados "frustración de la ejecución") la responsabilidad penal de las personas jurídicas, ex art. 261 bis CP. Si bien en la legislación concursal (Real Decreto Legislativo 1/2020, de 5 mayo, ya citado) se establece un principio de unidad subjetiva en el art. 1, donde se señala que el deudor puede ser cualquier persona natural o jurídica, hay que precisar que el orden mercantil no reconoce una responsabilidad *directa* de la persona jurídica insolvente o concursada, sino más bien la de sus administradores de hecho o de derecho[202]. No obstante, en sede penal el legislador del año 2015 consideró adecuado incluir este delito entre el catálogo de tipos penales que están llamados a generar responsabilidad penal también a las personas jurídicas, en empleo de una opción político-criminal concreta. Esta previsión pudiera parecer a priori coherente, pues una vez se ha asumido el modelo de imputación penal de personas jurídicas en nuestro sistema (desde su incorporación al cuerpo del Código Penal en el año 2010), y siendo común encontrar este tipo de conductas relativas a la insolvencia en el marco de la delincuencia empresarial, parece adquirir todo sentido la previsión de este reproche penal también para las empresas y restantes entes con personalidad jurídica. Cuestión distinta es el mayor o menor acierto del legislador en la configuración general del modelo dual de atribución de responsabilidad previsto en el art. 31 bis CP, y como ese modelo puede o no articular en la práctica dicha responsabilidad penal. Pero adentrarnos esta materia excedería con creces el objetivo del presente análisis[203]. Empero, no deja de resultarnos llamativo que se imponga una pena pecuniaria[204] a una persona jurídica que se encuentra ya en una situación de crisis

---

[202] Así lo apunta Sánchez Dafauce, *Estudio crítico del delito concursal, cit.*, p. 19, acudiendo a lo dispuesto en el art. 455,2,1º de la Ley Concursal.

[203] Para profundizar, vid.: Sánchez Dafauce, *Estudio crítico del delito concursal, cit.*, pp. 19 y ss.

[204] Como determina el art. 261 bis CP: (a) Multa de dos a cinco años, si el delito cometido por la persona física tiene prevista una pena de prisión de más de cinco años [no es el caso de nuestro delito]; (b) Multa de uno a tres años, si el delito cometido por la persona física tiene prevista una pena de prisión de más de dos años no incluida en el inciso anterior; o (c) Multa de seis meses a dos años, en el resto de los casos. Además se faculta al juez para aplicar las penas recogidas en las letras b) a g) del apartado 7 del art. 33.

económica (de insolvencia). De este modo los acreedores tendrán que enfrentarse finalmente a un deudor, persona jurídica, cuyo patrimonio incluso se encontrará más mermado al tener que afrontar ahora una nueva obligación pecuniaria, que constituye la multa a pagar[205]. Seguramente hubiera sido mejor opción prescindir de la pena de multa para el caso de la persona jurídica insolvente, acudiendo a otro tipo de penas previstas en el catálogo del art. 33,7 CP para las personas jurídicas (por ejemplo, la suspensión de sus actividades, que al menos no agrava su situación de crisis económica, aunque debe reconocerse que sí paraliza su actividad)[206].

3.2. El sujeto pasivo

Por su parte, el sujeto pasivo del delito dependerá del bien jurídico que consideremos tutelado por la norma.

Si colocamos en primera línea el derecho de los acreedores a la satisfacción de su crédito del patrimonio del deudor (tesis patrimonialista del bien jurídico) entonces aquellos serán los sujetos pasivos del delito de favorecimiento ilícito de acreedores, pues solo ellos serán titulares individuales de tal derecho, y por tanto titulares del bien jurídico tutelado por el delito[207].

Desde esa visión patrimonialista del bien jurídico Souto García ha afirmado que "es posible que la condición de acreedor de una deuda sea ostentada por varios sujetos a la

---

205 En estos términos, entre otros: Faraldo Cabana, *Vuelta a los hechos de bancarrota… cit.*, p. 60; Souto García, *La tutela penal del derecho de crédito tras la reforma… cit.*, p. 158; Gómez Lanz, *Las insolvencias punibles en el Código Penal, cit.*, p. 176; Pavía Cardell, en Camacho Vizcaíno, *Los delitos de insolvencia punible, cit.*, p. 863; Monge Fernández, *El delito concursal punible tras la reforma penal de 2015, cit.*, p. 132.

206 Souto García, *La tutela penal del derecho de crédito tras la reforma… cit.*, p. 158.

207 Monge Fernández, *El delito concursal punible tras la reforma penal de 2015, cit.*, p. 70; y Benítez Ortúzar, en Morillas Cuevas, *Frustración de la ejecución e insolvencias punibles, cit.*, p. 587.

vez. En este sentido, una misma deuda puede tener varios titulares, es decir, varios acreedores. Así, por ejemplo, en las obligaciones mancomunadas o solidarias son varios los sujetos acreedores y, por tanto, varios los titulares del derecho de crédito. En definitiva, los titulares del bien jurídico pueden ser dos o más personas, aunque la deuda sea solamente una. Habrá tantos titulares como acreedores y, por tanto, tantos sujetos pasivos como acreedores"[208]. E igualmente la autora advierte, desde esa postura individualista del bien jurídico, que el sujeto pasivo o titular del crédito normalmente lo será quien inicialmente haya asumido la posición de acreedor, si bien esto puede variar, por ejemplo, ante casos de subrogación y cesión de créditos. En tales casos, la protección penal solo alcanzaría al titular del derecho de crédito en el momento de consumación del injusto[209].

Debemos añadir que, desde tal consideración, no tendría sentido seguir considerando al acreedor favorecido en el art. 260 CP como sujeto pasivo del delito, pues precisamente las conductas de favorecimiento o preterición terminarán satisfaciendo a uno o varios acreedores particulares, que no verían lesionado su derecho de crédito. Esta era, además, una de las razones que nos condujo a desechar el bien jurídico patrimonial como objeto jurídico de protección en el delito del art. 260 CP, reconduciéndolo al ámbito del sistema crediticio (a su normal funcionamiento).

Por último, y siguiendo con el análisis de esta particular interpretación del sujeto pasivo en función de comprensiones patrimonialistas del bien jurídico, MONGE FERNÁNDEZ ha considerado (si bien solo en el ámbito de los delitos de bancarrota ex art. 259 CP) que en una interpretación sistemática y de conjunto de la legislación penal sobre insolvencia y la legislación concursal, es posible identificar como sujeto pasivo del delito a los *plurales acreedores* afectados por diversas maniobras fraudulentas tendentes a crear

---

[208] Souto García, *Los delitos de alzamiento de bienes en el Código Penal de 1995, cit.*, p. 214.

[209] Ibídem, p. 215.

o a agravar situaciones de insolvencia, "incluyéndose no sólo los acreedores *presentes,* sino también los *futuros*" quienes, a juicio de la autora, una vez declarado el concurso se verán privados de cualquier posibilidad de ejecución y apremio[210]. A nuestro modo de ver, no obstante, si se opta por el entendimiento de un bien jurídico patrimonial e individual en los delitos de insolvencia punible, no parece resultar coherente atisbar después que el sujeto pasivo sea un *colectivo de acreedores,* que potencialmente se puedan ver afectados por tales conductas del deudor, pues más allá de las consecuencias concursales que ello pueda traer, parece que este último entendimiento aproxima el bien jurídico a uno de carácter colectivo, y no meramente individual, como defiende este sector de la doctrina.

Por lo demás, dentro de este último entendimiento patrimonialista del bien jurídico es posible encontrar también matices en lo que respecta al concreto sujeto pasivo. Así Souto García afirma que "si el crédito tiene naturaleza pública el sujeto pasivo se identifica con el Estado, por lo que entonces se estará ante un bien jurídico de carácter colectivo, que no individual como en el caso del crédito privado"[211].

Más por el contrario, si entendemos que el interés jurídico directamente protegido por el delito se identifica en el correcto y normal funcionamiento del sistema de crédito, entonces el sujeto pasivo lo es de carácter colectivo, pues no existe un titular particular o individualizado del bien jurídico tutelado, perteneciendo dicho interés al conjunto social, y resultando, de igual modo, completamente indisponible.

Esta última es la postura que consideramos más adecuada en coherencia con lo sostenido por nosotros páginas

---

210 Monge Fernández, *El delito concursal punible tras la reforma penal de 2015, cit.,* p. 72.

211 Souto García, *La tutela penal del derecho de crédito tras la reforma… cit.,* p. 147.

atrás, donde ya consideramos que el bien jurídico objeto de tutela penal en el delito de favorecimiento ilícito de acreedores queda identificado en el correcto funcionamiento del sistema crediticio. Por tal razón el sujeto pasivo en este injusto no es un acreedor particular, sino la colectividad. Y ello con independencia de que el crédito tenga naturaleza pública o privada.

4. EL ESTADO DE INSOLVENCIA

El art. 260 CP contempla, como ya indicamos, dos modalidades de conducta. La primera (art. 260,1 CP) sanciona el llamado favorecimiento ilícito de acreedores *preconcursal*, mientras que la segunda de ellas (art. 260,2 CP) sanciona el conocido como favorecimiento ilícito de acreedores *posconcursal*. En esta primera parte de la monografía nos estamos ocupando del análisis de aquella primera modalidad del art. 260,1 CP, que en concreto sanciona conductas de favorecimiento prohibido llevadas a cabo por un sujeto deudor que se encuentra en una situación de "insolvencia actual o inminente". El estado de insolvencia es, pues, el presupuesto para la comisión de esta primera clase delictiva, y no el resultado del delito (como pudiera acontecer, por ejemplo, en la modalidad de bancarrota del art. 259,2 CP, o en su caso en el tradicional delito de alzamiento de bienes, si bien en este último supuesto, como también se dijo, la insolvencia generada es de tipo ficticia o simulada, no real; nos referiremos a esta distinción más adelante).

Como venimos entendiendo, esta primera modalidad del injusto sanciona la agravación del estado previo de insolvencia en que se encuentra el deudor, mediante conductas de favorecimiento o preterición prohibida de acreedores, lo que afecta al correcto funcionamiento del sistema de crédito. No en vano el art. 2 del Real Decreto Legislativo 1/2020, de 5 de mayo, por el que se aprueba el texto refundido de la Ley Concursal (en adelante: TRLC), señala en su art. 2,1 que "la declaración de concurso procederá en caso de insolvencia del deudor", y en el art. 2,2 que "la solicitud de declaración de concurso presentada por el deudor deberá fundarse en que se encuentra en estado de insolvencia", de lo que se atisba que lo procedente es que un sujeto deudor que se encuentre en situación de insolvencia acuda a la institución del concurso de acreedores (modelo de garantía), sin que pueda terminar favoreciendo como le plazca a estos. Pero sobre esta idea volveremos más adelante al analizar, en particular, las conductas típicas.

Siendo, pues, el estado de *insolvencia* del sujeto el presupuesto para la realización del tipo penal procede en las páginas siguientes delimitar el significado y alcance de la expresión "situación de insolvencia actual o inminente" a la que alude el precepto (análisis que, de otra parte, podrá servir a los mismos efectos interpretativos en otras figuras del Capítulo VII bis, como por ejemplo en el caso de los delitos de bancarrota o quiebra del art. 259 CP). Para ello nos aproximaremos al estudio de la regulación de la insolvencia en el Derecho privado, pasando después a su análisis en el marco de este concreto delito. Como podemos adelantar en las palabras de ROLDÁN PÉREZ "el hecho de que haya más pasivo que activo en el patrimonio del deudor no significa que sea insolvente, ya que puede gozar de la confianza o acceso al crédito. De ahí que la insolvencia deba ser constatada judicialmente, pues como hecho jurídico, una vez acontecido no puede ser aleatoria su determinación"[212].

Es igualmente importante señalar que, a los efectos de delimitación de la figura contenida en el art. 260,1 y la del art. 260,2 CP, las conductas de favorecimiento prohibido entrarán dentro del delito del art. 260,1 CP cuando estemos ante un deudor insolvente (insolvencia actual o bien inminente) y siempre antes de que se haya admitido a trámite la solicitud de concurso, pues de haber tenido lugar

212 Roldán Pérez, *Aspectos críticos de la actual regulación del delito de bancarrota, cit.*, pp. 3-4.

esta última actuación entonces deberemos acudir a examinar la tipicidad del art. 260,2 CP, si es que se dan todos los elementos típicos de esta modalidad de delito.

4.1. Aproximación al concepto de insolvencia en el Derecho privado

4.1.1. Breve recorrido histórico

Como ha atisbado la doctrina especializada, el análisis y extensión del concepto de insolvencia no se circunscribe al terreno penal, pues históricamente tanto en el Derecho civil como en el Derecho mercantil se articulan distintos mecanismos y definiciones que orbitan sobre la situación de insolvencia de un sujeto[213]. Y, como bien afirma Gutiérrez Pérez, acudiendo a una revisión, siquiera sea expositiva, de la evolución del concepto de insolvencia se puede poner de manifiesto que "las diferentes nomenclaturas de las que se ha servido el Derecho privado muestran un paralelismo terminológico en materia penal, con evidentes repercusiones y distorsiones en las definiciones de la insolvencia y, en consecuencia, de los márgenes de lo punible"[214].

Si bien el escenario de un sujeto deudor insolvente frente a sus acreedores (con pretensiones legítimas de cobro frente a aquél) ha existido siempre, el tratamiento jurídico dispensado a aquellos primeros ha variado con el paso de los años[215]. Antes de la existencia de la actual regulación que realiza el Derecho privado sobre la *insolvencia*, este

---

213 Souto García, *Los delitos de alzamiento de bienes en el Código Penal de 1995, cit.*, p. 132. En el mismo sentido, vid.: De la Mata Barranco, N.: "El concepto de insolvencia y las conductas defraudatorias punibles que, causándola o agravándola, frustran las expectativas de cobro del acreedor", en Suárez López, J. M., Barquín Sanz, J., Benítez Ortúzar, I. F., et. al. (dirs.), VV. AA., *Estudios jurídicos y criminológicos en homenaje al Prof. Dr. Dr. H. C. Mult. Lorenzo Morillas Cueva*, Vol. I, Ed. Dykinson, Madrid, 2018, pp. 953 y ss.

214 Gutiérrez Pérez, *El Derecho penal frente a la insolvencia… cit.*, p. 227.

215 Ibídem, p. 226.

concepto era tratado en Derecho mercantil a través del antiguo Código de Comercio del año 1829, que regulaba las quiebras de segunda, tercera y cuarta clase. En este texto legal se normativizaban varios tipos de quiebra, a saber: suspensión de pagos, insolvencias fortuitas, insolvencias culpables, insolvencias fraudulentas y alzamientos. Por su parte, el término *concurso* aparece por vez primera en la Ley de Enjuiciamiento Civil de 1885, identificándose por la doctrina ese instante como el momento en el que se produjo una bifurcación del tratamiento jurídico del estado de insolvencia de un sujeto: por un lado, la quiebra (que presentaba como presupuesto subjetivo su aplicación a los comerciantes), y por otro lado el concurso de acreedores (previsto para deudores que no ostentasen la cualidad de ser comerciantes)[216].

Esta situación daría lugar a una regulación posterior que distinguió entre el procedimiento de *quiebra* y el expediente de *suspensión de pagos*, que se refería a dos situaciones de insolvencia diferentes: la provisional o relativa (en la que se presentaba un activo patrimonial superior o igual al pasivo, pero con un pago inoperante de modo transitorio) y la definitiva o absoluta (en la que se constataba la existencia de un desequilibrio definitivo entre los elementos patrimoniales del activo y del pasivo)[217]. Precisamente esta distinción impregnó después el debate doctrinal respecto de la insolvencia en el terreno penal, donde algún sector quiso identificar en estos diferentes tipos de insolvencia aquellas que en concreto debían interesar al sistema penal (sobre ello volveremos de inmediato).

Ya en el actual Código de Comercio (Real Decreto de 22 de agosto de 1885), los artículos 870 a 941 normativizaron la situación de suspensión de pagos y de quiebra, si bien estos preceptos quedaron derogados más tarde con la aprobación de la anterior Ley Concursal (del año 2003).

---

216 Ibídem, p. 228.

217 Souto García, *Los delitos de alzamiento de bienes en el Código Penal de 1995, cit.*, pp. 133-134.

La situación de suspensión de pagos, no obstante, también se regularía más adelante con la aprobación de la Ley de Suspensión de Pagos, de 26 de julio de 1922[218].

En línea de principio, y hasta ese momento, el procedimiento de quiebra regulaba las situaciones de insolvencia definitivas, cuyo fin era la liquidación de la empresa y el pago de las deudas pendientes a cuenta del patrimonio liquidado, mientras que el procedimiento de suspensión de pagos buscaba la rehabilitación empresarial, diseñándose un modelo para situaciones de insolvencia provisional o subsanable (aunque permitiendo la conversión en procedimiento de quiebra si finalmente se descubría que la insolvencia era definitiva)[219].

Por su parte, un hito más en la evolución histórica del tratamiento jurídico de la insolvencia en Derecho privado lo constituyen los trabajos preparatorios de la posterior Ley Concursal definitivamente aprobada en el año 2003. Así encontramos, por ejemplo, la noción de *crisis económica* contenida en el Anteproyecto de Ley Concursal de 1983 (Comisión General de Codificación), expresión, por cierto, utilizada después por el legislador penal de 1995 en la primera regulación de nuestro Código Penal en materia de insolvencias punibles (antiguo art. 260 CP), si bien finalmente no se empleó dicha locución en el texto definitivo de la Ley Concursal. Esa situación de *crisis económica* se definía entonces como "un estado patrimonial que lesione o amenace gravemente el interés de los acreedores a la satisfacción normal y ordenada de sus créditos". Ya con posterioridad encontraríamos el Anteproyecto de Ley Concursal del año 1995 que volvía a echar la vista a la tradicional regulación de los supuestos de insolvencia optando por dividir en dos el tratamiento jurídico de dichos estados:

---

218 Vid. también sobre esta evolución: Faraldo Cabana, *Los delitos de insolvencia fraudulenta… cit.*, pp. 285-286.

219 Souto García, *Los delitos de alzamiento de bienes en el Código Penal de 1995, cit.*, p. 136.

la suspensión de pagos y el concurso de acreedores[220]. No obstante, tal regulación no fue finalmente asumida por la Ley Concursal del año 2003.

La entrada en vigor de la novedosa Ley Concursal 22/2003, de 9 de julio, supuso una auténtica superación y una nueva ordenación de la normativa privada existente hasta ese momento sobre la materia, cosa del todo comprensible si se cae en la cuenta de que la legislación vigente pertenecía al proceso de codificación del siglo XIX, como se ha visto[221]. Como afirma Souto García "la antigua regulación se manifestaba como arcaica e inadecuada respecto de la realidad social y económica actual"[222]. Seguramente el cambio más relevante que vino a provocar esta nueva norma fue la unificación de (i) el procedimiento de quiebra, (ii) el expediente de suspensión de pagos y (iii) el concurso de acreedores, en un único procedimiento, un *corpus* jurídico que unificó los aspectos materiales y procesales en materia concursal[223]. Como también explica Gutiérrez Pérez "se culmina el movimiento de reforma concursal con una unidad de disciplina, procedimiento y denominación. La Ley Concursal se decanta por un concepto de insolvencia basado en la *incapacidad de pago,* a través de la insolvencia *actual* y la insolvencia *inminente,* que constituyen el presupuesto objetivo del concurso. En esta concepción se funden las antiguas regulaciones de la *quiebra* insolvencia y *suspensión de pagos* —cesación de pagos—"[224].

---

220 Gutiérrez Pérez, *El Derecho penal frente a la insolvencia... cit.,* pp. 231-232.

221 Ampliamente, cfr.: González Cussac, J. L.: "Las insolvencias punibles tras la reforma concursal de 2003", en Hernández Martí, J. (coord.), *Concurso e insolvencia punible,* Ed. Tirant lo Blanch, Valencia, 2004.

222 Souto García, *Los delitos de alzamiento de bienes en el Código Penal de 1995, cit.,* p. 138.

223 Ídem.

224 Gutiérrez Pérez, *El Derecho penal frente a la insolvencia... cit.,* p. 233. Como añade la autora "hasta este punto de la exposición, se pueden rastrear diferentes clasificaciones y manifestaciones de la insolvencia que a su vez acompañarán a la doctrina penal en su intento por trazar límites al castigo de la insolvencia. De este modo, las referen-

No obstante, esa Ley Concursal del año 2003 vino a sustituirse por el ya mentado Real Decreto Legislativo 1/2020, de 5 de mayo, por el que se aprueba el texto refundido de la Ley Concursal (a nuestros efectos, simplemente TRLC), por lo que no tiene ya demasiado sentido detenernos a analizar con un elevado grado de detalle la legislación de 2003, debiendo centrar nuestro interés exegético en el contenido de la actual Ley Concursal de 2020, como texto normativo vigente[225].

4.1.2. La insolvencia en la actual legislación concursal

a) Introducción

El Real Decreto Legislativo 1/2020, de 5 de mayo, por el que se aprueba el texto refundido de la Ley Concursal (en adelante: TRLC) ha de ser la referencia y el punto de partida para dotar de contenido y alcance al concepto de *insolvencia,* y a los dos tipos de insolvencia que refiere el precepto del art. 260,1 CP: (i) actual, y (ii) inminente. Como señala DE PORRES ORTIZ DE URBINA, el concepto de insolvencia *actual* e insolvencia *inminente* es propio de la legislación concursal, y por ello forzosamente debemos acudir al contraste con esta legislación especializada para dotarlos de alcance y contenido, también en el terreno penal, encontrándonos ante elementos normativos del tipo[226].

Si bien el ya mentado art. 1 TRLC señala que ante situaciones de insolvencia procede la solicitud del concurso,

---

cias a la insolvencia *provisional,* la insolvencia *definitiva,* la *cesación de pagos* y la situación de *desbalance* aparecerán recurrentemente hasta en el debate actual de los delitos de insolvencia". A tales propuestas divisorias nos referimos en las líneas siguientes.

225 Puede verse un análisis más detallado de la legislación concursal previa en: Souto García, *Los delitos de alzamiento de bienes en el Código Penal de 1995, cit.,* pp. 138 y ss; y en Monge Fernández, *El delito concursal punible tras la reforma penal de 2015, cit.,* pp. 77 y ss.

226 De Porres Ortiz de Urbina, E.: "El nuevo delito de bancarrota", en *La Ley Penal,* nº 120, 2016.

debemos acudir al art. 2,3 del mismo texto normativo para encontrar una definición de ambos tipos de insolvencia a los que alude el art. 260 CP, precepto que instituye que "la insolvencia podrá ser actual o inminente. Se encuentra en estado de insolvencia actual el deudor que no puede cumplir regularmente sus obligaciones exigibles. Se encuentra en estado de insolvencia inminente el deudor que prevea que dentro de los tres meses siguientes no podrá cumplir regular y puntualmente sus obligaciones".

Siguiendo esta definición normativa, y solo apriorísticamente al menos para el ámbito propio del Derecho penal (por las razones que se aducirán), puede comenzarse afirmando que la *insolvencia actual* será aquella situación en la que el deudor no puede hacer frente a la satisfacción o pago regular de sus deudas porque directamente carece de bienes o de medios lícitos para afrontar los pagos de manera habitual o regular, y cuando la deuda es ya *exigible* y se constata un verdadero incumplimiento; en tanto que la *insolvencia inminente* será aquella en la que se espera que el deudor no va a poder cumplir regular y puntualmente con sus obligaciones de pago en los tres meses siguientes al momento de la evaluación, tratándose, por tanto, de una mera presunción (sin que se haya producido aún un incumplimiento efectivo de las obligaciones).

Como descompone Sánchez Dafauce de manera analítica, puede decirse que el concepto mercantil de insolvencia (al menos la actual) posee tres notas características: (a) alude a un sujeto que no puede cumplir (no a aquél que no quiere hacerlo, o que ya ha incumplido); (b) debe tratarse de una imposibilidad de cumplimiento *regular*, esto es, sin seguir las reglas del tráfico; y (c) ese incumplimiento regular viene referido a las obligaciones *exigibles*, algo que permite concretar el momento exacto en el que el deudor entra en situación de insolvencia[227].

---

[227] Sánchez Dafauce, M.: "Incumplimiento de las obligaciones exigibles y concepto penal de insolvencia", en *Revista Penal*, nº 48, 2021, p. 164.

Hay que advertir sobre la existencia de otras particulares situaciones patrimoniales y financieras que orbitan sobre la idea de *crisis,* pero que no se equiparan a situaciones de insolvencia, y que por tanto no van a englobar los conceptos que en adelante serán analizados[228].

Conviene igualmente adelantar que ante una situación de insolvencia están legitimados para solicitar la apertura del concurso tanto el deudor (tradicional concurso *voluntario*) como el acreedor (tradicional concurso *necesario)*[229], en virtud de lo dispuesto en el art. 3,1 TRLC. En todo caso, tal como dispone el art. 5,1 del mismo texto legal, el deudor está obligado a solicitar la declaración de concurso dentro

---

228 Por no resultar objeto de análisis en este trabajo nos remitimos al examen y correcta delimitación que de tales situaciones realiza: Gutiérrez Pérez, *El Derecho penal frente a la insolvencia… cit.,* pp. 258 y ss. Pueden mencionarse a título de ejemplo las siguientes situaciones patrimoniales o financieras: falta de liquidez, desbalance, sobreendeudamiento, cesación de pagos, pérdidas cualificadas y pérdidas patrimoniales. No obstante, como señalamos, se dejan solo apuntadas por exceder su estudio del objeto directo de esta investigación, remitiéndonos a la obra apuntada para su contraste en relación con las situaciones de insolvencia. En el mismo sentido, vid.: Martínez-Buján Pérez, *Derecho penal económico y de la empresa, parte especial, cit.,* 7ª edic., p. 66. En relación con la compleja situación del *sobreendeudamiento,* puede consultarse también: Sánchez Dafauce, *Estudio crítico del delito concursal, cit.,* pp. 46 y ss. Vid. tb.: Sánchez Dafauce, *Incumplimiento de las obligaciones exigibles y concepto penal de insolvencia, cit.,* pp. 167 y ss., sobre situaciones como el "sobreendeudamiento" o la "reinsolvencia". Sin embargo, de *lege ferenda* algunos autores han propuesto la expresa tipificación de situaciones de *sobreendeudamiento* en el marco de estos delitos; así Quintero Olivares, G.: "El delito de concurso o bancarrota", en Quintero Olivares, G. (dir.), VV. AA., *Comentarios a la reforma penal de 2015,* Ed. Aranzadi, Navarra, 2015, p. 508, ha considerado que en las sociedades de capital "uno de los problemas del sistema español es, precisamente, el *volumen de riesgo que asumen sociedades cuyo capital es desproporcionadamente inferior al riesgo.* Es cierto que el criterio no podría ser exclusivamente, a efectos penales, el formalista del capital social, pero sí es precisa una valoración de la capacidad de responder […]".

229 Art. 29 TRLC: "el concurso de acreedores tendrá la consideración de voluntario cuando la primera de las solicitudes presentadas hubiera sido la del propio deudor. En los demás casos, el concurso se considerará necesario".

de los dos meses siguientes a la fecha en la que hubiera sabido, o debido saber, de su estado de insolvencia actual.

A continuación se analizarán, por separado y en concreto, los dos tipos de insolvencia a los que se refiere el art. 260 CP, de la mano de la legislación concursal.

b) La insolvencia actual

De acuerdo con el art. 2,3 TRLC la *insolvencia actual* se define como el incumplimiento regular de las obligaciones exigibles por parte del deudor. Esta definición alude a un estado en el que el sujeto deudor presenta una *incapacidad de pago,* situación que supera el tradicional (y ya desterrado) estado de cesación de pagos, independientemente de que la causa del impago sea de tipo patrimonial o financiero[230]. No obstante, quedan fuera del concepto de insolvencia actual los supuestos de incumplimiento voluntario por parte del deudor, que no se conciben como una auténtica "insolvencia" al ser tal incumplimiento resultado de la actitud voluntaria del deudor (supuesto ante el que los acreedores deberán acudir a las vías procesales ordinarias para exigir el cumplimiento por parte del deudor)[231].

El principal problema que se atisba en la doctrina al albur de esta definición del estado de insolvencia actual deriva de la dificultad material de distinguir entre una verdadera incapacidad de pagar y una mera interrupción de los pagos, temporal o transitoria, cuestión que no ha sido abordada normativamente en el TRLC, ni tampoco presenta consenso entre la doctrina especializada. Esta cuestión la resuelve con pleno acierto Gutiérrez Pérez al advertir que la definición de insolvencia actual que ofrece la normativa sectorial concursal no apunta solo a la comprobación

---

230 Rodríguez Padrón, C.: "Las insolvencias punibles en la reforma del Código Penal", en *La Ley Penal,* nº 117, 2015, p. 3.

231 Gutiérrez Pérez, *El Derecho penal frente a la insolvencia… cit.,* pp. 234-235.

del *incumplimiento* (elemento esencial al que acabamos de referirnos) sino también a dos notas adicionales: la regularidad (incumplimiento *regular*) y la exigibilidad (de las obligaciones *exigibles*)[232].

En lo que se refiere a la *regularidad,* opta la autora por considerar, a nuestro juicio de forma correcta, que no es automáticamente intercambiable con la exigencia de "puntualidad", siendo aquella situación que no siempre permitirá evitar el presupuesto objetivo del concurso. De este modo, la exigencia, a la contra, de un cumplimiento regular debe quedar asociada con la normalidad en los medios de pago, siendo de este modo tan insolvente "quien no puede cumplir, como quien pueda hacerlo por medios irregulares"[233]. Sigue esta interpretación también FERNÁNDEZ CUESTA-DONAT, para quien el requisito de la *regularidad* alude esencialmente a un elemento temporal, pero también a los supuestos en los que existe un cumplimiento "irregular" por parte del deudor, esto es, cuando ese cumplimiento se produce "de un modo no ajustado a las reglas, ya sean estas las reglas generales sobre pago de obligaciones, las reglas concursales o las reglas observadas por los operadores económicos en un específico sector de actividad"[234]. En definitiva, y en palabras de GUTIÉRREZ PÉREZ, esta exigencia de regularidad "permitirá declarar en situación de insolvencia actual a quien no tenga capacidad suficiente para hacer frente a sus obligaciones exigibles y recurra para ello a mecanismos extraordinarios de financiación o cierre de determinadas líneas de explotación o del propio negocio" (con exclusión del acceso a créditos, que quedaría dentro de las relaciones habituales entre

---

232 Ampliamente vid.: Gutiérrez Pérez, *El Derecho penal frente a la insolvencia... cit.,* pp. 236 y ss.

233 Gutiérrez Pérez, *El Derecho penal frente a la insolvencia... cit.,* p. 237.

234 Fernández Cuesta-Donat, M.: "El concepto de insolvencia en el ámbito concursal y penal. Independencia entre la calificación concursal culpable y el delito de insolvencia punible", en *Revista CEF Legal,* nº 220, 2019, p. 54.

empresas)[235]. En el mismo sentido se pronuncia MONGE FERNÁNDEZ al considerar que el cumplimiento regular de las obligaciones "se conecta con la normalidad en los medios de pago, entendiéndose por *cumplimientos irregulares* la utilización de medios solutorios distintos a los comúnmente utilizados en el tráfico como sustitutivos del dinero"[236].

Por su parte, en lo que se refiere a la nota característica de *exigibilidad,* toda deuda u obligación resultará exigible cuando sea posible ser reclamada en sede judicial, lo que conducirá a acudir a la concreta regulación que ostente la deuda en función de su naturaleza (como obligación sometida a término, sometida a condición o bien simplemente como obligación pura); ello exigirá un examen de la normativa civil al respecto, quedando excluidas las obligaciones naturales y las afectadas por vicios de invalidez que determinen su inexistencia o nulidad. Con todo, la normativa sectorial no aclara el número de obligaciones que deben quedar incumplidas para estimarse el estado de insolvencia, con lo que se hará siempre necesario un examen casuístico y particularizado[237].

A pesar de esta última nota debe decirse que la exigibilidad puede terminar resultando una característica superflua si se pone en relación con el elemento nuclear de la insolvencia actual, cual es el de la incapacidad de pago, pues "lo no vencido o inexigible no se puede impagar"[238].

Problema principal de este tipo de insolvencia (y que en parte puede resultar predicable por igual para el supuesto de insolvencias inminentes al que de inmediato nos referiremos) es la articulación de una correcta prueba del estado de insolvencia de un sujeto cuando no ha sido aún

---

235 Gutiérrez Pérez, *El Derecho penal frente a la insolvencia… cit.,* p. 239.

236 Monge Fernández, *El delito concursal punible tras la reforma penal de 2015, cit.,* p. 79.

237 Gutiérrez Pérez, *El Derecho penal frente a la insolvencia… cit.,* pp. 240-241; y Fernández Cuesta-Donat, *El concepto de insolvencia en el ámbito concursal y penal… cit,* p. 55.

238 Gutiérrez Pérez, *El Derecho penal frente a la insolvencia… cit.,* p. 241.

declarado su concurso. A estos efectos conviene recordar que el delito del art. 260,1 CP no exige ningún tipo de declaración de concurso para condicionar su punición (o en su caso su perseguibilidad). De hecho, sobre ese concreto requisito volveremos al analizar la particular figura del art. 260,2 CP, que regula el llamado favorecimiento prohibido *posconcursal*.

Para probar ese estado, insistimos que atendiendo a las concretas particularidades del caso, puede resultar de utilidad que el intérprete se apoye en otros preceptos del TRLC. Así, por ejemplo, el art. 2,4 TRLC, que determina un conjunto de hechos externos relacionados con la insolvencia, pero que no se identifican con ella: se trata de meros *indicios* que permitirán, en su caso, probar una incapacidad de cumplimiento por parte del deudor, que facilitan a los acreedores la solicitud del concurso. A pesar de todo se trata de simples indicios, que en una inversión de la carga de la prueba (en sede mercantil) permitirán al deudor oponer su inexistencia y probarla. O también, por ejemplo, el art. 14,2,1º TRLC, que permite la declaración automática de la declaración de concurso sin audiencia del deudor, ya en el primer día hábil siguiente al examen de la solicitud en algunos supuestos que también manifiestan un estado de incumplimiento[239].

Estos elementos normativos sectoriales o especializados pueden ser de utilidad también para el juez penal a la hora de comprobar que se da el elemento de *insolvencia actual* que exige el delito del art. 260,1 CP. Es imprescindible que el juez penal los conozca pues la actual regulación, contrariamente a lo que ocurría con anterioridad, puede requerir dicho pronunciamiento en sede penal antes incluso de obtenerse un pronunciamiento por parte del juez mercantil. Con todo, nos encontramos ante meros *indicios* de ese estado de insolvencia actual, que como dijimos habrá de concretarse caso por caso.

---

[239] Ibídem, pp. 251 y ss.

c) La insolvencia inminente

Por su parte, la insolvencia inminente queda configurada en el art. 2,3 TRLC como aquella situación en la que el deudor prevé que no va a poder cumplir regular y puntualmente con sus obligaciones dentro del plazo de tres meses siguientes.

Si bien el texto original de este Real Decreto Legislativo definía esta situación como una previsión de incumplimiento regular y puntual de las obligaciones por parte del deudor, sin establecer en su versión inicial un plazo para esa previsión futura, la Ley 16/2022, de 5 de septiembre, de reforma del texto refundido de la Ley Concursal (para la trasposición de ciertos marcos de reestructuración en virtud de la Directiva de la Unión Europea 2019/1023 del Parlamento Europeo y del Consejo, de 20 de junio de 2019) añadió al precepto actual la exigencia de que esa previsión recaiga sobre los *tres meses* siguientes al instante en que se produce la autoevaluación de su situación por parte del deudor.

Este plazo temporal añadido al actual precepto no es baladí; encuentra su fundamento en el hecho de que el deudor ante este tipo de situaciones va a gozar, según dispone la última Ley aludida, de un período de tres meses improrrogable para negociar con sus acreedores. De ahí que también en la definición del estado de insolvencia inminente el legislador se haya querido referir a ese plazo futuro de tres meses para valorar la existencia de previsión, por parte del deudor, de su posibilidad o no de cumplimiento de los créditos.

Para Gutiérrez Pérez la insolvencia inminente solo se diferencia de la actual en cuanto a que poseen diferente dimensión temporal, sin que pueda predicarse la existencia de *dos tipologías* de insolvencia. De este modo "la insolvencia actual existe en un tiempo presente, en contraposición a la insolvencia inminente, que consiste en la amenaza que está por suceder y en tal sentido es 'previsible' con anticipación"[240]. Si bien es cierta la afirmación de la autora,

---

[240] Ibídem, p. 243.

queremos precisar que mientras en el caso de la insolvencia actual el precepto solo habla de *regularidad* y no de *puntualidad* en lo que se refiere al cumplimiento de las obligaciones del deudor, en el supuesto de insolvencia inminente sí se añade a la regularidad la exigencia expresa de puntualidad. Esto implica que ya no sólo se tendrá que valorar si el deudor presenta medios lícitos para poder afrontar el cumplimiento de sus obligaciones crediticias futuras, sino que además habrá de constatarse que el sujeto podrá afrontar el pago de sus deudas de un modo *puntual* (esto es, en su debido plazo).

La mayor dificultad que presenta valorar la existencia de un estado de insolvencia inminente es que nos encontramos ante un pronóstico de futuro, de previsión incierta, que en modo alguno tiene que resultar absolutamente seguro. En palabras de SOUTO GARCÍA "esta previsión de futuro y puesta en peligro del bien jurídico únicamente permite al juez de lo penal examinar los hechos y decidir si realmente concurren los elementos del tipo delictivo"[241]. No puede englobar pronósticos irreales o completamente indefinidos, constituyendo una alusión al hecho de que pueda probarse una previsión cierta de incumplimiento de las obligaciones por parte del deudor a tres meses vista (esto es, ante créditos que habrán de ser satisfechos dentro de esos próximos tres meses). Como se colige, el período temporal establecido tras la última reforma del precepto, sin resultar caprichoso por las razones ya apuntadas, aporta también mayor seguridad jurídica al fijar un lapso temporal concreto para valorar la situación de solvencia o insolvencia del deudor, sin que tal valoración quede abierta *sine die*.

La situación anterior, que no refería límite o plazo temporal alguno, generaba muchas incertidumbres entre la doctrina especializada. Así ya antes de la reforma del año 2022 aludida se podía leer a GUTIÉRREZ PÉREZ: "la insolven-

---

241 Souto García, *Los delitos de alzamiento de bienes en el Código Penal de 1995, cit.*, p. 169.

cia inminente encierra un elemento de pronóstico que se traduce en la ponderación que deberá efectuarse entre los ingresos futuros que esperan obtenerse como en las obligaciones que devendrán exigibles en dicho período y que no se podrán satisfacer. Por este motivo, en la doctrina se ha propuesto un plazo razonable de previsión que transita entre uno y tres años. No obstante, los pronósticos superiores a un año deben circunscribirse a supuestos en los que existen particularmente obligaciones de pago a largo plazo. No debe obviarse que cuanto más alejada en el tiempo sea la previsión, en su reverso, más posibilidades existen de que concurran otros factores que alteren el estado de pronóstico. Por ello, una postura razonable aconseja que las previsiones de insolvencia inminente se fijen en torno a un plazo inferior a un año. La finalidad es que se ajusten, dentro de unos márgenes asumibles de incertidumbre, a la realidad"[242]. Este debate sobre el concreto lapso temporal para la valoración del pronóstico de cumplimiento ha quedado definitivamente zanjado tras la última reforma, que como estamos señalando apunta a los tres meses posteriores para evaluar las posibilidades de cumplimiento por parte del deudor.

Por lo demás, la inexistencia de una relación o listado de hechos externos que, a modo de indicios, apunten a una posible situación de insolvencia en el caso de la insolvencia inminente (al contrario de lo que ocurría con el art. 2,4 TRLC para el supuesto de insolvencias actuales) complica aún más, si cabe, la prueba de esta insolvencia en la práctica. Podemos encontrar en algunas resoluciones judiciales algunos elementos que coadyuvarían a determinar la existencia de una situación de insolvencia inminente, si bien son criterios lo suficientemente laxos o genéricos como para poder adaptarse a las concretas particularidades del caso (así, verbigracia: el nivel de sobreendeudamiento, el desfase entre la liquidez del activo y la exigibilidad del pa-

---

242 Gutiérrez Pérez, *El Derecho penal frente a la insolvencia... cit.*, p. 244. Sobre la cuestión temporal particular, vid.: ídem, pp. 365-366.

sivo, la inviabilidad de cumplimiento regular a corto plazo, etc.), pero ni siquiera estos elementos son indicativos, por sí solos, de un estado real de insolvencia inminente[243]. La situación, por tanto, y al menos en sede estrictamente mercantil, deberá autoevaluarla el propio sujeto deudor de manera diligente, mediante un juicio de prognosis en atención a las particularidades y coyunturas de sus propias contingencias patrimoniales y financieras, y sin que se tenga por válida la situación de insolvencia ante meros temores infundados de este respecto de sus posibilidades futuras de cumplimiento.

Debemos señalar, por último, que mientras en un estado de insolvencia actual cualquier sujeto interesado puede instar la solicitud de apertura de un concurso de acreedores (tanto deudor como acreedor), en supuestos de insolvencia inminente la solicitud de concurso es potestad exclusiva y potestativa del deudor, que es, de cualquier modo, el único que puede conocer su situación y aventurar el pronóstico de previsión ya apuntado (no así los acreedores)[244].

4.2. El concepto jurídico-penal de insolvencia

4.2.1. Introducción

Tal y como ya manifestase BAJO FERNÁNDEZ, la situación de insolvencia es una situación fáctica que no necesita de un previo reconocimiento legal, siendo un estado de hecho o realidad previa al Derecho desprovista de cualquier

---

243 Gutiérrez Pérez, *El Derecho penal frente a la insolvencia... cit.*, pp. 246-247. Como añade la autora "no obstante, pese a estos criterios expuestos, es cierto que la insolvencia inminente, al tratarse de una situación futura, presenta un margen de incertidumbre y no se pueden ofrecer criterios absolutos de discernimiento. Para su correcta determinación es necesario barajar la totalidad de las circunstancias que concurren en el supuesto concreto".

244 Sánchez Dafauce, *Incumplimiento de las obligaciones exigibles y concepto penal de insolvencia, cit.*, p. 166.

valoración jurídica[245]. Es el juez (penal en este caso) quien debe valorar la existencia o no de una situación de insolvencia[246].

En tal sentido, en el seno de la doctrina penal es común encontrar diferentes clasificaciones de la situación de insolvencia del deudor. Tales clasificaciones son fruto del acogimiento de la discusión previa en el seno del Derecho privado, que de cualquier forma ha sido ya abandonada por la legislación mercantil, subsistiendo sin embargo en la interpretación penal de los delitos relacionados con ese estado de insolvencia (tanto en el caso de las modalidades de frustración de la ejecución como en el caso de las insolvencias punibles, entre las que se encuentra enmarcado nuestro art. 260 CP).

Este mantenimiento de una clasificación ya abandonada por la normativa mercantil ha hecho que algunos especialistas se manifiesten en contra de las diferentes clasificaciones o tipologías de insolvencia que pudieran darse en el terreno penal, al considerar que este modo de proceder supone una descoordinación con la legislación especializada dimanante del Ordenamiento civil y mercantil, dificultándose el correcto entendimiento, interpretación y

---

245 Bajo Fernández, M.: *Derecho penal económico aplicado a la actividad empresarial,* Ed. Civitas, Madrid, 1978, p. 153. Para el autor la insolvencia es, en concreto, "una situación fáctica que muestra un estado de desequilibrio patrimonial entre los valores realizables y las prestaciones exigibles de modo que el acreedor no encuentra medios a su alcance para poder satisfacer su crédito en el patrimonio del deudor". Los matices a esta primaria definición serán expuestos en las líneas siguientes al calor del estudio de las diversas modalidades o tipos de insolvencia identificadas por la doctrina. Parte de esta misma consideración: Martínez-Buján Pérez, *Derecho penal económico y de la empresa, parte especial, cit.,* 7ª edic., p. 61; también en: Martínez-Buján Pérez, *Cuestiones fundamentales del delito de alzamiento de bienes, cit.,* p. 452. En igual sentido: Bacigalupo Saggese, S.: "Insolvencia y Derecho penal", en *Revista de Derecho Concursal y Paraconcursal,* nº 13, 2010, p. 5; y De Porres Ortiz de Urbina, *El nuevo delito de bancarrota, cit,* [proview].

246 Del Rosal Blasco, *Las insolvencias punibles a través del análisis del alzamiento de bienes, cit.,* p. 8.

aplicación de los tipos penales[247]. A nuestro modo de ver, sin embargo, las opciones interpretativas que se han dado en el terreno penal suponen un esfuerzo de la doctrina por dar sentido y dotar de límites a la punición de conductas relacionadas con estados de insolvencia del deudor, limitando los contornos de la insolvencia que resulta *penalmente relevante,* y diferenciándola del resto, por lo que a priori no puede rechazarse este proceder interpretativo. Al contrario: explorar estas construcciones ayudará a entender la referencia típica al estado de insolvencia, si bien ello no implica (como de inmediato veremos) comulgar o estar de acuerdo con todos esos entendimientos y distinciones patrocinados por la doctrina[248].

Es posible encontrar hasta tres grupos de clasificación de la insolvencia en sede penal, que a continuación se analizan por separado.

4.2.2. Insolvencias parciales e insolvencias totales

En primer lugar, se opta tradicionalmente por una diferenciación entre insolvencias *parciales* e insolvencias *totales.* Las primeras aludirían al estado en el que el deudor carece de parte de sus bienes, pero todavía posee algunos que le

---

[247] Así, v. gr.: Gutiérrez Pérez, *El Derecho penal frente a la insolvencia… cit.,* p. 272.

[248] Partimos, por supuesto, de que el estado de insolvencia del deudor forma parte de la tipicidad objetiva en este delito del art. 260,1 CP, aunque no desconocemos que a juicio de algunos autores esta expresión responde al ideal de las condiciones objetivas de perseguibilidad (así, v. gr.: Ruiz Blay, G.: "Frustración de la ejecución. Alzamiento de bienes e insolvencias punibles", en Liñán Lafuente, A. (coord.), VV. AA.: *Delitos económicos y empresariales,* Ed. Dykinson, Madrid, 2020, p. 180). Según entendemos, el núcleo del injusto es precisamente que el sujeto deudor se encuentre en situación de *insolvencia actual o inminente,* pues en ese estado realiza ciertos comportamientos que se dirigen a poner en peligro el bien jurídico protegido. Sin ese estado de insolvencia ni siquiera existiría el tipo penal, por lo que nos encontramos ante un elemento del tipo (que, consecuentemente, habrá de ser abarcado por el dolo del autor).

permiten cumplir de modo limitado con ciertas obligaciones; mientras que las segundas señalan el estado de absoluta carencia de bienes por parte del deudor[249].

Esta distinción trae causa de la antigua redacción del delito de alzamiento de bienes, en cuya regulación del tipo específico previsto para supuestos de elusión de las responsabilidades civiles derivadas de la comisión de un delito (antiguo art. 258 CP) sí se aludía expresamente a un sujeto que debía hacerse "total o parcialmente insolvente", elemento que, sin embargo, ha desaparecido de la actual regulación[250].

Consideramos que esta primaria delimitación no aporta demasiado a la configuración penal del estado de insolvencia, toda vez que la discusión en estos delitos (y en particular, en el art. 260,1 CP) se desarrolla entre un estado de "insolvencia" frente a un estado de "solvencia", y no entre un estado de "insolvencia" y otros relativos a "poca o limitada solvencia". Como señala Roca de Agapito, "se es solvente o se es insolvente, pero no se puede decir que alguien sea poco solvente"[251]. En similar dirección Souto García considera que "hablar de insolvencia parcial presupone una *contradictio in terminis,* ya que el deudor o bien puede hacer frente a sus deudas con su patrimonio y entonces no hay insolvencia, o bien no puede, y entonces sí la hay"[252].

Por lo tanto, la distinción actual entre un estado de insolvencia parcial o total resulta penalmente irrelevante

---

249 Del Rosal Blasco, *Las insolvencias punibles a través del análisis del alzamiento de bienes, cit.*, pp. 10-11.

250 Cfr.: Souto García, *Los delitos de alzamiento de bienes en el Código Penal de 1995, cit.*, p. 175; y Souto García, *La tutela penal del derecho de crédito tras la reforma… cit.*, p. 149. Igualmente vid.: Martínez-Buján Pérez, *Derecho penal económico y de la empresa, parte especial, cit.*, 7ª edic., p. 64.

251 Roca de Agapito, L.: "Los delitos de alzamiento de bienes (examen de los artículos 257 y 258 del Código Penal)", en *Anuario de Derecho Concursal,* nº 22, 2011, p. 52.

252 Souto García, *Los delitos de alzamiento de bienes en el Código Penal de 1995, cit.*, p. 176. De la misma opinión en: Souto García, *La tutela penal del derecho de crédito tras la reforma… cit.*, pp. 148-149.

(también mercantilmente, como dijimos), pues o bien el sujeto puede cumplir sus obligaciones (estado de solvencia) o bien no puede cumplirlas (estado de insolvencia), sin que a efectos penales tenga sentido calcular si dicho deudor puede cumplir más o menos[253]. En definitiva, como señala SÁNCHEZ DAFAUCE, la insolvencia debe concebirse como "la incapacidad patrimonial para dar satisfacción completa a los acreedores a medida que se van produciendo los vencimientos de sus créditos"[254].

4.2.3. Insolvencias definitivas e insolvencias provisionales

En segundo lugar, la doctrina enfrenta un tipo de insolvencia *definitiva* (también identificada como "absoluta") frente a un tipo de insolvencia *provisional* (o "transitoria"). La primera de ellas define un estado patrimonial en el que el deudor posee un pasivo superior al activo. La segunda situación, por su parte, alude al estado del deudor en el que posee un activo patrimonial superior al pasivo, si bien no existe la posibilidad de satisfacer a sus acreedores por falta de liquidez en ese concreto momento[255].

---

253 De la Mata Barranco, en De la Mata Barranco, Dopico Gómez-Aller, Lascurain Sánchez, et. al., *Delitos de frustración de la ejecución y delitos de insolvencia, cit.*, p. 289. Por su parte, también Gutiérrez Pérez, *El Derecho penal frente a la insolvencia… cit.*, pp. 277-278, considera (igual que hiciera Souto García) que la insolvencia parcial conduce a una *contradictio in terminis,* tratándose de una "categoría superflua, sin fundamento en los delitos de insolvencia". De la misma opinión: Faraldo Cabana, *Los delitos de insolvencia fraudulenta… cit.*, p. 287; Fernández Cuesta-Donat, *El concepto de insolvencia en el ámbito concursal y penal… cit*, p. 61; y Martínez-Buján Pérez, *Derecho penal económico y de la empresa, parte especial, cit.*, 7ª edic., p. 64 (también antes, en: Martínez-Buján Pérez, *Cuestiones fundamentales del delito de alzamiento de bienes, cit.*, p. 454).

254 Sánchez Dafauce, *Estudio crítico del delito concursal, cit.*, p. 35.

255 De la Mata Barranco, en De la Mata Barranco, Dopico Gómez-Aller, Lascurain Sánchez, et. al., *Delitos de frustración de la ejecución y delitos de insolvencia, cit.*, p. 289; y Souto García, *Los delitos de alzamiento de bienes en el Código Penal de 1995, cit.*, p. 151.

Esta distinción también se encuentra hoy superada en el terreno mercantil y concursal[256]. De la Mata Barranco considera, de igual modo que en el caso de la anterior clasificación, que "de nuevo esta distinción es irrelevante. O se está en condiciones de cumplir las obligaciones con suficiente activo realizable o no se está. Otra cosa es la mera iliquidez temporal, solucionable, que no afecta a la realización de un activo con el que sí se va a poder cubrir la deuda". Y añade el autor: "habrá insolvencia cuando no se pueda hacer efectiva con valor suficiente la venta de determinados inmuebles, pero no la habrá si la provisional iliquidez puede evitarse con intereses, rentas, gestiones, en definitiva, con la expectativa de bienes futuros que pueden favorecer, por ejemplo, la obtención de crédito. Por eso no toda incapacidad temporal para cumplir una obligación a su vencimiento implica una insolvencia"[257]. En similar sentido Gutiérrez Pérez entiende que "la insolvencia provisional constituye un oxímoron, pues la provisionalidad no casa bien con el propio concepto de insolvencia"[258]. La autora, siguiendo la interpretación efectuada previamente por Bajo Fernández, considera que o bien se produce un estado de insolvencia, o bien estamos ante una situación de mera *insuficiencia,* diferente de aquella, en la que el sujeto se encuentra en un momento de desbalance, un estado de simple desequilibrio patrimonial que no permite, por sí mismo, calificar al sujeto deudor como insolvente[259]. Esta sería la noción con la que, a nuestro modo de ver erróneamente, ciertos sectores de la doctrina han identificado la pretendida *insolvencia provisional.*

---

256 Ampliamente, sobre la evolución de esta distinción en el terreno mercantil y su traslación al ámbito penal, vid.: Gutiérrez Pérez, *El Derecho penal frente a la insolvencia… cit.,* pp. 278 y ss.

257 De la Mata Barranco, en De la Mata Barranco, Dopico Gómez-Aller, Lascurain Sánchez, et. al., *Delitos de frustración de la ejecución y delitos de insolvencia, cit.,* p. 289.

258 Gutiérrez Pérez, *El Derecho penal frente a la insolvencia… cit.,* p. 281.

259 Ibídem, p. 282.

No obstante, algún otro sector de la doctrina sigue acudiendo a esta dual distinción para fundamentar los estados de insolvencia que interesan al Derecho penal. Así ROCA DE AGAPITO considera que en sede penal la insolvencia transitoria o provisional también puede ser relevante, pues si la intervención del Derecho penal se llevase a un momento posterior (de insolvencia *definitiva,* digamos) "podría perder gran parte de su eficiencia preventiva y convertir en papel mojado" el que, a su juicio, es el bien jurídico protegido en estos delitos (el derecho a la satisfacción del crédito de los acreedores)[260]. De la misma opinión parece ser FARALDO CABANA, cuando, desde un entendimiento contable, afirma que si bien la insolvencia absoluta es "muy grave" ya que implica la existencia de un pasivo superior al activo, la insolvencia relativa o provisional, siendo "menos grave" porque la liquidez es una causa *pasajera* que impide temporalmente realizar el pago, también debe enfrentarse por el sistema penal: "en cualquiera de estos supuestos la insolvencia impide mantener el sistema de las ejecuciones individuales de los acreedores", por lo que ambas, a su juicio, han de ser tenidas en cuenta a los efectos penales[261]. De semejante opinión es también SOUTO GARCÍA, quien igualmente desde un entendimiento contable estricto (a nuestro juicio poco aconsejable en el terreno penal), opone a las consideraciones anteriores que "la insuficiencia no existe como una situación diferente a la insolvencia o a la falta de liquidez"[262]. Para esta última autora, si se quiere limitar la insolvencia a los estados considerados como *definitivos* entonces debemos prescindir de la terminología tradicional y evitar señalar estados de "verdadera insolvencia" para referirnos directamente a la insolvencia definitiva: "la doctrina continuamente diferencia entre la verdadera insolvencia de otras situaciones que implican una dificul-

---

260 Roca de Agapito, en Rojo Fernández y Campuzano Laguillo, *Problemas centrales del delito de concurso punible... cit.,* p. 579.

261 Faraldo Cabana, *Los delitos de insolvencia fraudulenta... cit.,* p. 285.

262 Souto García, *Los delitos de alzamiento de bienes en el Código Penal de 1995, cit.,* p. 152.

tad de pago como sucede con la falta de liquidez. Por todo ello, cabe preguntarse que si una insolvencia es verdadera, ¿la otra qué es?, ¿acaso se trata de una falsa insolvencia?", y considerando que si el activo es superior al pasivo pero el acreedor no puede realizar su crédito en ese momento, entonces resultaría más acertado hablar de "insuficiencia patrimonial"[263]. Y, para el ámbito concreto del delito de alzamiento de bienes, termina reconociendo Souto García, desde una postura patrimonialista del bien jurídico y un entendimiento contable de la situación económico-financiera del deudor, la necesidad de tener por incluidos en el ámbito típico los supuestos en los que el deudor se coloca fraudulentamente en una situación de insuficiencia patrimonial o falta de liquidez, o en los términos que se vienen aquí empleando, "insolvencia provisional", pues a su juicio "si se tiene en cuenta que la capacidad de cumplir o no con los pagos ha de ser observada en el momento de vencimiento de la deuda y no en un futuro a medio o largo plazo, lo relevante será que se produzca una situación de impotencia del patrimonio del deudor para hacer frente a sus obligaciones. Esta impotencia puede derivarse tanto de la inexistencia de activos como de la imposibilidad de realizar los bienes en el caso de que sí existan [...] cometería el tipo básico de alzamiento de bienes el deudor que en previsión del futuro vencimiento de una deuda provocase intencionadamente su insolvencia provisional con el fin de no cumplir con la deuda a su vencimiento"[264]. En cualquier caso, debe caerse en la cuenta de que la autora está analizando esta situación sobre un delito, el alzamiento de bienes, en el que el estado de insolvencia es el resultado, más no el presupuesto o punto de partida como acontece en el delito del art. 260,1 CP.

---

[263] Ibídem, p. 153.

[264] Souto García, *Los delitos de alzamiento de bienes en el Código Penal de 1995, cit.*, p. 159. De la misma opinión, anteriormente: Muñoz Conde, *El delito de alzamiento de bienes, cit.*, p. 123, entendiendo este autor que "la teoría de la insolvencia definitiva restringiría en demasía el ámbito del alzamiento de bienes".

Sin embargo, como ya hemos deslizado anteriormente, a nuestro modo de ver la distinción entre insolvencias definitivas y provisionales aludida solo tiene interés para afirmar que en sede penal únicamente tienen cabida aquellas primeras, en tanto las llamadas "insolvencias provisionales" realmente no aluden a verdaderos estados de insolvencia sino más bien a situaciones de insuficiencia puntual o falta transitoria de liquidez, con lo que deben considerarse excluidas del presupuesto de insolvencia al que alude el art. 260,1 CP cuando exige que el deudor se encuentre en una "situación de insolvencia actual o inminente"[265]. Debemos quedarnos, pues, con la que constituya una verdadera situación de insolvencia, más no con aquellas otras situaciones de desbalance o iliquidez transitoria que, como apunta SÁNCHEZ DAFAUCE, son situaciones que pueden dar lugar "a convenios con quitas o liquidaciones concursales y la iliquidez a convenios con quitas moderadas y aplazamientos", encontrándose, pues, su solución en vía extrapenal[266]. Por tanto, de la discusión expuesta solo interesa el concepto de insolvencia definitiva o absoluta, en tanto el resto de situaciones no constituyen verdaderos estados de insolvencia. Allá donde exista un importe de las obligaciones exigibles que supere al de los bienes y derechos podrá, por intuición aproximativa, hablarse de insolvencia. Pero no será así finalmente en aquellos casos en los que la situación de crisis sea transitoria o se trate de una mera *falta de liquidez*, situación que se producirá cuando el deudor no pueda cumplir con sus obligaciones porque una parte de su patrimonio no pueda realizarse a tiempo, pero en la que el activo es superior al pasivo[267]. En las acertadas palabras de GÓMEZ

---

265 Cfr.: Martínez-Buján Pérez, *Derecho penal económico y de la empresa, parte especial, cit.*, 7ª edic., p. 62. Vid. tb.: Souto García, *La tutela penal del derecho de crédito tras la reforma… cit.*, p. 148.

266 Sánchez Dafauce, *Estudio crítico del delito concursal, cit.*, p. 36. Y, como bien añade el autor, "tampoco es insolvente quien tiene problemas de liquidez pero acceso recurrente al crédito".

267 Sánchez Dafauce, *Estudio crítico del delito concursal, cit.*, p. 37. Como añade el autor, apoyándose en el pensamiento de Martínez-Buján Pérez, si bien la cesación de pagos será el medio o modo habitual

PAVÓN "la insolvencia debe distinguirse de la insuficiencia o falta de liquidez, en la que, aun existiendo bienes en el activo superiores a las deudas, estos no pueden convertirse en dinero sin que por ello se deje de ser solvente"[268]. La mera insuficiencia no es, pues, sinónimo de impago, sino de incapacidad de pago (subsanable), por lo que a nuestros efectos solo interesará la insolvencia considerada como definitiva (lo que requerirá un examen particularizado de la situación patrimonial y financiera del deudor). O, como afirma NIETO MARTÍN, la insolvencia es una situación que alude a una incapacidad para el pago por parte del deudor, que se traduce en una carencia de medios para satisfacer con regularidad las obligaciones asumidas[269].

4.2.4. Insolvencias reales e insolvencias aparentes

Ya en tercer lugar, es posible encontrar en la doctrina penal una última distinción entre supuestos de insolvencia *real* y supuestos de insolvencia *aparente* (tipos de insolvencia a los que además ya nos hemos referido puntualmente en páginas anteriores de este trabajo, al objeto de discernir entre los actuales delitos de frustración de la ejecución y los delitos de insolvencias punibles, tras la reforma del año 2015[270]). La particularidad que presenta esta tercera

---

de manifestar la insolvencia, ello no implica que se equiparen automáticamente ambos conceptos, haciéndolos intercambiables y equivalentes entre sí, pues "es perfectamente posible que un deudor solvente deje de pagar sus obligaciones vencidas, así como también es imaginable la hipótesis inversa, a saber, que exista una auténtica insolvencia sin que se haya llegado a una situación de cesación de pagos" (ídem, p. 38). En el mismo sentido en: Sánchez Dafauce, *Incumplimiento de las obligaciones exigibles y concepto penal de insolvencia, cit.*, pp. 164-165.

[268] Gómez Pavón, *Las insolvencias punibles en el Código Penal… cit.*, p. 42.

[269] Nieto Martín, *El delito de quiebra, cit.*, pp. 162 y ss.

[270] Ya algunos autores han reconocido que la relevancia jurídico-penal de la distinción entre insolvencias "aparentes" e insolvencias "reales" despierta mayores incógnitas tras la reforma del Código Penal del año 2015; así: Gutiérrez Pérez, *El Derecho penal frente a la insolvencia… cit.*, p. 290.

línea de distinción radica en que no encuentra paralelismo con el tradicional discurso interpretativo en el terreno del Derecho privado. La insolvencia se considera *real* cuando el deudor, con su comportamiento, genera una situación de incapacidad de cumplimiento de sus obligaciones exigibles, quedando auténticamente desprovisto de medios para hacer frente al pago de sus deudas. Por su parte la insolvencia se considera *aparente* (o ficticia, o simulada, o fraudulenta) cuando el patrimonio del deudor existe y es suficiente para hacer frente al cumplimiento de sus obligaciones, pero pese a dicha capacidad de pago oculta sus bienes al objeto de apartarlos de la vista de los acreedores con el fin de eludir fraudulentamente el cumplimiento. Es decir, el deudor tiene bienes (es perfectamente solvente), pero simula no tenerlos para evitar hacer frente a sus responsabilidades, sin que exista realmente una situación de crisis económica o quebranto de su patrimonio[271].

La mayoría de la doctrina se inclina por considerar que tampoco esta distinción aporta demasiado a la clarificación de la actual regulación penal de las situaciones de insolvencia, considerando que también la insolvencia aparente es una verdadera *insolvencia,* que únicamente evidenciaría un determinado comportamiento fraudulento por parte del deudor. Pero, entiende este grupo de autores, dicha situación es igualmente *insolvencia,* porque si el deudor consigue apartar a los acreedores del normal acceso a sus bienes, sigue constituyéndose como deudor insolvente[272]. O, en la

---

271 Gutiérrez Pérez, *El Derecho penal frente a la insolvencia… cit.,* p. 291. En igual sentido, vid.: Alonso Ferreras, B.: "La insolvencia en el Derecho penal concursal y el concepto de crisis económica como complemento a la misma", en *Revista Jurídica de la Universidad Autónoma de Madrid,* nº 27, 2013, p. 76; y Souto García, *Los delitos de alzamiento de bienes en el Código Penal de 1995, cit.,* p. 172; y Fernández Cuesta-Donat, *El concepto de insolvencia en el ámbito concursal y penal… cit,* p. 61.

272 Entre otros: Bacigalupo Zapater, E.: "El delito de insolvencia fraudulenta", en *Revista de Derecho Penal y Criminología,* nº 1, 1968, p. 76; González Cussac, *Los delitos de quiebra, cit.,* p. 40; Muñoz Conde, *El delito de alzamiento de bienes, cit.,* p. 126; De la Mata Barranco, en De la Mata Barranco, Dopico Gómez-Aller, Lascurain Sánchez, et. al.,

consideración realizada por González Cussac, resultará tan auténtica la insolvencia que responda a una incapacidad real de pago como aquella otra que derive de una ocultación ficticia del patrimonio por parte del deudor[273].

Por el contrario, un sector doctrinal claramente minoritario ha considerado que las insolvencias aparentes deben quedar fuera del terreno penal, al entenderse que no generan un desvalor que justifique el recurso al Derecho penal, debiendo darse en su caso tratamiento y respuesta a las mismas en vía civil (instando acciones que permitan la nulidad o rescisión)[274].

Dentro aquél primer grupo de autores que consideran que tanto una como otra insolvencia (real y aparente) son objeto de interés y de regulación por parte del Derecho penal encontramos a su vez dos líneas interpretativas.

Por un lado, un sector doctrinal ha venido identificando que tanto las modalidades de alzamiento de bienes como

---

Delitos de frustración de la ejecución y delitos de insolvencia, cit., p. 289; De la Mata Barranco, N.: "¿Frustración de la ejecución o insolvencia punible?" en *Almacén de Derecho,* 13 de junio de 2019 [link: https://almacendederecho.org/frustracion-de-la-ejecucion-o-insolvencia-punible]; Faraldo Cabana, *Los delitos de insolvencia fraudulenta… cit.,* pp. 286-287; Souto García, *Los delitos de alzamiento de bienes en el Código Penal de 1995, cit.,* pp. 172 y ss.; Martínez-Buján Pérez, *Derecho penal económico y de la empresa, parte especial, cit.,* 7ª edic., p. 63; Martínez-Buján Pérez, *Cuestiones fundamentales del delito de alzamiento de bienes, cit.,* p. 453; Ruano Mochales, T.: "Las insolvencias punibles ante las reformas de la normativa penal y concursal", en *Revista de Derecho Concursal y Paraconcursal,* nº 34, 2021, p. 5; De Vicente Remesal, J.: "Alzamiento de bienes, otorgamiento de contrato simulado y falsedad en documento público: delimitación y cuestiones concursales. Comentario a la STS de 14 de julio de 1989", en *Diario La Ley,* 1990, p. 120; Del Rosal Blasco, *Las insolvencias punibles a través del análisis del alzamiento de bienes, cit.,* p. 9; Roldán Pérez, *Aspectos críticos de la actual regulación del delito de bancarrota, cit.,* p. 9.

273 González Cussac, *Los delitos de quiebra, cit.,* p. 40.

274 Así, v. gr.: Caballero Brun, *Insolvencias punibles, cit.,* p. 231; Gallego Soler, *El bien jurídico-penal en los delitos de insolvencias… cit.,* p. 363; y, parece también de esta opinión: Mestre Delgado, E.: "La frustración de la ejecución", en *La Ley Penal,* nº 120, 2016.

las modalidades de insolvencias punibles (y figuras propiamente concursales) se hacen cargo por igual de situaciones de insolvencias reales y aparentes[275], sin que quepa por tanto dirigir u orientar la diferenciación del Capítulo VII y el Capítulo VII bis de acuerdo con diferentes situaciones de insolvencia. De esta opinión es DE LA MATA BARRANCO, quien afirma que "es asimismo indiferente la distinción teórica entre insolvencia real e insolvencia aparente. Da igual si realmente han dejado de existir bienes con que cubrir la deuda o si los mismos existen, pero están ocultos a los acreedores. Lo importante es que éstos puedan o no encontrar bienes suficientes para garantizarse el cobro"[276]. Por su parte FARALDO CABANA (si bien antes de la reforma penal operada sobre estos delitos en el año 2015) manifestó que "no me parecen relevantes para la interpretación de los tipos penales que nos ocupan otros conceptos, como los de insolvencia real o aparente, que a mi juicio introducen una notable confusión en la discusión doctrinal"[277]. Y más actualmente, se decanta por esta opción interpretativa GUTIÉRREZ PÉREZ, quien considera que si bien "el concepto concursal de insolvencia comprende tanto insolvencias reales como insolvencias aparentes"[278], no obstante, no resulta este un criterio válido para diferenciar la actual regulación de las modalidades de alzamiento de bienes y desligarla de los delitos de insolvencias punibles, entendiendo que "se trata de otro criterio disfuncional para el régimen penal

---

275 Entre otros: De la Mata Barranco, en De la Mata Barranco, Dopico Gómez-Aller, Lascurain Sánchez, et. al., *Delitos de frustración de la ejecución y delitos de insolvencia, cit.*, p. 289; Gutiérrez Pérez, *El Derecho penal frente a la insolvencia... cit.*, pp. 312-313 y 358 y ss; Faraldo Cabana, *Los delitos de insolvencia fraudulenta... cit.*, pp. 286-287. Por su parte, Souto García, *La tutela penal del derecho de crédito tras la reforma... cit.*, p. 149, afirma también que "en línea de principio y salvo ciertas excepciones" la insolvencia que incumbe al Código Penal, en general, es una insolvencia definitiva "sea real o aparente" y total.

276 De la Mata Barranco, en De la Mata Barranco, Dopico Gómez-Aller, Lascurain Sánchez, et. al., *Delitos de frustración de la ejecución y delitos de insolvencia, cit.*, p. 289.

277 Faraldo Cabana, *Los delitos de insolvencia fraudulenta... cit.*, p. 286.

278 Gutiérrez Pérez, *El Derecho penal frente a la insolvencia... cit.*, p. 312.

de las insolvencias. Por más que se pretenda ofrecer un criterio para distinguir los delitos de alzamiento de bienes (art. 257,1,1º y art. 257,1,2º CP) de los delitos de insolvencia punible (art. 259,1 y 2 CP), lo cierto es que el criterio de la insolvencia aparente no resiste una revisión. Ambas figuras delictivas pueden cometerse a través de un medio comisivo como la ocultación de bienes, el reconocimiento ficticio de créditos o la celebración de contratos simulados. La *apariencia* de la insolvencia no constituye un criterio de demarcación válido, como demuestra que la declaración de concurso pueda declararse sobre la base de una insolvencia de esta clase [...] esta *parcelación* de la insolvencia, que tiene como finalidad la determinación de sus rasgos en el Derecho penal, ha desembocado en una clasificación disfuncional o, al menos, confusa y poco productiva para la interpretación de los delitos de insolvencia punible"[279].

Por otro lado, otro sector de la doctrina considera que mientras las formas de alzamiento de bienes se encargarían de sancionar penalmente conductas consistentes en la causación de estados de insolvencia ficticia o fraudulenta, las modalidades de insolvencias punibles, entre las que se encuentra el delito del art. 260 CP, se ocuparían de regular penalmente los casos de insolvencias reales del deudor[280]. Opinión que, como es obvio, se ha consolidado entre ciertos sectores doctrinales tras la reforma operada en el año 2015, que como ya se ha explicado bifurcó la regulación tradicional que orbitaba sobre estados de insolvencia del sujeto deudor, dividiendo la frustración de la ejecución de las insolvencias punibles.

279 Ibídem, p. 360.

280 De esta opinión, entre otros: Feijoo Sánchez, *Orden socioeconómico y delito... cit.*, p. 119; Martínez-Buján Pérez, *Derecho penal económico y de la empresa, parte especial, cit.*, 7ª edic., p. 63; Magdalena Cámara, *Aspectos dogmáticos y político-criminales de las insolvencias punibles, cit.*, p. 112; Terradillos Basoco, J. M. y Hava García, E.: "Alzamiento de bienes e insolvencias punibles", en Terradillos Basoco, J. M. (dir), *Derecho penal, parte especial (Derecho penal económico),* Ed. Iustel, 2ª edic., Madrid, 2016, p. 59.

A nuestro modo de ver, y así lo hemos sostenido en investigaciones previas de nuestra firma[281], el Derecho penal se hace cargo tanto de situaciones de insolvencia real como de supuestos de insolvencia ficticia, aparente o simulada. Nos posicionamos, pues, junto a aquel sector doctrinal mayoritario que entiende que las llamadas insolvencias aparentes son igualmente supuestos de *insolvencia* a efectos penales. No obstante, consideramos que el legislador penal otorga un tratamiento diferenciado a ambos tipos de insolvencia, algo que además ha venido a reforzarse tras la clasificación sistemática dual que se produjo tras la reforma del año 2015. Desde nuestra consideración, y en términos generales, lo delitos de *frustración de la ejecución* (esencialmente el caso del delito de alzamiento y sus formas del art. 257, con importantes matices y consideraciones que exceden de esta investigación y que se hacen extensibles a las figuras concretas de los arts. 258 y 258 bis CP[282]) aluden a situaciones de insolvencia aparente, ficticia o simulada en las que se coloca el deudor con el objetivo de eludir sus responsabilidades crediticias para con sus acreedores. Se trata, en fin, de supuestos de insolvencia fraudulenta y simulada. De ahí que, al albur de la mencionada reforma, no tengamos actualmente inconveniente en identificar directamente el bien jurídico tutelado en el derecho particu-

---

281 Cfr.: Bustos Rubio, en Gómez Pavón, Bustos Rubio y Pavón Herradón, *Los delitos de insolvencias punibles, cit.*, pp. 78 y ss.; y Bustos Rubio, *Los delitos de bancarrota: una modalidad de insolvencia punible, cit.*, pp. 205 y ss.

282 Véase al respecto y ampliamente: Gómez Pavón, en Gómez Pavón, Bustos Rubio y Pavón Herradón, *Los delitos de frustración de la ejecución, cit.*, p. 59, quien considera, a nuestro modo de ver de forma muy acertada, que en el delito del art. 258 CP realmente se tutelaría la función probatoria del documento, pero no el derecho de crédito del acreedor, proponiendo su ubicación entre los delitos de falsedad documental. Y (ídem., p. 66) entendiendo que para el caso del delito del art. 258 bis CP nos encontraríamos ante una forma de malversación, sin que tampoco aquí pueda encontrar tutela el derecho de crédito del acreedor, "ya que el uso no autorizado no reviste el grado de peligro suficiente para poder justificar el empleo del Derecho penal", cuestionando la autora la oportunidad del actual precepto.

lar del acreedor a la satisfacción del crédito del patrimonio del deudor en estos delitos, que se menoscaba directamente con la ejecución del comportamiento fraudulento por parte del sujeto deudor. Sin embargo, no ocurre lo mismo en el caso de los ahora denominados delitos de *insolvencias punibles* (arts. 259 a 261 bis CP), figuras que se dirigen a sancionar conductas de un deudor que planean sobre un estado de insolvencia real, no figurada ni simulada fraudulentamente, en supuestos en los que ese sujeto deudor no se atiene a un cierto deber de diligencia en la gestión de sus asuntos económicos que ahora demanda también de forma expresa la normativa penal (pero que deriva directamente de la normativa concursal), terminando por agravar (como ocurre en nuestro delito del art. 260,1 CP, o en el tipo penal de bancarrota del art. 259,1 CP) o en su caso generar como resultado (ex art. 259,2 CP[283]), una situación

---

283 La particularidad del delito del art. 259,2 CP, como causación de una insolvencia a través de una serie de medios prohibidos, estriba en su dificultad para desligarse de las tradicionales conductas de alzamiento de bienes, en las que también el deudor termina por causar, como resultado, una situación de insolvencia, si bien en este caso, según nuestra interpretación, ficticia o simulada. De esta forma, sintetizando la opinión que ya sostuvimos en investigaciones previas, puede proponerse el siguiente esquema de ordenación: la modalidad de alzamiento de bienes quedaría reservada a aquellos supuestos en que la situación de insolvencia es el resultado de la ejecución delictiva, donde la insolvencia es *aparente*, y no *real*, dado que los bienes realmente existen, pero están ocultos. Por su parte la modalidad de bancarrota en que el sujeto genera su propia situación de insolvencia (art. 259,2 CP) mediante la ejecución de alguna de las modalidades típicas que se disponen, sancionaría supuestos en que la insolvencia (actual o inminente) es el *resultado* de la ejecución de ciertos comportamientos, pero donde dicha insolvencia seria en todo caso considerada *real*. Por último, la modalidad de bancarrota del art. 259,1 CP quedaría reservada para aquellos supuestos en los que el sujeto que se encuentra en una situación de insolvencia actual o inminente lleva a cabo una serie de comportamientos que agravan el estado de insolvencia real *preexistente* en el que se encuentra (siendo la insolvencia aquí ya no el resultado del delito sino presupuesto del mismo, de forma similar a lo que acontece en el delito del art. 260,1 CP que estamos estudiando). En idéntico sentido se han pronunciado v. gr.: Terradillos Basoco y Hava García, en Terra-

de insolvencia auténtica, en la que *realmente* el sujeto no posee bienes o medios para cumplir regularmente con sus obligaciones exigibles.

Una interpretación similar ha sido realizada por MARTÍNEZ-BUJÁN PÉREZ al albur de la mentada reforma de 2015. Como puede leerse al autor, "tras la reforma de 2015 el concepto de insolvencia aparente cobra pleno relieve en la medida en que, tras la aludida división entre insolvencias punibles y delitos de alzamientos de bienes (que propicia que los alzamientos dejen de ser técnicamente insolvencias punibles), la insolvencia aparente se convierte en el núcleo del tipo de los delitos de alzamiento, deviniendo el engaño en elemento central. Por tanto, desde el momento en que no se requiere un real estado de insolvencia, el alzamiento permanece como un fraude de acreedores, o sea, como una frustración del crédito que se produce sin detrimento patrimonial real del deudor"[284].

Esa articulación y regulación dual de los comportamientos penalmente relevantes relacionados con la situación de insolvencia del deudor nos permitió a su vez afirmar un argumento (añadido a otros ya manejados) a favor de la consideración de diferentes bienes jurídicos tutelados tras la reforma del año 2015: por un lado, los delitos de frustración de la ejecución tutelarían (con las críticas ya señaladas para el caso de aquellos tipos penales que exceden de las formas tradicionales de *alzamiento*) los derechos a la satis-

---

dillos Basoco (dir), *Alzamiento de bienes e insolvencias punibles, cit.*, p. 59, afirmando que el delito del art. 259,2 CP supone un auténtico *cuerpo extraño* dentro del seno de la actual regulación de los delitos de bancarrota; a juicio de los autores "los alzamientos se ocuparían de penalizar las insolvencias aparentes, el art. 259,2 se encargaría de sancionar la causación de insolvencias reales, al tiempo que el art. 259,1 castiga la agravación de unas insolvencias preexistentes".

284 Martínez-Buján Pérez, *Derecho penal económico y de la empresa, parte especial, cit.*, 7ª edic., p. 63 (si bien advirtiendo posteriormente el autor la existencia de algunos solapamientos entre la normativa dirigida a los delitos de frustración de la ejecución y a aquella otra que se encarga de las modalidades de insolvencias punibles).

facción de los créditos de los acreedores, en tanto, de otro lado, los delitos de insolvencias punibles se dirigirían a lograr la intangibilidad del correcto o normal funcionamiento del sistema de crédito, como bien jurídico colectivo o supraindividual, al tratarse realmente de comportamientos del deudor que atentan contra las reglas que extrapenalmente ordenan ese correcto funcionamiento del sistema crediticio, a forma de garantía del mismo.

Por lo tanto, si bien las dos primeras distinciones efectuadas en el seno de la doctrina penal (insolvencias *totales* vs. *parciales,* e insolvencias *definitivas* vs. *provisionales*) carecen de relevancia a los efectos del art. 260,1 CP, pensamos que esta última división que diferencia entre insolvencias *reales* e insolvencias *aparentes* sí aporta un criterio de clarificación y entendimiento coherente de la actual regulación de los comportamientos que orbitan sobre situaciones de insolvencia o crisis económica del deudor, respondiendo las formas de alzamiento a comportamientos de causación de una insolvencia aparente, ficticia o simulada, y las formas de insolvencias punibles, entre las que se encuentra el delito de favorecimiento ilícito de acreedores del art. 260,1 CP, a una agravación o en su caso causación de un estado de insolvencia auténtica o real (en el particular supuesto del delito del art. 260,1 CP, a una *agravación* de ese estado de insolvencia real preexistente[285]).

4.3. *A modo de conclusión y toma de postura*

Una vez examinado el concepto de *insolvencia* de la mano de la legislación extrapenal especializada (esencialmente, de la normativa civil, mercantil y específicamente

---

285 Si bien, como veremos al estudiar las conductas típicas de favorecimiento prohibido, esa *agravación* no tiene por qué entenderse en todo caso como un mero aumento del pasivo patrimonial, pudiendo responder a una agravación funcional de tal estado en el sentido de producirse una *redistribución prohibida* de los créditos existentes. Sobre esta idea volveremos más adelante.

concursal sobre la materia), y una vez realizado el recorrido por las distintas clases o categorizaciones de insolvencia que se han patrocinado ya en el seno de la doctrina penal, extraemos una primera conclusión, que va a vincular nuestra toma de postura en las páginas siguientes: los únicos tipos de insolvencia a los que alude por igual tanto la legislación extrapenal (vía Real Decreto Legislativo 1/2020, de 5 de mayo, por el que se aprueba el texto refundido de la Ley Concursal, o TRLC a nuestros efectos) como la legislación penal (en general en materia de insolvencias punibles, pero en particular en nuestro delito del art. 260,1 CP) son, por un lado, las *insolvencias actuales,* y por otro lado, las *insolvencias inminentes.*

De un lado el art. 2,3 TRLC ya preceptuaba que "la insolvencia podrá ser actual o inminente. Se encuentra en estado de *insolvencia actual* el deudor que no puede cumplir regularmente sus obligaciones exigibles. Se encuentra en estado de *insolvencia inminente* el deudor que prevea que dentro de los tres meses siguientes no podrá cumplir regular y puntualmente sus obligaciones" [cursivas nuestras].

Y, de otro lado, el art. 260,1 CP señala el castigo penal para el deudor que realice los actos típicos de favorecimiento prohibido de acreedores "encontrándose en una situación de *insolvencia actual* o *inminente*" [cursivas nuestras].

La discusión sobre el contenido y alcance de tales preceptos ya ha sido explicada con mayor profundidad en las líneas anteriores, restando en este momento únicamente plantearnos si la definición y alcance de esos estados de insolvencia regulados y definidos en la legislación privada especializada han de ser asumidos por entero en el ámbito típico del delito de favorecimiento ilícito de acreedores (primer apartado), o por el contrario, si se hace posible y necesario matizar el contenido de la insolvencia, actual e inminente, en el terreno propiamente penal.

Como ha identificado acertadamente GUTIÉRREZ PÉREZ al albur del análisis de los delitos relacionados con situaciones de insolvencia, esta discusión nos obliga a adentrarnos, siquiera sea de manera expositiva, en la tradicional contienda que al respecto existe en la doctrina sobre la relación de los conceptos penales con otras ramas del Ordenamiento jurídico. Como identifica la autora, es posible transitar por tres vías de interpretación diferentes en tal sentido[286]:

En primer lugar, una concepción *privatista* dependiente que considere al Derecho penal como un sector normativo con capacidad meramente sancionatoria, pero incapacitado para dotar de contenido y alcance diferente a los conceptos que integre en su regulación y que provengan de otros sectores de conocimiento del Ordenamiento jurídico, tesis que quedaría sustentada en el principio de unidad y coherencia de tal Ordenamiento.

En segundo lugar, una concepción *autonomista* pura, que desde la óptica totalmente contraria entendería que existe una absoluta distinción entre el Derecho penal y el resto de ramas del Ordenamiento, debiendo construir el orden penal sus propias definiciones y concepciones, sin que resulten necesariamente coincidentes con las del resto del Ordenamiento jurídico.

Y en tercer y último lugar, una concepción *intermedia,* teleológicamente orientada, en la que el método exegético pasaría por partir de la definición conceptual ofrecida por la normativa extrapenal especializada, pero orientando su concreta significación, en empleo de una interpretación teleológica, a los fines propios del Derecho penal, pudiéndose adaptar tales nociones de un modo acorde a las finalidades punitivas que son propias de esta rama del Ordenamiento jurídico.

En este último sentido se pueden identificar actualmente posturas que abogan por interpretar que dentro del sector especializado que llamamos *Derecho penal económico* existiría una relación de dependencia de ciertos conceptos técnicos con los definidos extrapenalmente por sectores especia-

---

286 Gutiérrez Pérez, *El Derecho penal frente a la insolvencia… cit.,* pp. 323 y ss.

lizados que regulan la materia[287]. Según esta línea de pensamiento la principal consecuencia resultante sería que el sentido o relevancia típica de las conductas en este sector del Derecho penal dependerá siempre del concreto contexto jurídico-institucional en el que aquellas se desarrollen, caracterizándose los delitos económicos por las instituciones reguladas por normas fiscales, mercantiles o administrativas que delimitan el significado social de la conducta ejecutada, que serán las que doten de contenido al comportamiento desde un orden extrapenal[288]. Empero, como clarifica FEIJOO SÁNCHEZ, esta opinión no significa sin mayores matices que el Derecho penal económico resulte meramente accesorio al orden normativo primario, pudiendo hablarse en todo caso de una *accesoriedad asimétrica* en la que el sistema penal importa ciertas valoraciones básicas del sistema extrapenal (primario), con independencia de que aquellas puedan ser reformuladas para adaptarlas a las funciones que corresponde cumplir al Derecho penal[289].

La idea de *accesoriedad* apuntada ya fue puesta de manifiesto anteriormente por TIEDEMANN. El autor ya alertó que "la mayor parte del Derecho penal económico es *accesoria,* es decir, depende de regulaciones extrapenales [...]. Los mandatos y las prohibiciones se encuentran en normas de conducta extrapenales, separadas de las conminaciones penales"[290]. Se trata, en efecto, de delitos que están condi-

---

287 Bustos Rubio, *Insignificancia y Derecho penal económico, cit.*, pp. 138-139.

288 Feijoo Sánchez, B.: "Los delitos económicos", en Bacigalupo Saggese, S., Feijoo Sánchez, B., y Echano Basaldena, J. *Estudios de Derecho Penal. Homenaje al profesor Miguel Bajo*, Ed. Ramón Areces, Madrid, 2016, p. 969.

289 Feijoo Sánchez, en Bacigalupo Saggese, Feijoo Sánchez y Echano Basaldena, *Los delitos económicos, cit.*, p. 970. Sobre el concepto de accesoriedad en el sistema penal económico vid. también: Feijoo Sánchez, B.: "Límites del tipo objetivo en los delitos económicos", en Gómez-Jara Díez, C. (coord.), *Persuadir y razonar: estudios jurídicos en homenaje a José Manuel Maza Martín,* t. II, Ed. Aranzadi, Navarra, 2018, pp. 159 ss.

290 Tiedemann, *Manual de Derecho penal económico, parte general y parte especial, cit.*, p. 35.

cionados a cuál sea la concreta regulación que sobre sus conductas y prohibiciones realice la normativa extrapenal especializada.

Desde nuestra percepción, la vía intermedia o *teleológicamente orientada* es la que se encuentra en mejor disposición de explicar el contenido de los términos técnicos o altamente normativizados en Derecho penal (y, más concretamente, en Derecho penal económico). Asumimos aquella idea de accesoriedad asimétrica o relativa propuesta por este sector de la doctrina penal respecto de los delitos económicos, y entendemos que precisamente por esa relación existente entre el sistema penal económico y las normas extrapenales especializadas el punto de partida ha de ser la asunción de los conceptos de *insolvencia actual* y de *insolvencia inminente* en el seno del art. 260,1 CP. La definición dada, pues, por la legislación concursal en el TRLC es válida a los efectos de dotar de contenido y alcance a los dos tipos de insolvencia que refiere el delito de favorecimiento ilícito de acreedores preconcursal (e igualmente, y por la misma razón, este será el concepto a asumir en el seno del delito de bancarrota del art. 259 CP). Sobre las cuestiones relativas al contenido de ambos conceptos ya nos hemos referido *supra*, y allí nos remitimos para su contraste.

Partiendo, pues, de la premisa de que el Derecho penal puede moldear los conceptos extrapenales para adaptarlos a sus finalidades, sin perder de vista el mandato de *ultima ratio* y el principio de exclusiva protección de bienes jurídicos, pensamos que el punto de partida pasa por acoger los conceptos de insolvencia que regula y determina la normativa mercantil y trasladarlos al ámbito típico del delito del art. 260,1 CP[291].

---

291 En este sentido afirma Gutiérrez Pérez, *El Derecho penal frente a la insolvencia... cit.*, p. 362 que "el tenor literal de los preceptos de las insolvencias punibles no permite interpretar que al término insolvencia le corresponde un concepto diverso. Por el contrario, la propia cláusula de cierre del apartado 4 del art. 259 CP emplea la descripción de la insolvencia actual que establece la normativa con-

Nos encontramos, pues, ante una autonomía *relativa* del Derecho penal económico respecto del resto de ramas del Ordenamiento jurídico, precisamente porque en aquel primer sector es común (y necesario) el empleo de conceptos altamente regulados y delimitados por la legislación sectorial especializada. Esta situación, en palabras de GUTIÉRREZ PÉREZ, implica considerar que "el Derecho penal no posee una vinculación rígida con el concepto que se atribuye a un término en el ordenamiento de origen" y además "que la libertad de acción del intérprete no implica, en todo caso, una emancipación conceptual arbitraria". Y añade la autora: "en este sentido, una interpretación *teleológica* de los términos que proceden de otras ramas del ordenamiento permite al intérprete reformular un determinado concepto siempre y cuando existan razones suficientes para ello"[292].

Resulta, pues, acertado trasladar el contenido del concepto de *insolvencia* previsto en la legislación mercantil especializada al ámbito típico del art. 260,1 CP. Las expresiones "insolvencia actual" e "insolvencia inminente" presentan así, al menos como base, el mismo significado conceptual y terminológico tanto en el ámbito mercantil como en el ámbito penal, deviniendo en un concepto unitario que se apoya en la evidente proximidad de la regulación penal con la materia proveniente del Derecho privado[293]. Ahora bien, como advierte MARTÍNEZ-BUJÁN PÉREZ, "esta caracterización de la insolvencia no prejuzga el concepto que deba ser utilizado a efectos penales, puesto que una cosa es la noción que deba acogerse en el seno de la ley civil y otra la

---

cursal. La voluntad del legislador penal de 2015 aparece meridianamente plasmada a través de esta descripción, pues si su finalidad era alterar el concepto de insolvencia actual en el Derecho penal podía haberlo hecho a propósito de este apartado". Y añade la autora: "la incorporación, a todas las figuras delictivas de insolvencia, de las expresiones 'insolvencia actual' e 'insolvencia inminente' permite una *identidad terminológica* deseable, de la que cabe extraer a su vez una *identidad conceptual*". En el mismo sentido, antes: Monge Fernández, *El delito concursal punible tras la reforma penal de 2015, cit.*, pp. 78 y ss.

292 Gutiérrez Pérez, *El Derecho penal frente a la insolvencia… cit.*, p. 331.

293 Ibídem, p. 364.

que deba ser empleada como presupuesto de un delito"[294]. Y por ello, si bien la opción que consideramos más correcta pasa por trasladar los conceptos mercantiles de insolvencia al ámbito penal, ello no implica que en una *visión de conjunto* de la actual regulación de los delitos de (i) frustración de la ejecución y de (ii) insolvencias punibles no resulte posible (e incluso necesario) trazar algún tipo de añadidura a tales conceptos, que permita una mejor *orientación teleológica* a la normativa propiamente penal. Esto, y no otra cosa, es lo que implica optar por la tesis intermedia acabada de apuntar. Como también afirmase Monge Fernández "resulta indudable la inexorable vinculación de los delitos de insolvencia a la legislación mercantil y aún más a partir de la reforma concursal [...] lo que no es óbice para afirmar la independencia y autonomía del Derecho penal"[295].

Esas añadiduras o precisiones que se pueden efectuar son, a nuestro juicio, dos:

Primero, si bien el concepto de "insolvencia actual" resulta bastante claro al encontrarnos ante una situación objetivamente constatable (deudor que no puede cumplir regularmente sus obligaciones exigibles), y por ello automáticamente asumible en sede penal, no ocurre lo mismo con el concepto de "insolvencia inminente", cuya definición en el terreno concursal alude a un deudor que *prevea* que dentro de los tres meses siguientes no podrá cumplir regular y puntualmente sus obligaciones. Estamos, como ya advertimos supra, ante un juicio de pronóstico, una previsión futura hasta cierto grado incierta, que se incorpora a la definición de la propia situación de insolvencia *inminente* en la legislación concursal. Empero, como bien ha identificado Bacigalupo Zapater, ese elemento de previsión que refiere la normativa extrapenal alude a una circunstancia

---

294 Martínez-Buján Pérez, *Derecho penal económico y de la empresa, parte especial, cit.*, 7ª edic., p. 65.

295 Monge Fernández, *El delito concursal punible tras la reforma penal de 2015, cit.*, p. 78. En el mismo sentido, vid.: Bacigalupo Saggese, *Insolvencia y Derecho penal, cit.*, p. 3.

subjetiva del deudor, pues solo le corresponde a él realizar ese juicio valorativo (previsión de incumplimiento), en tanto la alusión a la "insolvencia inminente" que se realiza en el art. 260,1 CP forma parte de la tipicidad *objetiva* del delito, siendo una circunstancia que deberá valorar el juez de manera objetiva y razonable sobre la situación del deudor en ese momento concreto. En palabras del autor, el concepto mercantil de insolvencia inminente se apoya en "la previsión del deudor, es decir, en su subjetividad, cuando, en realidad, lo que importa es la caracterización de la insolvencia en el tipo objetivo y, para ello, es preciso un juicio sobre la situación objetiva de los negocios del deudor. Este juicio debe ser hecho desde la perspectiva de un observador objetivo y razonable"[296]. Esto es: la previsibilidad o juicio de pronóstico que realice el propio deudor sobre su situación económica, patrimonial y financiera forma parte del aspecto subjetivo del hecho, más la insolvencia inminente a la que se alude en el precepto penal integra la tipicidad objetiva del delito, por lo que a juicio del autor, desde un punto de vista objetivo, deberá interpretarse por *insolvencia inminente* en estos injustos aquella situación en que "el deudor todavía no ha interrumpido sus pagos, pero considerando sus disponibilidades patrimoniales y sus deudas exigibles a corto plazo, estas sean superiores a aquellas y las expectativas del incremento del patrimonio no sean suficientes para satisfacer dichas deudas"[297].

Esta línea de pensamiento ha sido sostenida más recientemente por SÁNCHEZ DAFAUCE, quien igualmente considera que el concepto *penal* de insolvencia inminente no se puede basar en la previsión del autor, sino más bien en la

---

296 Bacigalupo Zapater, *Insolvencia y delito en el Proyecto de reforma… cit.*, p. 4. Le sigue: Roldán Pérez, *Aspectos críticos de la actual regulación del delito de bancarrota, cit.*, p. 5.

297 Bacigalupo Zapater, *Insolvencia y delito en el Proyecto de reforma… cit.*, p. 4. Le sigue expresamente: López Barja de Quiroga, J.: *La reforma de los delitos económicos: la administración desleal, la apropiación indebida y las insolvencias punibles*, Ed. Civitas, Navarra, 2015, p. 277.

previsibilidad de la insolvencia[298]. Como asevera el autor "que la previsión de dicho incumplimiento se base en el juicio del propio deudor es algo que se corresponde con la limitación de este concepto a los supuestos de concurso voluntario [...]. Pero esta limitación carece de sentido en el ámbito del Derecho penal, donde se debe proceder a un juicio en el que la previsión del deudor se convierta en previsibilidad, y ello de acuerdo con el correspondiente criterio metodológico [...]"[299].

También con anterioridad parecía apostar por esta reconducción de la definición de insolvencia inminente en el terreno penal Tiedemann, considerando que la incapacidad de pago es inminente "cuando es previsible que el deudor no vaya a ser capaz de cumplir con sus obligaciones de pago a su vencimiento. Para afirmar este hecho debe realizarse [...] una *prognosis* que, para el Derecho penal, debe alcanzar un alto grado de probabilidad. Así, solo puede apreciarse la incapacidad de pago cuando su aparición es altamente probable en atención a las circunstancias concurrentes"[300].

Este matiz resulta, a nuestro modo de ver, perfectamente asumible a la luz de los elementos típicos que conforman el delito de favorecimiento ilícito de acreedores preconcursal del art. 260,1 CP, por lo que en el seno de este precepto si bien la "insolvencia actual" coincide totalmente con el

---

298 Sánchez Dafauce, *Estudio crítico del delito concursal, cit.*, p. 40. El autor, además, circunscribe, a nuestro juicio con acierto, la insolvencia inminente a la previsibilidad sobre terminar en un estado de insolvencia actual, quedando fuera de este concepto la previsibilidad objetiva de un estado de insolvencia inminente, que excedería con creces del ámbito típico del delito, suponiendo además un desorbitado adelanto de la barrera de intervención del Derecho penal en esta materia (ibídem, p. 44).

299 Sánchez Dafauce, M.: "Insolvencias punibles", en Álvarez García, F. J. (dir.) y Dopico Gómez-Aller (coord.), *Estudio crítico sobre el Anteproyecto de Reforma Penal de 2012,* Ed. Tirant lo Blanch, Valencia, 2013, p. 758.

300 Tiedemann, *Manual de Derecho penal económico, parte general y parte especial, cit.,* p. 410.

concepto dado por la legislación extrapenal (esto es: situación en que el deudor no puede cumplir regularmente sus obligaciones exigibles), para el caso de la "insolvencia inminente" deberá entenderse que no debe valorarse la *previsión* que hubiera de realizar el deudor sobre su propia situación, sino más bien la que ha de llevar a cabo el juez sobre la situación de aquel deudor en el momento de someter a examen las conductas típicas de favorecimiento prohibido, valorando la concreta previsibilidad de la insolvencia, desde un plano objetivo, esto es, la capacidad de cumplimiento regular y puntual de las obligaciones, por parte del deudor, a tres meses vista[301].

Y además, en segundo lugar (o a modo de segundo matiz o precisión teleológicamente orientado), como ya se argumentó en líneas superiores, habrá de considerarse que tras la reforma del año 2015 el Derecho penal se encarga

---

301 Parece acoger esta interpretación: Monge Fernández, *El delito concursal punible tras la reforma penal de 2015, cit.*, p. 84. En contra, sin embargo, Gutiérrez Pérez, *El Derecho penal frente a la insolvencia… cit.*, p. 356, considerando que la propuesta de reconducción del concepto de insolvencia inminente al tipo objetivo circunscribe sus contornos al concepto contable de "fondo de maniobra", que no casa correctamente con el concepto penal de insolvencia, pues ese elemento, a juicio de la autora, "no permite deducir que la sociedad con una liquidez suficiente". Además, añade la autora, a su modo de ver el concepto de insolvencia inminente no se configura sobre la base de una percepción subjetiva del deudor tampoco en la legislación concursal, toda vez que "el deudor deberá fundamentar su solicitud en hechos objetivos […] deberá demostrar esta previsión de insolvencia mediante un sistema de prueba *numerus apertus*. La acreditación del estado de insolvencia inminente podrá basarse, entre otros extremos o indicios, a título de ejemplo, en el valor de los activos realizables, el valor de sus pasivos exigibles o la cantidad y las modalidades de su endeudamiento" (ibídem, p. 357). Con todo, consideramos que lo que realmente establece el TRLC es que el deudor *prevea* su incumplimiento, con lo que se sigue refiriendo a una percepción subjetiva por parte de aquél, por más que dicha situación deba acreditarse (no podría ser de otro modo) mediante datos objetivos (v.gr.: también el dolo debe terminar probándose mediante datos objetivos, lo que no desprende a esta institución de su anclaje en la tipicidad subjetiva del delito).

de dos tipos de insolvencia: las insolvencias *ficticias* o *fraudulentas* en el caso de las modalidades de frustración de la ejecución que llamamos "alzamientos de bienes" (art. 257 CP), y, por otro lado, de las insolvencias *reales* en los delitos que ahora se denominan "insolvencias punibles" (capítulo en el que se enmarca el art. 260 CP, objeto de esta monografía). Ello es resultado de una adaptación *teleológicamente orientada* de la actual normativa penal, que permite dotarla de un sentido propio, en atención a los diferentes objetos jurídico-penales de tutela. Amén de que no supone eludir los conceptos extrapenales de insolvencia toda vez que incluso en el ámbito del alzamiento de bienes jamás se emplea dicho término expresamente por parte del legislador penal (es más, de las seis ocasiones en las que el Código Penal utiliza el término "insolvencia", cinco de ellas son en la regulación de los delitos de *insolvencias punibles,* y una en materia de decomiso de bienes). Por tanto, la significación y alcance de lo que deba entenderse por insolvencia *actual* o *inminente* nos la seguirá proporcionando la legislación extrapenal especializada (con el primer matiz dado, relativo a la reconducción de la insolvencia inminente al ámbito de la tipicidad objetiva), si bien a efectos propiamente penales procederá distinguir una regulación orientada al tratamiento de supuestos de insolvencias ficticias (alzamiento de bienes y sus formas) y otra dirigida al tratamiento de los casos de insolvencias reales (delitos de insolvencias punibles, y en lo que a nosotros interesa, delito de favorecimiento ilícito de acreedores preconcursal).

Por lo demás, reiteramos que ni la distinción que delimita, de un lado, las insolvencias parciales de las totales, ni de otro, las insolvencias definitivas de las provisionales, aporta nada a una correcta interpretación y conceptualización de la insolvencia que interesa al Derecho penal en el delito de favorecimiento prohibido de acreedores. No es menester volver a repetir las razones que nos han conducido a este rechazo (nos remitimos a las páginas previas para su contraste).

En definitiva, son dos las conclusiones que podemos extraer sobre el concepto de *insolvencia* a efectos penales:

Una primera conclusión de carácter general, que se despliega sobre toda la regulación penal en materia de insolvencias (o si se quiere, en materia de relaciones obligacionales o crediticias, donde encontramos un sujeto deudor frente a uno o varios sujetos acreedores), que consiste en acudir a una distinción entre *insolvencias aparentes* e insolvencias *reales*. Las primeras, como se dijo, interesan a las formas de alzamiento de bienes (modalidad de frustración de la ejecución), en tanto las segundas interesan a las figuras típicas que se denominan, de modo genérico, insolvencias punibles, donde se enmarca el delito del art. 260 CP. Esta interpretación lo es de carácter teleológico, orientada a la tutela de diferentes bienes jurídicos (uno de carácter más particular, de contenido patrimonial-individual, y otro de carácter socioeconómico, y por tanto colectivo o supraindividual) y permite deslindar y por ello interpretar mejor el contenido de ambas regulaciones (a pesar de la muy deficiente redacción típica de algunos de estos preceptos tras la reforma penal del año 2015, a los que hemos aludido más arriba). De esta primera conclusión es posible extraer la idea siguiente: en el delito de favorecimiento ilícito de acreedores preconcursal del art. 260,1 CP nos encontraremos siempre ante supuestos de *insolvencia real* del deudor (no ficticia, ni simulada ni fraudulenta).

Y una segunda conclusión de carácter particular, que resulta aplicable al caso de las insolvencias punibles (esencialmente: modalidades de bancarrota del art. 259 CP y delito de favorecimiento ilícito de acreedores del art. 260,1 CP), y que implica que podrá cometerse el tipo penal ante dos situaciones de insolvencia: las insolvencias *actuales* y las insolvencias *inminentes*. Para dotar de contenido a tales tipos de insolvencia será preciso acudir a la legislación sectorial especializada, en el orden mercantil, que en el TRLC ya dispone que “se encuentra en estado de *insolvencia actual* el deudor que no puede cumplir regularmente sus obligaciones exigibles”, y que “se encuentra en estado de *insolvencia inminente* el deudor que prevea que dentro de los tres meses siguientes no podrá cumplir regular y puntualmente sus obligaciones" [cursivas añadidas]. No obstante, esta última modalidad de insolvencia, la *inminente,* deberá ser reconducida, por medio de la interpretación, al ámbito objetivo, pues en el injusto tal elemento integra la tipicidad objetiva del delito, no la subjetiva, por lo que debiera prescindirse de valorar el juicio de *previsión* que realice el propio deudor sobre su situación, considerándose mejor opción entender que habrá un estado de insolvencia inminente cuando el juez concluya que la situación del deudor, al ejecutar los comportamientos prohibidos de favorecimiento, no permitía dar cumplimiento regular y puntual a las obligaciones existentes, en los próximos tres meses. De esta segunda conclusión extraemos la siguiente idea definitiva, que permite cerrar el presente epígrafe: en el delito de favorecimiento ilícito de acreedores preconcursal (art. 260,1 CP) nos encontraremos siempre ante conductas de favorecimiento prohibido que se realizan por parte del deudor que se encuentra en una situación de insolvencia *real,* pudiendo ser esa insolvencia *actual* o *inminente,* entendidas ambas desde un punto de vista objetivo (y siempre que, como veremos más abajo, dicha actuación carezca de justificación económica o empresarial).

5. LAS CONDUCTAS TÍPICAS DE FAVORECIMIENTO PROHIBIDO

5.1. *El favorecimiento ilícito preconcursal*

El tipo penal del art. 260,1 CP, que como estamos identificando sanciona los actos de favorecimiento ilícito de acreedores en sede *preconcursal,* señala como conductas típicas las de *favorecer a alguno de los acreedores* realizando *un acto de disposición patrimonial o generador de obligaciones* que se destine a *pagar un crédito no exigible,* o a *facilitar una garantía a la que no se tiene derecho,* conductas que han de ser llevadas a cabo por un sujeto que, como vimos, ya se encuentra en una situación de insolvencia real preexistente, de carácter actual o inminente, y en un momento en el que todavía no se ha producido la admisión a trámite de la solicitud de concurso (lo que nos conduciría a la otra modalidad de favorecimiento prohibido del art. 260,2 CP).

Esta concreta modalidad de favorecimiento ilícito de acreedores previo a la admisión a trámite del concurso es una figura novedosa en nuestro Código Penal, fruto de la reforma operada en el año 2015, que viene a sumarse al tradicional delito de favorecimiento prohibido (en sede concursal) que antes se contemplaba en el art. 259 CP y que ahora, tras la reforma, se ubica en el actual art. 260,2 CP[302] (y cuyo análisis particular postergamos al final de esta monografía). En definitiva, en el actual delito confluyen dos modalidades: la de favorecimiento prohibido preconcursal (art. 260,1 CP, de novedosa configuración en nuestro sistema) y la de favorecimiento prohibido posconcursal (actual art. 260,2 CP, antiguo art. 259 CP). En la Exposición de Motivos de la ley que operó la reforma penal de 2015 esta nueva dual regulación se explicó en los términos siguientes: "se amplía la protección de los acreedores mediante la tipificación de acciones no justificadas de favorecimiento a acreedores determinados llevadas a cabo antes de la declaración del concurso, pero cuando el deudor se encontraba ya en una situación de insolvencia actual o inminente".

Antes de la incorporación de esta concreta modalidad de favorecimiento prohibido preconcursal a nuestro Código Penal la doctrina coincidía en que tales conductas resultaban *atípicas*, y no podían enmarcarse en ningún otro delito de los relacionados con situaciones de insolvencia del deudor (especialmente, no constituía un delito de alzamiento de bienes)[303]. Antes de la reforma de 2015 se

---

302 Martínez-Buján Pérez, *Derecho penal económico y de la empresa, parte especial, cit.*, 7ª edic., p. 176.

303 Ampliamente, vid.: Navas, *Insolvencias punibles… cit.*, pp. 105 y ss. Cfr. también: Souto García, *La tutela penal del derecho de crédito tras la reforma… cit.*, pp. 172; Souto García, *Los delitos de alzamiento de bienes en el*

aducía así que la tipificación expresa del favorecimiento prohibido de acreedores *concursal* (antiguo art. 259 CP) significaba, *sensu contrario,* que el legislador había querido excluir del Código Penal cualquier tipo de conducta de favorecimiento de carácter preconcursal[304]. Para Muñoz Conde, incluso, el hecho de que el deudor con activos insuficientes para saldar todas sus deudas terminase por elegir a quien pagar libremente suponía una solución derivada de la existencia de un conflicto de intereses o colisión de deberes, que hacía que la conducta del sujeto quedase finalmente amparada por una causa de justificación (en concreto: por un estado de necesidad justificante), sin que existiese fundamento para la sanción penal de tales conductas[305]. Profundizando en estas ideas, es posible identificar hasta dos líneas de fundamentación sobre la atipicidad, previa a la reforma del año 2015, de estas conductas de favorecimiento preconcursal: bien como supuestos de atipicidad directa[306], bien como actos justi-

---

Código Penal de 1995, cit., p. 280; Souto García, E. M: "Frustración de la ejecución e insolvencias punibles", en González Cussac, J. L (dir), Górriz Royo, E. y Matallín Evangelio, Á. (coords.), *Comentarios a la reforma del Código Penal de 2015,* Ed. Tirant lo Blanch, 2ª edic., Valencia, 2015, p. 785; Martínez-Buján Pérez, *Derecho penal económico y de la empresa, parte especial, cit.,* 7ª edic., p. 177; Martínez-Buján Pérez, en Bacigalupo Saggese/Feijoo Sánchez/Echano Basaldua, *Los delitos de insolvencias punibles tras la reforma... cit.*, p. 1086; Quintero Olivares, en Quintero Olivares/Morales Prats, *De las insolvencias punibles, cit.,* p. 728. Vid. también sobre esta consideración previa a la reforma penal de 2015: Sánchez Dafauce, *Estudio crítico del delito concursal, cit.,* p. 120.

304 Gutiérrez Pérez, *El Derecho penal frente a la insolvencia... cit.,* pp. 580-581.

305 Muñoz Conde, *El delito de alzamiento de bienes, cit.,* p. 157 (matizando su posición más adelante, estableciendo una causa de cumplimiento de un deber). En contra, sin embargo: Vives Antón, T. S./González Cussac, J. L.: *Los delitos de alzamiento de bienes,* Ed. Tirant lo Blanch, Valencia, 1998, pp. 76-77, considerando que antes del concurso realmente no existe ningún orden de prelación y que, por tanto, todos los créditos en ese instante "valen lo mismo", lo que impediría apreciar una verdadera situación de necesidad que conduzca a tal causa de justificación.

306 En profundidad, vid.: Navas, *Insolvencias punibles... cit.,* pp. 107-108.

ficados[307]. Sea como fuere, lo cierto es que tras la aludida reforma del año 2015 se termina definitivamente con esta argumentación, pues ahora este tipo de conductas obtienen espacio y respuesta propiamente penal en el art. 260,1 CP.

La conducta típica nuclear en este tipo penal consiste en *favorecer* a algún acreedor mediante la ejecución de una serie de actos tasados que conforman precisamente ese favorecimiento ilícito o prohibido penalmente, en este caso antes de la existencia de concurso, en situaciones en las que, como se analizó, el sujeto deudor ya se encuentra en una situación de insolvencia actual o inminente (y siempre que no exista una justificación económica o empresarial, elemento al que nos referiremos en un epígrafe posterior de este trabajo).

"Favorecer" a alguno de los acreedores del deudor implicará siempre ayudarle, ampararle, darle un trato de favor o, en fin, privilegiarle frente a otros (en concreto frente a otros acreedores). Ocurre que en este tipo penal ese *favorecimiento* prohibido viene definido en la propia norma, sin que se haga preciso ahondar en una valoración autónoma del verbo *favorecer*, sobre el que orbita el injusto, toda vez que tal favorecimiento ilícito se cristaliza con los concretos comportamientos típicos que acoge el precepto, a saber: (i) realizar actos de disposición patrimonial o bien (ii) realizar actos generadores de obligaciones, (iii) destinados a pagar créditos que no sean exigibles, o (iv) a facilitar una garantía a la que no se tenga derecho. Estos elementos, pues, dan lugar al tipo penal de favorecimiento ilícito de acreedores en sede preconcursal del art. 260,1 CP, con los añadidos ya apuntados de que el sujeto deudor los lleve a cabo bajo un presupuesto previo, la situación de insolvencia actual o inminente (insolvencia de carácter *real*, ya estudiada), y siempre que no se trate de una operación que encuentre justificación económica o empresarial (que estudiaremos más adelante).

---

307 En profundidad, vid.: Navas, *Insolvencias punibles... cit.*, pp. 108-112.

Como ha señalado QUINTERO OLIVARES "se trata de una acción temporalmente situada antes de que se presente la situación formal de concurso, y su sentido es, precisamente, mejorar, por la razón que sea, la posición de un acreedor en relación con los demás, pero si solo fuera eso se podría atender a lo ya dicho hace tiempo sobre la preterición de acreedores, mas no se trata solamente de un acto de favorecimiento, sino de algo más grave: pagar un crédito *no exigible*, o suministrarle una garantía *a la que no tenía derecho*"[308].

Este tipo penal no exige, al contrario que el número segundo que en seguida analizaremos (art. 260,2 CP), que se favorezca a un acreedor *con posposición del resto*, pero ello no obsta en modo alguno para seguir entendiendo que cuando se favorece a un acreedor frente a otros implícitamente se está perjudicando a esos acreedores, generándose una auténtica *posposición* de estos últimos[309], por lo que la ausencia de esta expresa mención en el ámbito típico del art. 260,1 CP no nos resulta relevante. Así, como expresa LÓPEZ BARJA DE QUIROGA "qué duda cabe que si se favorece a un acreedor pagando un crédito no exigible o facilitándole una garantía a la que no tiene derecho, se realiza un acto de favorecimiento que implica la posposición del resto de los acreedores"[310].

Según ha considerado la doctrina más especializada, con las tradicionales conductas de favorecimiento prohibido de terceros acreedores lo que se busca sancionar es, en palabras de SOUTO GARCÍA "la connivencia entre deudor y acreedor o acreedores para favorecer a unos frente a otros, incumpliendo el orden o prelación legalmente

---

308 Quintero Olivares, en Quintero Olivares/Morales Prats, *De las insolvencias punibles, cit.*, p. 728.

309 Martínez-Buján Pérez, en Bacigalupo Saggese/Feijoo Sánchez/Echano Basaldua, *Los delitos de insolvencias punibles tras la reforma... cit.*, p. 1087; Souto García, *La tutela penal del derecho de crédito tras la reforma... cit.*, p. 172; Souto García, en González Cussac (dir), *Frustración de la ejecución e insolvencias punibles, cit.*, p. 786.

310 López Barja de Quiroga, *La reforma de los delitos económicos... cit.*, p. 292.

establecido/a. Dicho orden de prelación ofrece una garantía a los acreedores, que al no ser respetada puede influir negativamente en las expectativas de cobro, repercutiendo a su vez en el patrimonio de los titulares del crédito"[311] (afirmación que realiza la autora desde su consideración patrimonialista del bien jurídico, y que bajo nuestra posición se puede reconducir al peligro que tales comportamientos generarían, en efecto sumativo o en cadena, para el bien jurídico colectivo identificado con el normal funcionamiento del sistema crediticio).

El principal problema en esta modalidad del art. 260,1 CP surge al comprobar que *antes de la declaración de concurso* no existe en la normativa mercantil ni concursal un orden concreto de prelación o pagos entre diversos acreedores[312]. Como atisba SOUTO GARCÍA "es más, antes de dicho momento y antes de la reforma, si el deudor realizaba pagos a unos acreedores en lugar de a otros, pero no llegaba a causar su insolvencia, dicha conducta ni siquiera era considerada constitutiva de delito de alzamiento de bienes"[313]. Con todo, en el actual tipo penal no se trata de causar o generar una situación de insolvencia como resultado del delito, como se dijo, sino de partir de un presupuesto en el que el sujeto deudor ya se encuentra en situación de insolvencia real (actual o inminente) y en tal estado realiza los actos de favorecimiento prohibidos. Esta novedosa regulación

311 Souto García, *La tutela penal del derecho de crédito tras la reforma... cit.*, p. 172. En el mismo sentido en: Souto García, en González Cussac (dir), *Frustración de la ejecución e insolvencias punibles, cit.*, p. 786. En la misma dirección: Esquinas Valverde, P.: "La nueva regulación de los delitos de alzamiento de bienes en el Anteproyecto de Código Penal 2012/2013", en *La Ley Penal,* nº 105, 2013, p. 66.

312 Martínez-Buján Pérez, *Derecho penal económico y de la empresa, parte especial, cit.*, 7ª edic., p. 178; Souto García, *La tutela penal del derecho de crédito tras la reforma... cit.*, p. 172; González Cussac, en González Cussac (coord.), *Delitos contra el patrimonio y el orden socioeconómico (VIII): frustración de la ejecución e insolvencias punibles, cit.*, p. 508.

313 Souto García, *La tutela penal del derecho de crédito tras la reforma... cit.*, p. 172; y Souto García, en González Cussac (dir), *Frustración de la ejecución e insolvencias punibles, cit.*, p. 786.

penal del favorecimiento de acreedores preconcursal ha merecido la crítica de diversos sectores doctrinales que han considerado que al no existir una prelación legalmente establecida de cumplimiento para con los acreedores antes de la admisión a trámite del concurso, realmente el precepto no ostentaría la suficiente legitimidad político-criminal, quedando el injusto del art. 260,1 CP desprovisto de fundamento y justificación, entendiéndose que tales conductas, antes del concurso, han de quedar enmarcadas en el seno de la libertad de disposición que asiste a todo deudor. Se considera por este sector que si lo que se satisface por el deudor es un crédito *real* aunque no sea *exigible* no se infringe ninguna obligación, pues al margen del concurso no existe obligación legal alguna de respetar una concreta graduación de créditos[314]. Planteado de este modo, el sujeto se movería dentro de un espacio de *riesgo permitido* resultando preponderante el interés identificado en la libertad de disposición de todo deudor. En concreto, además, se puede identificar que si estamos ante un deudor insolvente (como acontece en el tipo penal del art. 260,1 CP) este "seguirá siéndolo y no se agrava la situación económica del deudor, porque aunque el activo disminuye el pasivo lo hace correlativamente y en la misma medida". Situación que, no obstante, cambia radicalmente si nos encontramos ya en fase de concurso, pues "una vez admitida a trámite la solicitud del concurso, la libertad de decisión del deudor concursado se ve coartada y sometida a las normas del procedimiento. El espacio de riesgo permitido se reduce transformando en no permitidos determinados actos de disposición"[315].

En similar dirección alerta Sánchez Dafauce, quien considera que "antes de la admisión a trámite de la solicitud de concurso ni siquiera puede hablarse de una protec-

---

314 Ampliamente, vid.: Gutiérrez Pérez, *El Derecho penal frente a la insolvencia… cit.*, pp. 577-578, y doctrina allí citada.

315 Souto García, *Los delitos de alzamiento de bienes en el Código Penal de 1995, cit.*, pp. 283-284. De la misma opinión vid.: Martínez-Buján Pérez, *Derecho penal económico y de la empresa, parte especial, cit.*, 7ª edic., p. 177.

ción de la *par conditio creditorum* propia del procedimiento concursal. La figura del art. 260,1 CP, ni pretende una protección de la ordenada satisfacción de los créditos en el procedimiento concursal (para ello está el art. 260,2 CP), ni tampoco es un alzamiento de bienes"[316]. Ahonda en esta última idea desligando el precepto del tradicional alzamiento de bienes PAVÍA CARDELL, entendiendo que las conductas del favorecimiento ilícito de acreedores preconcursal "no pueden confundirse con las descritas en el art. 257,1 2º y 2 CP, en las que el deudor realiza los actos de disposición o generadores de obligaciones para crear nuevos acreedores con la finalidad particular de frustrar o dificultar una ejecución, mientras que en el delito del art. 260 CP el deudor persigue favorecer a un acreedor que preexistía a su situación de insolvencia"[317].

No obstante, como bien ha identificado GUTIÉRREZ PÉREZ, "pese a que se alega que no existe un orden de prelación de créditos 'preconcursal', lo cierto es que ese orden no existe cuando el deudor es solvente. Pero en el delito de favorecimiento de acreedores preconcursal, en realidad, se restringe el riesgo permitido del deudor, en coherencia con los delitos del art. 259,1 y 2 CP. Así, el deudor que se encuentra *materialmente* en una situación que justifica la declaración de concurso no posee capacidad de pagar las deudas como mejor le plazca"[318].

---

316 Sánchez Dafauce, *Estudio crítico del delito concursal, cit.*, p. 123.

317 Pavía Cardell, en Camacho Vizcaíno, *Los delitos de insolvencia punible, cit.*, p. 849.

318 Gutiérrez Pérez, *El Derecho penal frente a la insolvencia… cit.*, pp. 579-580. Añade además la autora, desde una consideración patrimonial del bien jurídico que nosotros no compartimos, que "los actos de favorecimiento de acreedores anteriores a la declaración de concurso entrañan una vulneración formal de la paridad de trato, pero, al mismo tiempo, comportan un menoscabo de la garantía patrimonial universal". Desde esa concepción del bien jurídico (ídem., p. 583) concibe igualmente que "nótese que concurriría una disminución de la garantía patrimonial universal cuando el deudor, en insolvencia actual, en lugar de instar la solicitud de concurso o empleando el plazo de dos meses que tiene para ello, se dedica al pago de créditos ven-

En efecto, debe partirse de la premisa general de que el deudor es libre para decidir a quién pagar primero de entre sus acreedores si no se ha llegado todavía a la fase de concurso. Esta afirmación, como señala Souto García, "no plantea problema alguno cuando el deudor tiene bienes suficientes para satisfacer el total de las obligaciones contraídas, esto es, cuando no hay insolvencia. Si el deudor es solvente y el patrimonio es bastante para cubrir las deudas, no hay derechos de crédito alguno puesto en peligro o lesionado"[319]. En el mismo sentido Quintero Olivares ha señalado que en el caso de que estemos ante una preterición de acreedores llevada a cabo por un deudor solvente "si el que recibe los bienes con injusta preferencia es en todo caso titular de un crédito, se tratará de un problema de anulabilidad del negocio, pero no de un delito"[320]. No obstante, el problema aparece cuando estamos ante un sujeto *insolvente* (actual o inminente), que es precisamente la situación que enfrenta la tipicidad del art. 260,1 CP, espacio donde puede plantarse si realmente esa situación de libertad del deudor se mantiene o, por el contrario, puede quedar sometida a ciertas limitaciones al objeto de proteger el normal funcionamiento del sistema crediticio establecido. Como ya afirmásemos más arriba en este mismo trabajo, no puede afirmarse, sin más,

---

cidos que difícilmente serían sufragados si se declara el concurso. En estos supuestos, se produce una merma cualitativa de la masa activa".

319 Souto García, *Los delitos de alzamiento de bienes en el Código Penal de 1995, cit.*, p. 282. Entendiendo también que no existe problema con el sujeto solvente, vid.: González Cussac, *Los delitos de quiebra, cit.*, p. 55.

320 Quintero Olivares, en Quintero Olivares/Morales Prats, *De las insolvencias punibles, cit.*, pp. 699 y 728. Añade el autor que "bien es cierto que la preferencia indebida puede obedecer a un propósito compartido de perjudicar a los acreedores restantes, incluso al designio de arruinar a quien necesita angustiosamente el cobro. Mas todo eso, que sin duda sirve para el reproche, no puede configurar lo injusto, pues si así fuera, ese injusto se nutriría exclusivamente de elementos subjetivos que en puridad ni siquiera integrarían un pleno injusto de acción, sino sólo elementos de ánimo, al estilo de la voluntad perversa, que pueden darse en este y en otros delitos, pero que no han de bastar para fundamentar una calificación criminal".

que antes de la apertura del concurso (o mejor, de la admisión a trámite de la solicitud de dicha apertura) no exista ninguna regla que delimite lo que el deudor puede o no hacer si este ya es *materialmente insolvente*, pues precisamente en esa situación el mecanismo oportuno es el del concurso, que deberá instar si actúa con la diligencia que corresponde y que determina, entre otras cuestiones, la correcta funcionalidad del sistema crediticio[321]. No en vano el art. 2,1 TRLC señala que "la declaración de concurso procederá en caso de insolvencia del deudor". De igual modo el art. 5,1 del mismo cuerpo legal determina el deudor está obligado a solicitar la declaración de concurso dentro de los dos meses siguientes a la fecha en la que hubiera sabido, o debido saber, de su estado de insolvencia actual. Y recordemos que el art. 260 CP solo se aplica a sujetos que ya se encuentran en una situación de insolvencia, actual o inminente. Por tanto, el legislador adelanta la barrera de intervención a un instante previo al concurso, para evitar una mayor alteración de la situación de crisis económica ya existente (deudor no-solvente), sancionando conductas llevadas a cabo por este que resultarían atentatorias contra el correcto y normal funcionamiento del sistema de crédito ordenado y normativizado. Concebida desde este punto de vista, esta modalidad del delito puede ser entendida, más allá de las modalidades de bancarrota, como una "redistribución ilícita y preconcursal de los créditos sin incremento del pasivo"[322] (idea a la que inmediato volveremos al analizar la problemática concursal).

Por lo demás, sigue siendo cierto que el deudor insolvente continuará siéndolo en este tipo de comportamientos de favorecimiento preconcursal prohibido, sin necesidad de que se agrave su situación económica, puesto que

---

321 Pastor Muñoz, en Silva Sánchez (dir.) y Robles Planas (coord.), *Obtención fraudulenta de crédito, frustración de la ejecución e insolvencias punibles, cit.*, p. 300.

322 Sánchez Dafauce, *Estudio crítico del delito concursal, cit.*, p. 124. En el mismo sentido se pronuncia el autor en: Sánchez Dafauce, M.: "La admisión a trámite de la solicitud de concurso en el favorecimiento ilícito de acreedores", en *Diario La Ley*, nº 9780, p. 2.

si bien el activo disminuirá también lo hará, y en la misma medida, el pasivo. Pero ello precisamente vuelve a avalar, entendemos, que en el delito del art. 260 CP no nos encontramos ante una dispensa de protección a un bien jurídico de carácter patrimonial, en su caso identificado con los particulares derechos de crédito de los acreedores frente al deudor, sino ante la creación de una situación de riesgo para el normal funcionamiento del sistema crediticio ordenado que existe en nuestro actual modelo, en el que rigen una serie de normas, a modo de garantía, cuando se producen situaciones de crisis económica o financiera que hemos identificado como estados de *insolvencia*. Normas de garantía que el deudor incumple cuando favorece libremente a cualquiera de sus acreedores también en una situación en la que aún no existe concurso pero sí existe insolvencia, siendo lo procedente la reconducción al sistema concursal, como se deduce de los preceptos señalados.

Empero, frente a esta posible justificación, coincidimos con el sector doctrinal que considera que hubiera resultado mejor opción político-criminal supeditar la sanción de estas conductas a una condición objetiva de punibilidad consistente en la declaración de concurso, pues si este no llega finalmente a declararse se terminaría por sancionar penalmente al deudor por incumplir un pretendido orden de prelación que jamás llegó a declararse[323].

Para Martínez-Buján Pérez la concreta tipificación de esta modalidad de favorecimiento de acreedores ha desnaturalizado el núcleo del injusto, convirtiendo el art. 260,1 CP en un delito *inaplicable*, pues en su opinión simplemente se está tipificando un genuino delito de alzamiento de bienes (antes de la reforma de 2015) o en su caso una modalidad de delito concursal del art. 259 CP (después de dicha reforma). A su modo de ver "si un deudor que se halla en estado de insolvencia facilita a un acreedor una garantía

323 De esta opinión: Gutiérrez Pérez, *El Derecho penal frente a la insolvencia... cit.*, p. 580.

a la que este no tenía derecho, tratándose además de una operación que carece de justificación económica o empresarial, realiza sin duda el delito del art. 259,1, incluible en las conductas 1ª o 9ª", mientras que si en tales circunstancias "un deudor paga a un acreedor un crédito que todavía no es exigible, con perjuicio para otros acreedores con respecto a los cuales sí tiene deudas vencidas y exigibles, tampoco hay duda [...] de que se está cometiendo el mencionado delito del art. 259,1,1ª o 9ª"[324]. Con todo, admite el autor que la única posibilidad de aplicación del precepto actual se daría en supuestos en los que existiesen acreedores *potencialmente* privilegiados, lo que a su juicio debiera concebirse atípico, toda vez que no existe la ya aludida prelación u ordenación legal de créditos, al no haberse llegado a la fase de concurso[325]. Este posicionamiento es compartido por algún otro autor, que también considera que asignar un espacio oportuno y realmente operativo a la actual figura del art. 260,1 CP no resulta tarea sencilla dentro del enrevesado esquema de las insolvencias punibles existente tras la reforma del año 2015[326].

---

324 Martínez-Buján Pérez, *Derecho penal económico y de la empresa, parte especial, cit.*, 7ª edic., p. 178. En idéntico sentido se pronuncia el autor en: Martínez-Buján Pérez, en Bacigalupo Saggese/Feijoo Sánchez/Echano Basaldua, *Los delitos de insolvencias punibles tras la reforma... cit.*, pp. 1086-1087. También se muestra crítico con el precepto: Quintero Olivares, G.: "Insolvencias punibles", en Álvarez García, F. J. (dir.), Dopico Gómez-Aller, J. (coord.), *Estudio crítico cobre el Anteproyecto de Reforma Penal de 2012,* Ed. Tirant lo Blanch, Valencia, 2013, p. 753.

325 Martínez-Buján Pérez, *Derecho penal económico y de la empresa, parte especial, cit.,* 7ª edic., p. 178; y Martínez-Buján Pérez, en Bacigalupo Saggese/Feijoo Sánchez/Echano Basaldua, *Los delitos de insolvencias punibles tras la reforma... cit.*, pp. 1086-1087.

326 Así, v. gr. y con múltiples matices: Sánchez Dafauce, *Estudio crítico del delito concursal, cit.,* p. 119; y (antes de la reforma): Nieto Martín, *El delito de quiebra, cit.,* pp. 144 y ss. También Campaner Muñoz, *El Derecho penal de las insolvencias... cit.,* pp. 265-266 se mostraba crítico, antes de la reforma, en estos términos: "no puede entenderse con esto que el deudor está afectado por una prohibición absoluta de disposición sobre dichos bienes, en cuanto que el mismo no puede obviar que es el legítimo propietario [...] pues ello conduciría a una

No obstante, como ya dijimos supra, no parece que este argumento resulte definitivo, pues ante una situación de insolvencia actual o inminente, lo que procede según el sistema crediticio ordenado es acudir a la vía del concurso, sin que el deudor *insolvente* pueda terminar favoreciendo libremente a quien mejor le parezca, tampoco en ese concreto momento temporal, pues ello puede terminar por alterar el correcto funcionamiento del sistema de crédito ordenado. De ahí que, por más que no nos resulte rechazable la argumentación de Martínez-Buján Pérez cuando pone de manifiesto la existencia de una muy deficiente regulación de las situaciones penales de insolvencia del deudor, sobre todo tras la reforma penal del año 2015, que en este caso particular puede plantear problemas de solapamiento con otras modalidades típicas, en el fondo el legislador ha optado por dar un tratamiento autónomo a las conductas de favorecimiento preconcursal llevadas a cabo por un deudor insolvente, y a las que además ha asignado una pena más benévola que las previstas para los supuestos de bancarrota del art. 259 CP[327].

Pese a los evidentes problemas de fundamentación y técnicos que con facilidad se intuyen en el delito en examen, es posible, creemos, dotar a este tipo penal de un contenido propio, y de un espacio de operatividad autónomo

---

paralización inadmisible en una economía de mercado y del tráfico mercantil [...]. Por eso, el deudor que, por ejemplo, vende un bien pero conserva otros bienes que respaldan su deuda o que con el dinero obtenido por esa venta paga a otro acreedor postergando a otros que incluso puedan tener un crédito privilegiado, no comete un alzamiento de bienes. Habrá quizás perjudicado a otros acreedores que tenían un crédito preferente, pero su patrimonio no habrá sufrido alteración alguna. La disminución que sufrió su activo habrá quedado compensada con la correlativa disminución de su pasivo. Otra cosa muy distinta es si el pago se efectúa después de haber sido declarado el deudor en concurso"

327 Para el caso de la bancarrota del art. 259 CP, pena de prisión de uno a cuatro años y multa de ocho a veinticuatro meses. Para el caso de nuestro delito de favorecimiento preconcursal prohibido del art. 260,1 CP, pena de prisión de seis meses a tres años o multa de ocho a veinticuatro meses.

e independiente de los delitos de bancarrota previstos en el art. 259 CP. Como ha expresado SÁNCHEZ DAFAUCE, "resulta obligado presumir que el art. 260,1 no carece de un contenido típico propio e independiente (para evitar una interpretación derogatoria), de modo que ha de ser concebido, al margen del art. 259, como una *redistribución ilícita y preconcursal de los créditos sin incremento del pasivo*"[328]. Ello implica, como igualmente ha identificado este autor, un nuevo problema: deberemos comprender qué resulta ilícito con carácter previo al concurso de acreedores, sin que ello suponga una ocultación de bienes o un mero agravamiento de la situación de insolvencia actual o inminente mediante la ejecución de actos de disposición patrimonial o generadores de nuevas obligaciones, que pudieran reconducirse en la práctica al ámbito típico de los delitos de bancarrota (ex art. 259 CP). A su juicio, el único modo de comprender este tipo penal es como un "pago de deudas no exigibles o

---

328 Sánchez Dafauce, *Estudio crítico del delito concursal, cit.*, p. 124. En el mismo sentido en: Sánchez Dafauce, *Consideraciones de emergencia…, cit.*, (proview). Matiza esta apreciación, sin embargo, Quintero Olivares, en Quintero Olivares/Morales Prats, *De las insolvencias punibles, cit.*, p. 728, para quien el supuesto típico consistente en facilitar una garantía a quien no tiene derecho sí supone un incremento del pasivo patrimonial: "en cuanto a regalar una garantía, de cualquier clase pero evaluable en dinero, hay que tener en cuenta que eso supone un acto de disposición sobre el patrimonio al que afecta en cuanto reduce el patrimonio disponible, del que se excluiría un bien alcanzado por un gravamen". También en este sentido puede leerse a Gutiérrez Pérez, *El Derecho penal frente a la insolvencia… cit.*, p. 584, para quien "esta conducta comporta una disminución cualitativa del valor del bien sobre el que recae, en tanto que el acreedor favorecido por la garantía real podrá hacer uso del beneficio de la ejecución separada y cobrar su crédito con preferencia al resto de los acreedores". La autora, además, concibe: "nótese que concurriría una disminución de la garantía patrimonial universal cuando el deudor, en insolvencia actual, en lugar de instar la solicitud de concurso o empleando el plazo de dos meses que tiene para ello, se dedica al pago de créditos vencidos que difícilmente serían sufragados si se declara el concurso. En estos supuestos, se produce una merma cualitativa de la masa activa. Por esta razón, no comparto que no existe perjuicio patrimonial porque se produce una correlativa disminución del pasivo" (ibid, p. 583).

como una preconstitución inveraz de un crédito privilegiado cuando la insolvencia es actual o inminente"[329].

La misma idea interpretativa anterior conduce a afirmar que en el ámbito típico de los delitos de favorecimiento ilícito de acreedores estos últimos habrán de ser siempre *reales,* no ficticios. Como ejemplifica nuevamente SÁNCHEZ DAFAUCE "cuando el deudor realiza un pago a favor de quien no era antes acreedor, el tipo aplicable no es el favorecimiento de acreedores (en ninguna de sus modalidades) sino la agravación de la insolvencia [...]. Los acreedores han de ser reales, al igual que en el art. 260,2 CP, porque si fuesen ficticios se aplicaría el delito concursal del art. 259"[330].

Si se sigue esta coherente interpretación propuesta por el autor para evitar llegar a conclusiones derogatorias de *lege ferenda,* entonces la afirmación genérica que se ha utilizado en páginas anteriores de este trabajo, relativas a que también el art. 260 CP consiste en la *agravación de una situación de insolvencia real preexistente* (algo similar a lo que acontece en el caso del art. 259 CP para situaciones de quiebra o bancarrota), dicha *agravación* aludida deberá entenderse no como una agravación del estado de crisis económica producido a causa de un incremento del pasivo patrimonial del deudor, sino como una agravación de dicho estado en tanto se produce una *redistribución prohibida* de los créditos antes de la admisión a trámite de la solicitud de concurso, pero sin que se produzca necesariamente un aumento del pasivo patrimonial[331]. Conducta que también puede generar riesgo para el correcto funcionamiento del sistema crediticio ordenado, como se expuso. De este modo el delito del art. 260,1 CP devendría como un adelanto de la

---

329 Sánchez Dafauce, *Estudio crítico del delito concursal, cit.,* p. 124.

330 Sánchez Dafauce, *Estudio crítico del delito concursal, cit.,* p. 128. En los mismos términos: Souto García, en González Cussac (dir), *Frustración de la ejecución e insolvencias punibles, cit.,* p. 786.

331 Vid.: Campaner Muñoz, *El Derecho penal de las insolvencias... cit.,* p. 266.

barrera punitiva respecto de la tradicional modalidad de favorecimiento prohibido *posconcursal* (actual art. 260,2 CP).

Con todo, con el modelo del actual art. 260,1 CP resulta innegable que estamos ante un nada desdeñable adelanto de la barrera de intervención del Derecho penal en materia de insolvencias punibles, algo que, por cierto, se puede predicar con carácter general de toda la regulación tras la reforma operada en el año 2015. Desde la consideración apuntada pudiera pensarse en el delito del art. 260,1 CP como una especie de injusto de peligro del art. 260,2 CP, al terminarse por exigir una cierta ordenación *penal* de los créditos de carácter preconcursal y por tanto sin prelación *mercantil* expresa de los mismos[332]. Como ha señalado GONZÁLEZ CAMPO, simplemente "se tipifican de este modo los pactos colusorios que el deudor pueda cerrar ante la inminencia del advenimiento de un procedimiento concursal con uno o varios de sus acreedores para favorecerles en perjuicio de los restantes", pero cuando todavía, en puridad, no existe orden de prelación[333]. En particular, a la luz del delito que nos ocupa, ese adelanto parece patente si se tiene en cuenta que (i) no se exige que el concurso siquiera haya sido admitido a trámite, y (ii) tampoco es preciso que el estado de insolvencia haya sido previamente declarado en el seno de un procedimiento concursal. Ni tampoco, como apuntamos, se ha sometido la punibilidad del hecho a una condición consistente en que finalmente se produzca la apertura de concurso. Por todo ello, coincidimos con la mayoría de la doctrina en que seguramente no resultaba necesaria la incriminación penal de este tipo de conductas previas al concurso, siendo suficientes los mecanismos previstos en el Derecho privado (por ejemplo, acciones de reintegración, o la acción pauliana civil), elementos bastantes por sí mismos para afrontar esta problemática de

---

[332] Sánchez Dafauce, *Estudio crítico del delito concursal, cit.*, p. 124.

[333] González Campo, E.: "Frustración de la ejecución y bancarrota en la reforma 1/2015 del Código Penal", en *Cuadernos de José María Lidón*, nº 12, 2016, p. 194.

manera eficiente[334]. Con todo, y dado que el precepto está en vigor y además, como se ha visto, presenta un ámbito propio de operatividad en los términos ya expuestos, en las líneas que siguen nos ocupamos de ahondar en la exégesis de los concretos comportamientos típicos de favorecimiento prohibido en sede preconcursal.

5.2. Los actos de disposición patrimonial

En primer lugar, encontramos la conducta de favorecimiento de acreedores consistente en *realizar un acto de disposición patrimonial,* que debe destinarse a *pagar un crédito no exigible,* o bien a *facilitar una garantía a la que el acreedor favorecido no tiene derecho.* En esta primera parte del análisis nos centraremos únicamente en dotar de contenido a la "realización de actos de disposición patrimonial", que más abajo terminaremos de vincular a tales exigencias añadidas, que son, por lo demás, las que dotan de verdadero desvalor a estos actos de favorecimiento, considerándolos por ello penalmente proscritos (pues, como dijimos, se trata de satisfacer un crédito no exigible, o bien facilitar una garantía indebida, a ciertos acreedores, mediante la ejecución de estos actos, consistentes o bien en realizar actos de disposición patrimonial, o bien en la asunción de nuevas obligaciones).

Para entender lo que significa *realizar un acto de disposición patrimonial* en materia de créditos, podemos apoyarnos en lo manifestado por la doctrina científica al albur del tradicional delito de alzamiento de bienes[335], cuya modalidad del art. 257,1,2º CP sanciona a quien "con el mismo fin [alzarse con los bienes *en perjuicio* de sus acreedores] realice

---

[334] Ocaña Rodríguez, *El delito de insolvencia punible del art. 260 CP… cit.*, p. 33; Gutiérrez Pérez, *El Derecho penal frente a la insolvencia… cit.*, pp. 578-579.

[335] Como puede leerse a Quintero Olivares, en Quintero Olivares/Morales Prats, *De las insolvencias punibles, cit.*, p. 699 "el alzamiento es un acto de disposición sobre los propios bienes".

cualquier acto de disposición patrimonial o generador de obligaciones que dilate, dificulte o impida la eficacia de un embargo o de un procedimiento ejecutivo o de apremio, judicial, extrajudicial o administrativo, iniciado o de previsible iniciación"[336]. La tipicidad de este delito, más tradicional en nuestro Código Penal, nos servirá igualmente para pronunciarnos sobre la conducta consistente en realizar actos generadores de obligaciones. Y, de igual forma, resultará extrapolable, con los matices y consideraciones que se realizarán en aquel lugar, para el caso de la tipicidad de la modalidad del art. 260,2 CP, que regula el favorecimiento prohibido posconcursal (y en el que también se alude a la realización de actos de disposición patrimonial o generador de obligaciones).

Pero no solo encontramos esta expresión en el ámbito del delito de alzamiento de bienes, sino que también es posible encontrar expresiones similares en el delito de bancarrota del art. 259 CP, con el que, como se vio, guardaría una estrecha relación el tipo penal de favorecimiento ilícito de acreedores preconcursal. Así, por ejemplo, en el art. 259,1,2ª CP se sanciona la modalidad de realizar "actos de disposición mediante la entrega o transferencia de dinero u otros activos patrimoniales", en lo que puede equipararse a la exigencia típica de realización de *actos de disposición patrimonial* del art. 260,1 CP.

Ya fuera del ámbito propio de los delitos que orbitan sobre situaciones de insolvencia, bien como modalidades de frustración de la ejecución, bien como formas de insolvencias punibles, también podemos apoyarnos en lo dispuesto

---

336 Tradicionalmente la doctrina ha identificado estas dos conductas (realizar actos de disposición patrimonial, y realizar actos generadores de obligaciones) como auténticos comportamientos de *alzamiento de bienes,* equiparando ambas expresiones típicas en el ámbito de esta figura delictiva, y concibiendo que aluden a "cualquier comportamiento que suponga una ocultación de los bienes, trátese de actos jurídicos o trátese también de actos materiales". Vid: Martínez-Buján Pérez, *Derecho penal económico y de la empresa, parte especial, cit.,* 7ª edic., p. 113.

en el más que tradicional delito de estafa para conocer qué debe entenderse por *acto de disposición patrimonial.* Así el art. 248 CP señala que "cometen estafa los que, con ánimo de lucro, utilizaren engaño bastante para producir error en otro, induciéndolo a realizar un *acto de disposición* en perjuicio propio o ajeno", y resulta evidente que ese acto de disposición lo será de tipo patrimonial, pues este es considerado de forma unánime como el bien jurídico tutelado en este delito. Así, por ejemplo, González Cussac señala que, en el ámbito propio del delito de estafa, "por acto de disposición hay que entender toda acción y omisión que implique un desplazamiento patrimonial. Ese desplazamiento puede tener lugar en forma de entrega, cesión o prestación de la cosa, derecho o servicio de que se trate"[337]. En igual sentido Gallego Soler, analizando tal exigencia típica en la estafa, refiere que el acto de disposición patrimonial debe ser entendido como "cualquier tipo de acto o negocio con trascendencia jurídica y/o económica (venta, donación, depósito, arrendamiento, compra, constituciones de garantía, avales, hipotecas…)"[338].

Debe afirmarse que en el art. 260,1 CP quedan fuera de la consideración de actos de disposición patrimonial los que constituyan *destrucción* de bienes de la masa, pues dicha conducta en modo alguno podrá dirigirse a favorecer a un acreedor, sino más bien todo lo contrario (tal conducta sí agrava en sentido estricto la situación de insolvencia, al suponer un evidente detrimento del activo patrimonial del deudor), por lo que tales comportamientos habrán de encontrar encuadre en otros preceptos del Código Penal

---

337 González Cussac, J. L.: "Delitos contra el patrimonio y el orden socioeconómico (VI): estafas", en González Cussac, J. L. (coord.), VV. AA.: *Derecho penal, parte especial,* Ed. Tirant lo Blanch, 8ª edic., Valencia, 2023, p. 437. En el mismo sentido, vid.: Queralt Jiménez, *Derecho penal español, parte especial, cit.,* p. 449.

338 Gallego Soler, J. I.: "Delitos contra bienes jurídicos patrimoniales de defraudación", en Corcoy Bidasolo, M. (dir.), VV. AA.: *Manual de Derecho Penal parte especial, Tomo 1,* Ed. Tirant lo Blanch, 3ª edic., Valencia, 2023, p. 567.

que sancionen conductas de agravación de la insolvencia (si esta es real, dichos comportamientos podrán reconducirse al ámbito de los delitos de bancarrota del art. 259 CP).

Realizar un acto de disposición patrimonial implicará, en definitiva, disponer del patrimonio por el propio deudor, esto es, sacar bienes del activo patrimonial, por ejemplo, mediante compraventas, permutas, donaciones, cesiones, etc[339]. Sin olvidar que tal comportamiento queda vinculado y supeditado, en el ámbito típico del delito en examen, a que se destine a satisfacer el pago de un crédito no exigible, o bien a facilitar una garantía a la que no se tiene derecho.

GONZÁLEZ CUSSAC determina que la realización de un acto de disposición patrimonial debe entenderse, en términos generales, como "cualquier actuación que disminuya su patrimonio [del deudor], ya sea a través de una compraventa, de arrendar un inmueble propio, o de constituir una hipoteca"[340]. A nuestro juicio, no obstante, en el ámbito propio del art. 260,1 CP hay que desligar de esos *actos de disposición patrimonial* aquellos otros que realmente consisten en *generar obligaciones*, pues aunque ambos efectivamente suponen, en sentido genérico, una disposición sobre el patrimonio del deudor, aquellos primeros implican una afectación directa al activo patrimonial (una aminoración, en concreto), en tanto que los segundos suponen más bien una afectación al pasivo patrimonial (una ampliación de este).

Sin embargo, pese a esa salida de bienes del activo patrimonial que supone esta primera modalidad de conducta, dado que los mismos se dirigen a pagar deudas pendientes (en concreto, créditos *no exigibles* de terceros acreedores) o bien a facilitar garantías (indebidas) a otros acreedores, consecuentemente también disminuirá, y en idéntica proporción, el pasivo patrimonial. Por tal razón se afirmó en

---

339 Ejemplifica estos supuestos: Souto García, *Los delitos de alzamiento de bienes en el Código Penal de 1995, cit.*, p. 388.

340 González Cussac, en González Cussac (coord.), *Delitos contra el patrimonio y el orden socioeconómico (VIII): frustración de la ejecución e insolvencias punibles, cit.*, p. 497.

otro lugar previo que, en este particular delito, parece que nos encontramos ante una redistribución ilícita y preconcursal de los créditos *sin incremento del pasivo*[341], lo que nos permitirá desligarlo de otros supuestos más próximos a las modalidades de bancarrota. Cáigase en la cuenta de que, por ejemplo, aunque el aludido art. 259,1,2ª CP utilice una terminología similar a la que en este concreto aspecto utiliza el delito del art. 260,1 CP, la realización de esos actos de disposición patrimonial terminarán por agravar la situación de insolvencia real preexistente en la primera modalidad (bancarrota), al suponer un aumento del pasivo patrimonial no justificado cuando el deudor ya es insolvente (actual o inminente), en tanto en este segundo tipo penal tal acto de disposición patrimonial agrava la situación de insolvencia real en la que el deudor se encuentra (de nuevo, actual o inminente), pero sin que se produzca un incremento del pasivo patrimonial, sino más bien una redistribución o reordenación de los créditos existentes, sin justificación, al destinarse tal acto de disposición al pago de un acreedor (o en su caso a facilitarle a este una garantía indebida), por lo que la situación del activo y del pasivo resulta finalmente equilibrada.

Así instituido este comportamiento típico, resultará que el *objeto material* del delito queda identificado con los bienes pertenecientes al deudor, incluyéndose cosas y derechos, de los que se dispone; y, como bien advierte la doctrina, si el bien no es propio del deudor, la conducta encontrará mejor acomodo en el delito de apropiación indebida[342]. E igualmente, tales razonamientos conducen a establecer el *momento consumativo* en el instante en que se produzca la realización del acto de disposición patrimonial (que, como decimos, ha de encontrarse vinculado a la satisfacción de un crédito *no exigible* o al otorgamiento de una garantía *in-*

---

341 Sánchez Dafauce, *Estudio crítico del delito concursal, cit.,* p. 124.

342 González Cussac, en González Cussac (coord.), *Delitos contra el patrimonio y el orden socioeconómico (VIII): frustración de la ejecución e insolvencias punibles, cit.,* p. 509.

debida; elementos a los que nos referiremos unas líneas más adelante en esta misma investigación).

5.3. *Los actos generadores de obligaciones*

También para el caso de los actos que generan obligaciones podemos apoyarnos en lo manifestado en sede doctrinal para delitos más tradicionales, como ocurre con la modalidad de alzamiento de bienes del art. 257,1 2ª CP ("quien [...] realice cualquier acto de disposición patrimonial o generador de obligaciones [...]), o incluso acudir a la forma de bancarrota del art. 259,1,2ª CP que sanciona a quien "realice actos de disposición mediante la entrega o transferencia de dinero u otros activos patrimoniales, o *mediante la asunción de deudas* [...]", pues llevar a cabo actos que generen nuevas obligaciones implicará siempre asumir nuevas deudas.

En concreto, realizar un acto generador de obligaciones implicará nuevamente disponer del patrimonio por el propio deudor, pero en este concreto supuesto aumentando el pasivo patrimonial, por ejemplo, mediante la asunción de hipotecas, suscripción de préstamos o reconocimiento de deudas, etc[343]. La particularidad estriba aquí en que tales actos tienen por fin no aumentar el pasivo patrimonial agravando la situación de crisis económica de insolvencia previa del deudor, sino que se dirigen al pago de un crédito *no exigible* de un determinado acreedor, o bien, en su caso, a facilitarle una garantía a la que no tiene derecho, por lo que simultáneamente se elimina o enfrenta una deuda del pasivo patrimonial a través de esa asunción de nuevas obligaciones. Por este motivo no puede afirmarse que la situación de insolvencia se agrave en idénticos términos que lo que acontecería en una modalidad de bancarrota del art. 259 CP, sino que realmente, como ya argumentamos más arriba, tal situación de insolvencia se altera al producirse

---

343 Ejemplifica estos supuestos: Souto García, *Los delitos de alzamiento de bienes en el Código Penal de 1995, cit.*, p. 388.

una *redistribución prohibida de los créditos*. Solo en ese sentido podemos entender que en el art. 260 CP estamos ante una *agravación* del estado de insolvencia real preexistente del deudor, como argumentamos supra: al alterarse tal situación mediante una redistribución o reordenación indebida de los créditos existentes, sin que finalmente se produzca un aumento del pasivo patrimonial, al dirigirse tal conducta a eliminar deudas ya existentes o facilitar garantías a acreedores que también existen.

De igual manera que lo que acontece en el primer comportamiento típico señalado (la realización de actos de disposición patrimonial) en el caso de los actos que generen obligaciones el *momento consumativo* se identifica con el instante en que se produzca la asunción de esa nueva obligación (que, como dijimos, debe encontrarse vinculada a la satisfacción de un crédito *no exigible* o al otorgamiento de una garantía *indebida*; elementos que analizamos a continuación).

5.4. El destino al pago de un crédito no exigible

Tanto la realización de un *acto de disposición patrimonial* como *generador de obligaciones* tienen que ser destinados al pago de un *crédito no exigible* por parte del deudor insolvente, en esta primera modalidad de conducta del art. 260.1 CP. Ello es lo que precisamente, y sumado a la carencia de justificación económica o empresarial a la que nos referiremos más adelante, dota a estas conductas del carácter *ilícito* (penalmente) de los actos de favorecimiento de acreedores.

Conviene desentrañar, siquiera sea brevemente, el concepto de "crédito" para poder definir después cuáles son aquellos que, a estos efectos, han de considerarse inexigibles.

En el ámbito propiamente mercantil, siguiendo las palabras de Benito de Endara[344], el crédito (en latín, *creditum*)

[344] Benito de Endara, L.: *Manual de Derecho Mercantil,* Ed. Victoriano Suárez, 3ª edic., Madrid, 1924, pp. 304 y ss.

"indica una promesa de pago que resulta de un contrato en el que una parte se compromete a cumplir una obligación al vencerse ésta". De esta forma en Derecho toda promesa o compromiso de pago pendiente constituye una obligación de *crédito,* que además en el ámbito comercial o mercantil, debe ser una cantidad líquida y pagadera en cualquier forma o medio fungible (generalmente dinero). La existencia de un crédito se acredita por medio del *título de crédito,* que es todo documento que contiene aquella promesa de pago[345].

El "crédito" u "obligación" son términos sinónimos e intercambiables, puesto que designan la misma relación existente entre el acreedor y el deudor. De este modo el *derecho de crédito* del acreedor se imbrica coherentemente con la *obligación al cumplimiento* por parte del deudor. El crédito, en el marco del art. 260,1 CP, alude al contenido de una cantidad o cosa que el deudor debe al acreedor, y que este tiene derecho de exigir y cobrar. De este modo, si el deudor incumple, sabemos que deberá responder con todos sus bienes presentes y futuros (ex arts. 1088 y 1911 del Código Civil).

En concreto, las fuentes de las que nace ese crédito u obligación son todos aquellos hechos o situaciones que determinan la concreta obligación que el deudor adquiere para con el acreedor o acreedores, y son, en general, las nacidas por vía de la ley, del contrato o incluso de la responsabilidad extracontractual por daños.

Por lo demás, el objeto de la obligación (esto es, la prestación debida por el deudor) puede estar constituido por obligaciones de dar, hacer o no hacer, debiendo ser siempre lícita, determinada y posible; pero también pueden ser obligaciones pecuniarias, que a nuestros concretos efectos seguramente son las más relevantes (esto es, obligaciones que, en el fin, tienen por objeto la entrega de dinero). En función de los sujetos, el crédito puede ser mancomuna-

[345] Ídem.

do o parciario (*activo,* si se trata de una mancomunidad de acreedores, o *pasivo* si es de deudores), o solidario (tanto activo como pasivo, igualmente); puede ser también constitutivo de una relación obligacional unilateral o bilateral.

En concreto, el art. 260,1 CP alude a la realización de actos o generación de obligaciones destinados al *pago* de un crédito no exigible. En relación a ese "pago" cabe decir también que implica el cumplimiento de cualquier tipo de obligación. Quien realiza el pago recibe el nombre de *solvens* en el terreno del Derecho privado. Quien lo recibe, es llamado *accipiens.* Dicho pago puede ser realizado, salvo pacto en contrario, por parte de cualquier sujeto (a salvo de que estemos ante un crédito de carácter personalísimo). Lo habitual es que el receptor de dicho pago sea el acreedor, si bien nada impide, en Derecho privado, dar plenos efectos liberatorios al deudor por los pagos realizados por este cuando se dan ante un tercero distinto del acreedor autorizado para recibir el pago (o cuando ese pago resulte útil para el acreedor, o lo ratifique *ex post* de manera expresa, o incluso cuando el pago se haga de buena fe a un "acreedor aparente").

Para que dicho pago resulte válido, ha de reunir una serie de características, a saber: (i) *identidad,* esto es, el deudor debe realizar exactamente la prestación o forma de pago convenida al suscribir el crédito; (ii) *integridad,* esto es, el abono debe ser completo; y (iii) *indivisibilidad,* esto es, el deudor no está facultado para imponer al acreedor ningún tipo de cumplimiento parcial, salvo acuerdo expreso con este.

En la práctica, los créditos se constituyen a través de los diferentes tipos de contratos que existen en el Derecho privado, tanto de carácter civil como mercantil. Por ejemplo: contratos de compraventa, arrendamiento, permuta, suministro, obra, transporte, etc. Con todo, al no constreñir el tipo penal las modalidades de crédito u obligaciones sobre las que resulta de aplicación el delito, debemos asumir que cualquiera de ellas podrá dar lugar a la situación típica.

Definido, siquiera sea con carácter general, el contenido del elemento típico identificado con el *crédito,* así como el contenido básico de lo que implica el *pago* del mismo, debe valorarse ahora la exigibilidad o inexigibilidad de aquél, pues solo resultarán típicas aquellas acciones del deudor que, en el marco de este delito, se destinen a pagar un crédito *no exigible.*

Con carácter previo debe realizarse una primaria distinción entre créditos *vencidos* y créditos *exigibles* (también, a nuestros efectos, pudiera hablarse de *deudas* vencidas o exigibles, desde el punto de vista del sujeto deudor).

Un crédito *vencido* es aquél en el que ya ha concluido el plazo previsto para el cumplimiento. Esto es: ha transcurrido el plazo para el pago de la deuda, habiéndose producido por tanto el vencimiento de la misma (uno de los procedimientos judiciales extrapenales para la reclamación de una deuda vencida es el procedimiento monitorio, para cuya activación, no obstante, es preciso que se den una serie de requisitos legales previstos en la Ley de Enjuiciamiento Civil, en los que no entraremos por exceder con creces el objetivo directo de la presente investigación).

Por su parte, un crédito es *exigible* cuando además de lo anterior el pago no puede rehusarse o rechazarse conforme a Derecho. Por lo tanto: la deuda vencida pasa a ser también exigible por el acreedor cuando ha expirado el plazo para el cumplimiento y además no existe ningún impedimento legal que obstaculice la reclamación de dicho pago por parte del sujeto acreedor. La *exigibilidad* del crédito, pues, viene determinada por el vencimiento de la deuda (esto es: el transcurso del plazo pactado por las partes para su satisfacción o cumplimiento) pero además cuando no existe ninguna otra condición jurídica, legal o contractual, que impida tal reclamación o exigencia por parte del acreedor[346].

---

346 Así, por ejemplo, la Ley 42/2015, de 5 de octubre, de reforma de la Ley 1/2000, de 7 de enero, de Enjuiciamiento Civil, modificó el

Ya antes de la reordenación normativa de los supuestos punibles relacionados con situaciones de insolvencia del deudor (mediante la reforma penal de 2015), algún sector de la doctrina apreciaba también la existencia de un cierto desvalor en la conducta del deudor que realizaba un pago anticipado de deuda aún no *vencida* (como acabamos de ver, esto presupone, generalmente, su exigibilidad, aunque no siempre de manera automática). Así, verbigracia, Paredes Castañón consideró que el deudor estaba obligado a satisfacer en primer término las deudas ya vencidas, de forma que si antes de ello realizaba pagos de créditos no vencidos, esa conducta resultaba peligrosa para el resto de los acreedores. En suma, el pago anticipado de deudas implicaba, a juicio de este autor, un riesgo no permitido, prevaleciendo los intereses del conjunto de los acreedores frente a una pretendida libertad de actuación del deudor en el desempeño de su actividad económica[347].

En similar sentido Souto García se suma al posicionamiento defendido por este autor, antes de la reforma penal de 2015, si bien termina por considerar que, en aquel momento, la única relevancia penal de este tipo de favorecimiento de acreedores era la que se producía en sede concursal (pues recordemos que hasta la mentada reforma no existía tipo penal alguno que sancionase un favorecimiento

---

Código Civil en su art. 1964,2 que ahora instituye que "las acciones personales que no tengan plazo especial prescriben a los cinco años desde que pueda exigirse el cumplimiento de la obligación. En las obligaciones continuadas de hacer o no hacer, el plazo comenzará cada vez que se incumplan" (antes de la reforma eran quince años), manteniendo (ex art. 1964,1 CC) que la acción hipotecaria, por su parte, prescribe a los veinte años. Por tanto, y con carácter general, el plazo de *exigibilidad* de un crédito es actualmente de cinco años. Transcurridos esos cinco años desde el instante en que se puede exigir el cumplimiento de la obligación, el acreedor perdería su derecho a reclamar el pago de la deuda.

347 Paredes Castañón, J. M.: "Lo objetivo y lo subjetivo en el tipo de alzamiento de bienes", en Quintero Olivares, G. y Morales Prats, F. (coords.), VV. AA.: *El nuevo derecho penal español. Estudios penales en memoria del profesor Valle Muñiz,* Ed. Aranzadi, Navarra, 2001, pp. 1658-1659.

prohibido preconcursal, como el que está siendo analizado). Así matiza la autora que "la libertad de disposición es admisible cuando no existe desequilibrio patrimonial alguno. Si la actividad económica del deudor es regular y previsiblemente seguirá desarrollándose con normalidad, nada impide que el deudor satisfaga las deudas que crea conveniente. De contar el deudor con patrimonio suficiente para cubrir el total de sus obligaciones la libertad de disposición no tiene por qué verse coartada. El deudor simplemente altera la prelación civil de los créditos pero como el patrimonio del deudor es bastante para satisfacer a todos, la alteración del orden no pone en peligro ni lesiona el derecho de los demás". Por tal razón ya afirmamos más arriba que las situaciones de favorecimiento de acreedores efectuadas por parte de un deudor *solvente* no eran de interés para el Derecho penal. No obstante, como continúa SOUTO GARCÍA, "contrariamente, cuando el deudor está atravesando una fase económica difícil y su patrimonio se revela incapaz o potencialmente incapaz de satisfacer la totalidad del pasivo ciertas maniobras dispositivas sí podrían resultar lesivas para el derecho de crédito de los restantes acreedores" (desde su concepción *patrimonialista* del bien jurídico), por lo que "en esta situación de crisis económica es en la que el deudor debería en principio respetar el orden temporal de pago y el principio '*prior in tempore, potior in iure*'"[348].

Recordemos que más arriba en este trabajo ya tuvimos ocasión de pronunciarnos sobre la nota de *exigibilidad,* toda vez que este delito del art. 260,1 CP está llamado a cometerse por el deudor que se encuentra, con carácter previo, en una situación de insolvencia actual o inminente, situación definida normativamente (TRLC) aquella en la que el sujeto deudor no puede cumplir regularmente con sus obligaciones *exigibles* (para el caso de la insolvencia actual), o bien aquella otra situación en la que el deudor que prevea (teniendo en cuenta el matiz ya señalado por nosotros

---

[348] Souto García, *Los delitos de alzamiento de bienes en el Código Penal de 1995, cit.*, pp. 287 y ss.

más arriba sobre el correcto entendimiento de esa *previsión* a la que alude la normativa sectorial) que dentro de los tres meses siguientes no podrá cumplir regular y puntualmente sus obligaciones (insolvencia inminente). Por tanto, para el primer caso se está sancionando a un deudor que no pudiendo cumplir *regularmente* con el pago de los créditos que ya resultan exigibles, realiza actos de disposición o generadores de nuevas obligaciones que se destinan a satisfacer créditos *no exigibles* de terceros acreedores, favoreciendo a estos de forma ilícita frente al resto. En caso de insolvencia inminente, el deudor prevé que no podrá cumplir con regularidad y puntualidad dentro de los próximos tres meses, y nuevamente realiza actos de disposición patrimonial o generadores de obligaciones destinados a pagar créditos que aún *no resultan exigibles.* Con todo, como dijimos, debe recordarse que en esta situación realmente no se termina por aminorar el activo patrimonial, sino que consecuentemente también se producirá una reducción del pasivo, toda vez que el pago de estos últimos créditos, aún no siendo exigible, contribuye a hacer desaparecer parte de las deudas. De ahí que calificásemos a este tipo penal como una redistribución ilícita y preconcursal de los créditos sin incremento del pasivo[349], que a su vez nos permitía desligarlo de las modalidades de bancarrota, y que igualmente nos facultaba a sostener que, realmente, con este tipo penal se pone en peligro el correcto o normal funcionamiento del sistema crediticio ordenado y normativizado a modo de garantía.

Para Gutiérrez Pérez toda deuda u obligación resultará *exigible* cuando sea posible, en definitiva, su reclamación en sede judicial, lo que conducirá a acudir a la concreta regulación que ostente la deuda en función de su naturaleza (como obligación sometida a término, sometida a condición o bien simplemente como obligación pura); ello exigirá un examen de la normativa civil y mercantil al respecto, quedando excluidas las obligaciones naturales y las

---

[349] Sánchez Dafauce, *Estudio crítico del delito concursal, cit.,* p. 124.

afectadas por vicios de invalidez que determinen su inexistencia o nulidad[350].

Si bien, en general, puede afirmarse que una deuda vencida ya resulta exigible, ello será así siempre que no se haya supeditado su exigibilidad a la concurrencia de ciertas circunstancias, como dijimos. Tales circunstancias son, en esencia, dos: la *condición* y el *término*. En caso de que la deuda no se haya sometido a condición o a término nos encontraremos ante un "crédito puro", que resultará por ello inmediatamente exigible. Ahondemos un poco más en este tipo de condiciones.

Por un lado, las *obligaciones condicionales,* son aquellas en las que la exigibilidad del crédito o de la deuda se hace depender de un acontecimiento futuro e incierto, que puede o no llegar a ocurrir. Existen varios tipos de condición (por ejemplo, de carácter *suspensiva,* o de carácter *resolutoria*). El plazo que transcurre entre el vencimiento y la exigibilidad de la deuda se denomina "período de pendencia", momento en el que el acreedor aún no puede exigir judicialmente el pago de lo adeudado (sí puede, por el contrario, solicitar la adopción de medidas necesarias para tutelar sus expectativas). Si se llega a cumplir la condición, entonces producirá efectos retroactivos al instante en que nació el crédito.

Por otro lado, las *obligaciones a término* (o a plazo) son aquellas cuya exigibilidad se supedita a la llegada de un acontecimiento futuro pero cierto, esto es, que se producirá en todo caso, si bien no se sabe exactamente cuándo (igualmente encontramos términos *suspensivos* y términos *resolutorios*). Durante ese plazo el acreedor no puede reclamar nada al deudor. No obstante, el art. 1129 del Código Civil determina tres supuestos en los que, ante ciertas situaciones sobrevenidas que afectan o ponen en peligro el derecho a la satisfacción del acreedor, el deudor pierde derecho a utilizar el plazo, a saber: "1.º Cuando, después

---

[350] Gutiérrez Pérez, *El Derecho penal frente a la insolvencia... cit.,* pp. 240-241.

de contraída la obligación, resulte insolvente, salvo que garantice la deuda. 2.º Cuando no otorgue al acreedor las garantías a que estuviese comprometido. 3.º Cuando por actos propios hubiese disminuido aquellas garantías después de establecidas, y cuando por caso fortuito desaparecieran, a menos que sean inmediatamente sustituidas por otras nuevas e igualmente seguras". En estos tres supuestos, por tanto, el acreedor tiene derecho a *exigir* inmediatamente el cumplimiento por parte del deudor (el crédito deviene ya *exigible,* pese a haberse sometido inicialmente a término). Por tanto, y en atención especial a la primera de estas excepciones, si se comprueba que tras contraerse la obligación el deudor es insolvente (salvo que haya garantizado la deuda), no importará el sometimiento del crédito a condición puesto que la deuda se volverá ya automáticamente *exigible.* Esto es especialmente importante a nuestros efectos toda vez que estamos siempre y en cualquier caso ante un deudor *insolvente* (bien actual, bien inminente), por lo que este tipo de supeditación del crédito a término carecerá de operatividad práctica a los efectos de valorar la exigibilidad del mismo, salvo que se hubiera constituido una garantía (a su vez debida).

Definido, pues, lo que implica que un crédito resulte *exigible,* a *sensu contrario* debemos entender que el crédito *no exigible* es aquel (i) cuyo plazo para el cumplimiento aún no ha vencido, o bien (ii) habiendo vencido la deuda no resulta aún reclamable judicialmente por estar sometida a otro tipo de condición jurídica, aún pendiente de producirse (esencialmente una *condición,* y solo en casos muy minoritarios un *término,* o bien porque ya haya transcurrido el plazo para la reclamación por parte del acreedor, plazo general de cinco años, como se dejó expuesto).

Estas precisiones son importantes porque si el deudor insolvente favorece a un acreedor mediante la realización de actos de disposición o generadores de obligaciones que se destinen al pago de créditos *exigibles,* el hecho no será típico (a salvo de la segunda modalidad, relativa a la constitución de garantías indebidas, a la que de inmediato nos referiremos), al menos en lo que se refiere a la tipicidad del concreto art. 260,1 CP. En tales casos el deudor podrá satisfacer en el orden que prefiera, al menos al albur de este concreto tipo penal. Como expresa GUTIÉRREZ PÉREZ "en lo que respecta al *pago de deudas vencidas y exigibles* previamente a la admisión a trámite del concurso, deben entenderse, en todo caso, excluidas de sanción penal por la vía del art. 260,1 CP, que se refiere únicamente a deudas no exigibles"[351]. No obstante, como también atisba la autora, cabe plantearse si esa conducta podría terminar resultando típica a la luz de la cláusula general que instituye una modalidad de bancarrota o quiebra en el art. 259,1,9ª CP, que reza como sigue: "[...] quien, encontrándose en una situación de insolvencia actual o inminente, realice alguna de las siguientes conductas: [...] Realice cualquier otra conducta activa u omisiva que constituya una infracción grave del deber de diligencia en la gestión de asuntos económicos y a la que sea imputable una disminución del patrimonio del deudor o por medio de la cual se oculte la situación económica real del deudor o su actividad empresarial". Cláusula que, por cierto, ya nos resultó criticable en previas investigaciones de nuestra autoría[352]. A nuestro juicio, coincidiendo con GUTIÉRREZ PÉREZ, a pesar de

---

351 Gutiérrez Pérez, *El Derecho penal frente a la insolvencia... cit.*, p. 582.

352 Como tuvimos ocasión de manifestar en: Bustos Rubio, *Los delitos de bancarrota: una modalidad de insolvencia punible, cit.*, p. 221, "en esta modalidad típica quedarían incluidas todas las conductas o actividades de falta de diligencia en la gestión de asuntos económicos que tengan como consecuencia una disminución del patrimonio del deudor o una ocultación de su situación económica o patrimonial que no estén recogidas en las modalidades [previas]. Se trata de un tipo de aplicación subsidiaria ya que los restantes se aplicarán por especialidad. Y a pesar de que, pensamos, resulta harto difícil imaginar supuestos adicionales a los ya estudiados en los números 1 a 8 del art. 259.1 CP, no es baladí resaltar la amplitud de esta cláusula y su indeseable indeterminación, sobre todo, porque, vista así, se aproxima a la incriminación, sin mayores exigencias, de cualquier tipo de fracaso derivado de la asunción de riesgos en el mundo empresarial, lo que pudiera chocar frontalmente con aquella prohibición [...] de la prisión por deudas".

que la jurisprudencia mercantil haya admitido en ocasiones que tales comportamientos carecen de justificación al comportar dichos pagos una contradicción del mandato de *par conditio creditorum,* que permitiría (en sede mercantil) la rescisión del pago, ello no permite sin más afirmar que cuando el deudor paga una deuda ya vencida y exigible esté faltando *gravemente* al *deber de diligencia* en la gestión de sus asuntos económicos. Así pues, el deudor tiene libertad para el pago de sus créditos vencidos y exigibles, sin atender ningún hipotético orden de prelación, y sin que ello le acarree responsabilidad penal por un delito de favorecimiento ilícito de acreedores del art. 260,1 CP (que solo refiere créditos *no exigibles*), pero tampoco por un delito de bancarrota en su concreta modalidad del art. 259,1,9ª CP (por no constituir tal conducta una *infracción grave del deber de diligencia en la gestión de asuntos económicos,* por parte del sujeto deudor). En suma, y en conjunto: "el deudor que paga lo que es debido y exigible no vulnera el deber de cuidado o de diligencia"[353].

Por el contrario, para afirmar la tipicidad de esta primera modalidad delictiva de favorecimiento de acreedores penalmente prohibido, ex art. 260,1 CP, se hará necesario comprobar que los comportamientos del deudor se destinan al pago de un crédito *no exigible,* que a nuestros efectos será, como se ha dicho, aquel crédito cuyo plazo de cumplimiento aún no ha expirado (deuda no vencida), o sobre el que, habiendo ya vencido la deuda, existen impedimentos de condición o término a los que se haya supeditado tal exigibilidad (o bien cuando ya ha expirado el plazo general para la reclamación por parte del acreedor, cuya previsión general es de cinco años). En definitiva: si el deudor insolvente realiza actos de disposición patrimonial o generador de obligaciones que destina al pago de un crédito todavía no exigible de alguno de sus acreedores, cometerá el tipo penal de favorecimiento prohibido del art. 260,1 CP (esto

---

353 Gutiérrez Pérez, *El Derecho penal frente a la insolvencia... cit.,* pp. 582-583.

es: favorecimiento preconcursal de acreedores); y ello siempre que, como veremos, no exista ningún tipo de justificación económica o empresarial que termine justificando tal actuación.

5.5. *La facilitación de una garantía a la que no se tiene derecho*

El tipo penal de favorecimiento ilícito de acreedores del art. 260,1 CP no solo se refiere a la realización de pagos anticipados, acabados de analizar. La facilitación de una garantía indebida es también uno de los fines a los que se puede destinar el comportamiento del deudor en este delito. De este modo, la realización, por parte del deudor insolvente, de un *acto de disposición patrimonial* o bien la realización de un acto *generador de obligaciones* destinado a *facilitar una garantía a la que no tiene derecho* el acreedor favorecido, resultará delictiva en esta concreta modalidad típica del art. 260,1 CP. Ello, nuevamente, a salvo de que dicha operación posea justificación económica o empresarial, en cuyo caso quedaría justificada (sobre este último extremo del delito volveremos en un epígrafe posterior).

De forma paralela a la exégesis que se ha realizado sobre el destino de los pagos o de las nuevas obligaciones a la satisfacción de un crédito no exigible, también aquí debemos comenzar por definir, siquiera sea someramente, el concepto de *garantía,* determinando después cuál es, en concreto, aquella que deviene indebida porque el acreedor no tiene derecho a la misma.

Ante situaciones de incumplimiento del crédito por parte del deudor, o directamente en casos de insolvencia del mismo, es posible reducir los riesgos del acreedor mejorando su posición, por medio de la institución de una *garantía.* La garantía es, pues, un mecanismo de confianza dado que se dirige a facilitar o asegurar el cumplimiento de la obligación crediticia. Las garantías, en Derecho privado, pueden ser *reales* o *personales.*

En primer lugar, una *garantía real* es aquella en la que un bien del deudor queda afecto al cumplimiento de sus obligaciones, y en caso de incumplimiento el acreedor puede hacer efectivo su derecho frente a dicho bien. En este tipo de garantía el bien se subasta y el acreedor se cobra del precio obtenido. Al ser un derecho real, es oponible frente a cualquiera (*erga omnes*), pudiendo el acreedor hacerlo valer contra los adquirentes del bien y demás acreedores. Este tipo de garantía es realmente eficaz en situaciones de insolvencia como las que nos ocupan, pues el acreedor garantizado cobrará con preferencia frente al resto sobre el valor de la cosa garantizada. De igual forma, la institución de una garantía real permite articular, en según qué casos, procedimientos de ejecución especialmente simplificados. A modo de ejemplo de garantías reales podemos señalar la garantía hipotecaria, la garantía de prenda, la garantía de pignoración o la anticresis.

En segundo lugar, una *garantía personal* es aquella que supone un "suplemento" añadido al derecho de crédito, o un crédito que se añade al crédito principal. Sirve para obligar al deudor a cumplir ante ciertos riesgos, pero no pone a salvo al acreedor de un riesgo de insolvencia, pues si no hay patrimonio para hacer efectivo el pago el acreedor no cobrará. Con todo, algunas garantías personales, como la fianza, ponen al alcance del acreedor otros patrimonios adicionales (en nuestro ejemplo, el del fiador). Además de la fianza (o aval), ya citada, se pueden señalar otros ejemplos de garantía personal, como los seguros (de caución o de crédito), depósitos en garantía, constitución de arras o de cláusulas penales.

Más allá de las generales garantías que regula y ofrece el Derecho civil, pueden encontrarse otras que pueden resultar especialmente interesantes a nuestros efectos (por ejemplo, la pignoración de acciones en el ámbito societario). Empero, adentrarnos en la exégesis del contenido concreto de cada una de estas tipologías de garantía excedería con creces de nuestro objetivo investigador en esta obra.

Existen, con todo, otro tipo de instrumentos jurídicos que pueden resultar próximos a las garantías ya expuestas, pero que sin embargo no deben considerarse incluidos dentro del término típico que recoge el art. 260,1 CP, que se refiere únicamente a *garantías* indebidas. Así, por ejemplo, documentar el crédito o la obligación en un *título ejecutivo* (verbigracia, una letra de cambio o un pagaré) permite acudir judicialmente a un procedimiento sumario y de fácil embargo. Más entendemos que este mecanismo no está incluido en el concepto de "garantía" al que alude el delito en examen, por lo que entenderlo incorporado a este término supondría, a nuestro modo de ver, realizar una interpretación que superaría la mera lectura extensiva del precepto, desembocando en una analogía *in mala partem* prohibida. Esto implica, pues, que si el deudor insolvente dispone de su patrimonio o genera una obligación para documentar un crédito con algún acreedor en un título ejecutivo, no estará cometiendo el delito de favorecimiento prohibido del art. 260,1 CP. De cualquier forma, debe también señalarse que la creación de un título ejecutivo tampoco protege especialmente al acreedor frente al deudor insolvente: si no hay ningún bien por ejecutar, o estos son insuficientes, el acreedor quedará asimismo insatisfecho en cuanto a la satisfacción de su derecho de crédito.

Más lejos de lo puntualizado, a priori puede parecer que cualquier tipo de *garantía* de las expuestas está en disposición de cumplir con esta exigencia típica, siempre que el acreedor no tuviera derecho al reconocimiento de la misma (esto es, se trata de una garantía indebida), y además, como veremos, siempre que no exista en esa operación una justificación de carácter económica o empresarial.

Por lo tanto, en línea de principio, todo acto de disposición patrimonial (disminución del activo) o generador de obligaciones (aumento del pasivo) que se destine, en este caso concreto, a facilitar una garantía indebida a alguno de los acreedores del deudor insolvente será delictiva a la luz de lo dispuesto en el art. 260,1 CP. La garantía, sea del tipo que sea, es un mecanismo o instrumento que, en el fondo, facilita o asegura de algún modo el cumplimiento de un determinado crédito. Si el acreedor en cuestión no posee un derecho al reconocimiento de esa garantía, el deudor insolvente que se la concede está privilegiando o favoreciendo injustamente a aquel, en detrimento del resto.

Algún autor ha considera que en esta concreta modalidad de conducta sí se produce una auténtica agravación de la situación de insolvencia preexistente del deudor (a nuestro juicio, insolvencia *real*), al aumentarse el pasivo patrimonial, pues el reconocimiento o establecimiento de esa garantía queda ligado a la realización de un acto de disposición patrimonial que reduce finalmente el patrimonio disponible del deudor. En estos términos puede leerse a QUINTERO OLIVARES, para quien el supuesto típico consistente en facilitar una garantía a quien no tiene derecho sí supone un efectivo incremento del pasivo patrimonial; "en cuanto a regalar una garantía, de cualquier clase pero evaluable en dinero, hay que tener en cuenta que eso supone un acto de disposición sobre el patrimonio al que afecta en cuanto reduce el patrimonio disponible, del que se excluiría un bien alcanzado por un gravamen"[354]. También en este sentido puede leerse a GUTIÉRREZ PÉREZ, para quien "esta conducta comporta una disminución cualitativa del valor del bien sobre el que recae, en tanto que el acreedor favorecido por la garantía real podrá hacer uso del beneficio de la ejecución separada y cobrar su crédito con preferencia al resto de los acreedores"[355].

A pesar de que el art. 260,1 CP no distingue entre los concretos tipos de garantía que puede instituir el deudor, pudiera intentarse una interpretación disociadora entre los dos grandes grupos de garantías existentes al objeto de integrar en el ámbito típico solo aquellas que no supongan un aumento del pasivo patrimonial sino solo una reordenación prohibida de los créditos, con ánimo de dotar al

354 Quintero Olivares, en Quintero Olivares/Morales Prats, *De las insolvencias punibles, cit.*, p. 728.

355 Gutiérrez Pérez, *El Derecho penal frente a la insolvencia... cit.*, p. 584.

precepto de autonomía frente a las formas de bancarrota, también al albur de esta concreta modalidad.

Y es que, como se ha expuesto, en el caso de constitución de una *garantía real* los bienes con los que responde el deudor son siempre bienes tangibles y personales, en tanto en una *garantía personal* no se tiene en cuenta ningún bien concreto, sino que el deudor ofrece un *plus* añadido de respaldo ante la situación crediticia existente, sin que exista ningún bien tangible en el que se apoye tal garantía, tratándose de un mero acuerdo reforzado de cumplimiento. Esto es: la garantía *real* es un negocio jurídico de carácter accesorio, que liga directa e inmediatamente al acreedor con la cosa garantizada, ya existente y sujeta al cumplimiento de una obligación principal. Queda así investido el acreedor con un poder especial sobre dicho bien del patrimonio del deudor, asegurándose su derecho. Esto no acontece en el caso de constitución de una garantía personal, en la que se añade un plus de respaldo, como se ha expuesto.

Pensamos, no obstante, que debe partirse del aforismo *ubi lex non distinguit nec nos distinguere debemus*, que establece que allá donde la ley no haga distinción tampoco el intérprete debe hacerla, salvo que exista justificación suficiente para ello. Creemos que en ambas garantías es posible interpretar que no se asumen nuevas deudas, ni consecuentemente la finalidad es ampliar el pasivo patrimonial del sujeto deudor, sino alterar la ordenación de los créditos *ya existentes* (y con acreedores *reales*) antes de que exista un concurso de acreedores, en este caso recurriendo a otorgar garantías indebidas. Y ello porque mediante la constitución de estas garantías se aseguran los bienes ya existentes en el patrimonio del deudor en el momento de realizarse la acción típica. Únicamente se refuerza el crédito ya existente, pudiéndose por ello considerar que se produce un mero aseguramiento de una deuda preconstituida.

Reconocer una garantía indebida a un acreedor no implicará siempre y en todo caso aumentar, sin mayores especificaciones, el pasivo patrimonial mediante una merma del patrimonio existente. El hecho de asegurar un bien mediante una garantía, por ejemplo real, frente a un acreedor *que ya existe* y ante un crédito *preconstituido* no debe ser interpretado como un acto de asunción de nuevas deudas u obligaciones, sino simplemente como un modo de afianzamiento o aseguramiento de un crédito que ya quedó constituido con anterioridad, de tal forma que si finalmente el acreedor acude a hacer efectivo su derecho de crédito, será más fácil saldar esa deuda precisamente por haber sido asegurada. En el ejemplo, más común, de constitución de una garantía real, esto supone que realmente ese bien se imputará a la satisfacción o pago del sujeto acreedor, situación que justamente implica que esa deuda garantizada terminará por descontarse del pasivo patrimonial del deudor. Es cierto que la implementación de una garantía real puede ser interpretada como una aminoración del valor del bien sobre el que recae, más no será entendida como tal si se mira desde la óptica del refuerzo o aseguramiento que se proporciona al acreedor favorecido, que verá más asequible satisfacer su derecho de crédito, y que en el momento del pago hará que la deuda existente con ese acreedor se elimine del pasivo patrimonial del deudor.

En todo caso, la constitución de esa garantía ha de interpretarse (pensamos) como una *consecuencia* derivada del crédito ya existente (el crédito garantizado) y no como una *nueva obligación* o un *nuevo crédito* añadido. Desde esta consideración nos encontramos ante un acto de favorecimiento en el que se privilegia a un acreedor (ahora garantizado) con posposición del resto, conducta que responde justamente a la orientación de este tipo penal.

Con esta interpretación creemos que es posible seguir afirmando que, en línea de principio, en el delito del art. 260,1 CP se sancionan comportamientos que suponen, realmente, una redistribución ilícita y preconcursal de los créditos sin necesidad de que se produzca simplemente un incremento del pasivo patrimonial del deudor[356], que diferencia a este tipo penal de las conductas de bancarrota. Por ende, todo aquello que en puridad suponga una mera asunción de nuevas deudas por parte de un deudor en situación de insolvencia, deberá ser reconducido al ámbito de las conductas de quiebra o bancarrota del art. 259 CP, al implicar una auténtica agravación de la situación de insolvencia real preexistente del deudor (en el sentido de ampliar el pasivo patrimonial), y no una mera *redistribución* prohibida de los créditos existentes con el objeto de favorecer ilícitamente a algún acreedor.

En definitiva: en esta segunda modalidad de conducta, se sanciona al deudor insolvente (actual o inminente) que realiza un acto de disposición patrimonial o generador de obligaciones destinado a facilitar a un acreedor una garantía a la que no tiene derecho (siempre que tal operación no encuentre una justificación económica o empresarial). Como pone de ejemplo GUTIÉRREZ PÉREZ "piénsese en un deudor, en insolvencia actual, que concede una hipoteca sobre su local a un acreedor con el que posee una estrecha amistad. Seis meses después se declara el concurso necesario. La constitución de esta garantía real se consideraría injustificada y, por tanto, típica. Esta garantía se le ha otorgado gratuitamente. Se altera la *par conditio creditorum*, al conceder a un acreedor el derecho a satisfacer su crédito con lo obtenido de la realización del bien gravado y al margen del concurso"[357]. Cuestión distinta es, como de inmediato comprobaremos, que el otorgamiento de esa garantía (o, en su caso, el pago de un crédito no exigible) responda a una justificación económica o empresarial.

A estas líneas dedicamos la parte siguiente de nuestro trabajo.

---

356 Sánchez Dafauce, *Estudio crítico del delito concursal, cit.*, p. 124.
357 Gutiérrez Pérez, *El Derecho penal frente a la insolvencia… cit.*, p. 584.

6. LA INEXISTENCIA DE JUSTIFICACIÓN ECONÓMICA O EMPRESARIAL

6.1. Naturaleza jurídica y fundamento de la cláusula

6.1.1. Introducción

Adentrarnos en el análisis del último extremo normativo del art. 260,1 CP, que condiciona la existencia de delito a la carencia de *justificación económica o empresarial,* exige con carácter previo a la exégesis de su contenido analizar cuál es el fundamento de tal disposición y consecuentemente dotarle de una concreta naturaleza jurídica.

Debemos advertir al lector que, a pesar de que en páginas anteriores nos hemos referido asépticamente a la tipicidad del delito condicionada a que no existiese una "justificación" económica o empresarial ello ha sido así para respetar los términos propios del precepto, sin que con tal conceptualización estemos *todavía* otorgando directamente a la cláusula naturaleza jurídica de causa de justificación, excluyente del carácter antijurídico del hecho.

En términos generales, como se está advirtiendo, habrá delito del art. 260,1 CP cuando el deudor insolvente (actual o inminente) favorezca a alguno de sus acreedores bien realizando un acto de disposición patrimonial, bien generador de obligaciones, que se destine a pagar un crédito no exigible o a facilitar una garantía a la que no tiene derecho, pero solamente *cuando se trate de una operación que carezca de justificación económica o empresarial.* Como decimos, la cláusula supedita la existencia del delito a la comprobación de ese extremo negativo, de tal manera que si la operación, en conjunto, aparece justificada desde el prisma económico o empresarial, no podrá afirmarse el delito del art. 260,1 CP, esto es, no existirá un favorecimiento penalmente prohibido, de carácter preconcursal.

Pero supeditar la existencia del *delito* a esa condición puede responder a dos posibles razones diferenciadas: de un lado, podemos encontrarnos ante una *causa de atipicidad* (o elemento negativo del tipo, en su caso), que condicione la existencia de la propia *tipicidad* del hecho; o, de otro lado, podemos encontrarnos ante una *causa de justificación,* que resulte excluyente del carácter antijurídico de aquel. Lo uno y lo otro son cosas distintas, pues a nuestro juicio ambas categorías responden a fundamentos diferentes[358].

6.1.2. Causa de atipicidad y riesgo permitido

La inmensa mayoría de la doctrina especializada que se ha aproximado al estudio de esta cláusula en los delitos de insolvencia ha optado por considerar que estamos ante una *causa de atipicidad,* que de este modo desplazaría directa-

---

358 No seguimos en este trabajo la teoría de los elementos negativos del tipo, ni tampoco cualquier otra que aúne en una misma categoría tipicidad y antijuridicidad (como estadio único que pudiera simplemente denominarse *tipo de injusto*), considerando que todo tipo penal está dotado de elementos positivos que describen la conducta prohibida u obligada, y de elementos negativos que la excluyen. Desde este punto de vista las tradicionales *causas de justificación* constituirían no ya un desplazamiento de la antijuridicidad del hecho sino de la propia tipicidad, al quedar construidas como elementos negativos de la tipicidad, por lo que la discusión que aquí planteamos devendría, en síntesis, superflua. Ampliamente sobre la discusión puede verse: Ortiz de Urbina Gimeno, I.: "De moscas y agresores muertos. Argumentos a favor de una teoría jurídica del delito bipartita más allá (y a pesar de) la teoría de los elementos negativos del tipo", en *InDret,* nº 3, 2008. A nuestro modo de ver, no obstante, es posible seguir manteniendo la división tripartita del delito (tipicidad, antijuridicidad, y atribución de responsabilidad o culpabilidad), respondiendo la tipicidad a un cierto fundamento y la antijuridicidad a otro, y existiendo por ello *causas de atipicidad* y *causas de justificación.* Para Gutiérrez Pérez, *El Derecho penal frente a la insolvencia... cit.,* p. 471, "la discusión sobre su naturaleza puede resultar una cáscara vacía de contenido a la que subyace la tradicional problemática de la relación limítrofe entre la tipicidad y la antijuridicidad. Esta distinción categorial facilita una comprensión didáctica o sistemática de la teoría del delito, sin embargo, no obedece a un fundamento valorativo o axiológico que se pueda atribuir a las causas de justificación y a los supuestos de atipicidad de la conducta basados en el riesgo permitido".

mente la tipicidad de la conducta[359]. Y, además, dentro de esta mayoría otro grupo predominante identifica su fundamento en la existencia de un espacio de *riesgo permitido*, incorporado expresamente en la propia tipicidad[360]. En palabras de GUTIÉRREZ PÉREZ "constituye una cláusula de atipicidad *ex lege*, un criterio de concreción de los supuestos de riesgo permitido en esta materia", aun reconociendo la autora a renglón seguido que "es inusual que el legislador penal incorpore expresamente un criterio delimitador del espacio de riesgo permitido"[361].

Máximo exponente de esta interpretación es FEIJOO SÁNCHEZ, para quien "la atipicidad de la gestión ordenada significa que, ante la ambigüedad de determinados tipos de conducta que afectan al patrimonio del deudor o a su capacidad de pago, está permitido realizar conductas que tengan un sentido económico que se pueda explicar y asumir racionalmente [...]. El elemento típico que hace referencia a la justificación económica o empresarial se debe entender como una cláusula que permite restringir el alcance de los tipos que, por su formulación, abarcan conductas tanto correctas o permitidas como fraudulentas [...]. Es evidente que la referencia a la justificación no tiene nada que ver con la existencia de una causa de justificación para una conducta previamente típica, sino que se trata de un elemento normativo que determina la propia tipicidad de la conducta en unos tipos de carácter muy abierto"[362].

---

359 En este sentido, entre otros: Monge Fernández, *El delito concursal punible tras la reforma penal de 2015, cit.*, p. 101; Nieto Martín, *El delito de quiebra, cit.*, p. 99; Gutiérrez Pérez, *El Derecho penal frente a la insolvencia... cit.*, pp. 470 y ss.; Pastor Muñoz, en Silva Sánchez (dir.) y Robles Planas (coord.), *Obtención fraudulenta de crédito, frustración de la ejecución e insolvencias punibles, cit.*, p. 311; Pavía Cardell, en Camacho Vizcaíno, *Los delitos de insolvencia punible, cit.*, p. 849; Feijoo Sánchez, *Orden socioeconómico y delito... cit.*, p. 133.

360 Bacigalupo Zapater, *Insolvencia y delito en el Proyecto de reforma... cit.*, p. 7.

361 Gutiérrez Pérez, *El Derecho penal frente a la insolvencia... cit.*, pp. 470-471.

362 Feijoo Sánchez, *Orden socioeconómico y delito... cit.*, p. 133.

Debe entenderse, pues, este posicionamiento en su contexto: para estos autores no resulta válida la delimitación tradicional entre *causas de atipicidad* y de *justificación* basadas en que en el primer caso el hecho resulta absolutamente irrelevante para el Derecho penal, mientras que en el segundo nos encontraríamos ante un hecho que representa una valoración negativa en sede penal pero que excepcionalmente el Ordenamiento tolera o permite en atención a otros intereses. Así, siguiendo con la exposición de GUTIÉRREZ PÉREZ, apoyada en las tesis de ORTIZ DE URBINA GIMENO[363], podría decirse que existen conductas *atípicas* que a pesar de todo siguen siendo muy reprobables, y a la inversa, conductas *justificadas* que pueden ser encomiables. Concluye por ello la autora que "en el juicio de atipicidad, por tanto, ya se produce una ponderación de intereses y no se posterga artificialmente a un momento posterior en sede de antijuridicidad. Incluso si se calificara, en su caso, como una conducta encuadrable en el art. 20,7° CP, esto es, el cumplimiento de un deber o del ejercicio legítimo de un derecho, se podría mantener que constituye una causa de atipicidad, de falta de significación penal, más que de justificación"[364].

Siguiendo con la autora últimamente citada, la consideración de la cláusula como una manifestación del espacio de *riesgo permitido* en este delito responde a la especial relación que el autor tiene con el patrimonio, objeto material del delito, en las figuras de insolvencias punibles; así puede leerse a GUTIÉRREZ PÉREZ que "en los delitos de insolvencia punible en sentido amplio [...] colisionan, de una parte, la facultad del acreedor de satisfacer su crédito mediante el patrimonio del deudor y, de otra, la libertad de disposición económica de este último. En el proceso de búsqueda del punto de equilibrio entre ambas facultades, la adecuada fijación de unos espacios de riesgo permitido resulta impres-

---

363 Cfr.: Ortiz de Urbina Gimeno, *De moscas y agresores muertos... cit.*, pp. 33 y ss.

364 Gutiérrez Pérez, *El Derecho penal frente a la insolvencia... cit.*, p. 473.

cindible para que los márgenes de lo punible no se dilaten en exceso. Esta tarea se dificulta sobremanera en estas figuras delictivas por la especial relación que el autor posee con el patrimonio que reviste el objeto material del delito"[365].

También en esta dirección se manifiesta NIETO MARTÍN, para quien "el riesgo permitido es una causa de exclusión de la tipicidad propiamente penal, a diferencia de la justificación que indica la permisión de la conducta en la totalidad del ordenamiento jurídico", considerando por ello que la cláusula de justificación económica o empresarial que está siendo analizada posee la naturaleza de causa de atipicidad, por tratarse de un supuesto de riesgo permitido[366]. En idéntico sentido BACIGALUPO ZAPATER entiende que "las operaciones destinadas a la obtención de beneficios para ese patrimonio constituyen un supuesto de *riesgo permitido* expresamente contemplado en el tipo"[367].

Esta concepción sostenida por los autores citados (y especialmente en el ámbito propio de los delitos relacionados con situaciones de insolvencia del deudor) fue ya defendida previamente de modo genérico en la teoría del delito por SILVA SÁNCHEZ, quien expresó que "si bien es cierto que cabe pensar que lo atípico es irrelevante para el Derecho penal y lo justificado, en cambio, tiene una connotación dañosa [...] también lo es que las cosas pueden verse al revés: lo justificado, como algo que se define como conforme con el Ordenamiento jurídico (incluso valorado positivamente), y lo atípico como algo ciertamente irrelevante para el Derecho penal, pero o bien sin valoración alguna o bien, incluso, como valorado negativamente desde la perspectiva de otros sectores del Ordenamiento. En

---

365 Gutiérrez Pérez, E.: "¿Libertad económica o insolvencia punible? El riesgo (no) permitido del deudor como problema 'sine die'", en Acale Sánchez, M., Miranda Rodrigues, A., y Nieto Martín, A. (coords.), VV. AA.: *Reformas penales en la península ibérica. A 'jangada de pedra'?*, Ed. BOE, Madrid, 2021, p. 55.

366 Nieto Martín, *El delito de quiebra, cit.*, p. 99.

367 Bacigalupo Zapater, *Insolvencia y delito en el Proyecto de reforma... cit.*, p. 7.

realidad, lo más conforme con el enfoque teleológico es sostener que la atipicidad penal no prejuzga en absoluto las relaciones del hecho con el resto del ordenamiento jurídico, al igual que tampoco la exclusión del injusto penal afirma por sí sola nada acerca de la subsistencia o no de una prohibición extrapenal. En definitiva, lo que se pretende señalar con las consideraciones anteriores es que la atipicidad penal y la exclusión del injusto penal de un hecho típico no se sitúan necesariamente en una relación de menos a más gravedad del hecho, sino, a veces, en una relación incluso inversa (cuando la atipicidad deja en pie un injusto extrapenal y la exclusión del injusto penal, por su parte, aparece, además, como una permisión jurídica general)"[368]. Más recientemente SILVA SÁNCHEZ ha argumentado que el concepto de *riesgo permitido* (en el que según la mayoría de los autores se apoyaría el fundamento de la cláusula de justificación económica o empresarial del art. 260,1 CP, concebida como causa de atipicidad) "solo puede alcanzar a aquellas conductas que son penalmente atípicas en virtud de ser jurídicamente permitidas. Más en concreto: formalmente permitidas por el ordenamiento jurídico extrapenal"[369]. Para el autor una conducta peligrosa para un bien jurídico "puede ser atípica por tres clases de razones: por razones sociales, por razones jurídicas extrapenales y por razones específicamente jurídico-penales. El primer ámbito es el de la adecuación social. El segundo, el del riesgo permitido. El tercero, el de todas las demás causas de atipicidad"[370] (en este último grupo entraría, por

---

368 Silva Sánchez, J. M.: *Aproximación al Derecho penal contemporáneo*, Ed. Bosch, Barcelona, 1992, p. 396.

369 Silva Sánchez, J. M.: "Bases de un concepto restrictivo de riesgo permitido", en Olmedo Cardenete, M., Núñez Paz, M. A., Sanz Mulas, N., et. al. (dirs.), VV. AA, *Ciencia penal y generosidad. De lo mexicano a lo universal. Libro Homenaje a Carlos Juan Manuel Daza Gómez, in memoriam*, Ed. Bosch, Barcelona, 2021, p. 178. Con mayor profundidad, cfr.: Silva Sánchez, J. M.: *El riesgo permitido en Derecho penal económico*, Ed. Atelier, Barcelona, 2022.

370 Silva Sánchez, en Olmedo Cardenete, Núñez Paz, Sanz Mulas, et. al. (dirs.), *Bases de un concepto restrictivo de riesgo permitido, cit.*, p. 178.

ejemplo, el criterio de la insignificancia, tal y como hemos defendido en alguna ocasión previa[371]). Desde esta perspectiva, pues, el *fundamento* de la cláusula de justificación económica o empresarial en este delito se identificaría con la concreción de un espacio de riesgo permitido de procedencia o soporte extrapenal, que contendría directamente la tipicidad penal del hecho de favorecer indebidamente a acreedores. Consecuentemente, la *naturaleza jurídica* del precepto sería la de causa de atipicidad. Ello, además, presentaría a juicio de algunos autores importantes ventajas desde el punto de vista práctico (en una visión añadida de carácter pragmático), permitiendo resolver de modo satisfactorio problemas de conveniencia o utilidad procesal, ofreciendo, por ejemplo, la posibilidad de no dar inicio al procedimiento penal si se verifica la causa de atipicidad, o, en caso de que se hubiera producido la apertura, decidir el sobreseimiento libre sin necesidad de llegar a una sentencia (absolutoria)[372].

6.1.3. Causa de justificación e interés preponderante

Desde otro punto de vista, algún autor, de manera prácticamente aislada del resto de la doctrina (ya expuesta como claramente mayoritaria) ha sostenido que la cláusula de justificación económica o empresarial del delito del art. 260,1 CP realmente constituye una *causa de justificación* que desplaza el carácter antijurídico del hecho en sede penal[373].

---

[371] Vid.: Bustos Rubio, *Insignificancia y Derecho penal económico, cit.*, p. 116.

[372] En este sentido: Gutiérrez Pérez, *El Derecho penal frente a la insolvencia… cit.*, pp. 474.

[373] Representativamente: Queralt Jiménez, *Derecho penal español, parte especial, cit.*, p. 777. También: López Barja de Quiroga, *La reforma de los delitos económicos… cit.*, p. 292. Por su parte, Bacigalupo Zapater, *Insolvencia y delito en el Proyecto de reforma… cit.*, p. 7, si bien considera que la cláusula representa un supuesto de *riesgo permitido* expresamente recogido en el tipo, después califica el error del deudor sobre su existencia como un *error de prohibición,* pues a su juicio, en tales casos, "el autor, conociendo todos los elementos del tipo, tiene una

En esta dirección QUERALT JIMÉNEZ ha expresado que si la acción de favorecimiento de acreedores se encuentra supeditada a la inexistencia de una operación que posea justificación de tipo económico o empresarial entonces "más que un delito es una causa de justificación". Entiende el autor que en el art. 260,1 CP no existe la necesidad de que el sujeto deudor reciba autorización para llevar a cabo la conducta (contrariamente a lo que acontece en la figura del art. 260,2 CP que más abajo analizaremos), más "la justificación económica o empresarial, aún sin mediar autorización, es [...] causa de levantamiento de la antijuridicidad"[374].

Según esta línea interpretativa, la cláusula en examen poseería naturaleza jurídica de *causa de justificación* que excluiría la antijuridicidad del hecho, permaneciendo inalterada su tipicidad, y en atención al fundamento identificado en que, pese a la desvaloración del hecho en su conjunto, el legislador atribuye un *permiso jurídico* por el cual en tales casos será lícito favorecer a los acreedores en los términos explicados. Ese permiso, en definitiva, queda identificado con la existencia de una justificación de tipo económico o empresarial en la operación ejecutada por el deudor. El hecho seguiría siendo relevante para el Derecho penal, más la razón del desplazamiento del delito en estos últimos casos se apoyaría en la existencia de un permiso que pudiera derivarse de la cláusula del art. 20,7° CP, que determina

---

representación errónea de si su comportamiento está permitido o no", por lo que también parece sumarse, implícitamente, a la categorización de la cláusula como causa de justificación. Antes de la reforma, parecía atisbar esta opinión: Martínez-Buján Pérez, *Cuestiones fundamentales del delito de alzamiento de bienes, cit.*, p. 482, señalando que "no puede pasarse por alto la posibilidad de aplicar alguna de las causas de justificación reconocidas en nuestro Ordenamiento jurídico. Entre ellas, la doctrina ha prestado una particular atención al estado de necesidad, en aquellos casos en que, v. gr., el deudor enajena sus bienes para procurarse los alimentos indispensables para su subsistencia o para comprar medicinas". En similar dirección, si bien señalando que la justificación en este tipo de delitos debe ser muy excepcional: Vives Antón/González Cussac, *Los delitos de alzamiento de bienes, cit.*, p. 78.

374 Queralt Jiménez, *Derecho penal español, parte especial, cit.*, p. 777.

la exención de responsabilidad penal para quien obre en cumplimiento de un deber o en el ejercicio legítimo de un derecho, oficio o cargo[375].

Desde un planteamiento dubitativo, aunque partiendo de que esta cláusula supone un "condicionamiento típico adicional" del delito, para Boix Reig y Anarte Borrallo no resulta acertada la inclusión de esta cláusula, que genera importantes controversias al momento de su determinación como causa de atipicidad o de justificación. A su juicio, y para salvar cualquier duda, hubiera resultado mejor opción aludir a "un elemento normativo negativo expresivo de la antijuridicidad del hecho, como el de fuera de los casos permitidos por la ley", elemento al que, por cierto, sí se refiere la modalidad del art. 260,2 CP[376].

Por su parte, López Barja de Quiroga, a pesar de comenzar su análisis de la cláusula considerando que las acciones "no serán típicas cuando se trate de una operación que esté justificada económica o empresarialmente" de modo que "dicho al contrario (como hace la ley), dichas acciones son típicas cuando carezcan de una justificación económica o empresarial", a continuación argumenta que el tipo penal posee una estructura más compleja de lo que a priori pudiera parecer, descomponiéndose en la realización de una conducta que no se encuentre justificada; para el autor "en el fondo todo delito requiere que la acción típica no esté justificada por la concurrencia de una causa de justificación", y este delito del art. 260,1 CP, a su modo de ver, "sin perjuicio de las causas de justificación que con carácter general contiene el Código Penal, establece una

---

375 Con todo, ya hemos especificado líneas antes que ni siquiera se mantiene un consenso sobre la concreta naturaleza de esta cláusula, que algunos autores reconducen al ámbito de la propia *atipicidad*. Vid. en este sentido: Gutiérrez Pérez, *El Derecho penal frente a la insolvencia... cit.*, p. 473, nota al pie nº 206 (y doctrina allí citada).

376 Boix Reig, J. y Anarte Borrallo, E.: "Frustración de la ejecución e insolvencias punibles", en Boix Reig, J. (dir.), VV. AA.: *Derecho penal, parte especial. Volumen II. Delitos Económicos,* Ed. Iustel, 2ª edic., Madrid, 2020, p. 323.

específica: la justificación económica o empresarial de la operación"[377].

Para LÓPEZ BARJA DE QUIROGA, sin embargo, el fundamento de las causas de justificación se apoya en una ausencia de interés para el bien jurídico o bien en la existencia de un interés mayor que hace que, en el caso concreto, decaiga el carácter antijurídico del tipo penal. Se aleja este autor de la fundamentación basada en la existencia de un *permiso* del Ordenamiento jurídico para llevar a cabo el hecho típico. Nos encontramos, pues, ante el tradicional fundamento de las *causas de justificación,* apoyado en la idea del conflicto de intereses que el legislador solventa en favor de uno de dichos intereses y en detrimento de otro (discusión que se cristaliza con claridad en la causa de estado de necesidad). Para el autor, en concreto, "la justificación deberá responder a esta fundamentación, específicamente en el interés preponderante, por lo que esta causa de justificación exigirá un balance entre el interés económico o empresarial de la acción y el beneficio que ello reporta para la empresa; aunque más que para la empresa, deberá ser más concretamente para el resto de los acreedores", pues para este autor "es cierto que si la empresa mejora con la acción o la garantía, ello redundará en los acreedores, pero en realidad —dado que lo que se pretende es mantener y proteger la *par conditio creditorum*—, la justificación ha de ir dirigida al beneficio del resto de los acreedores, pues si la empresa mejora, eso no significa que no continúen existiendo diversidad de créditos por pagar y que determinado acreedor ha sido favorecido por el deudor"[378].

---

377 López Barja de Quiroga, *La reforma de los delitos económicos... cit.*, p. 292.

378 López Barja de Quiroga, *La reforma de los delitos económicos... cit.*, pp. 292-293. Añade el autor que "la única manera de justificarlo en relación con la empresa sería si con la acción del deudor [...] la empresa pudiera pagar 'todos' los acreedores, pues entonces sí estaría justificada la acción, dado que así no se altera la *par conditio*".

Así considerada, la cláusula en examen constituiría una causa de justificación que elimina lo antijurídico del comportamiento típico del deudor, pues el legislador estaría señalando que, en un supuesto de favorecimiento de acreedores preconcursal, la conducta típica deviene finalmente lícita si se prueba la existencia de un interés preponderante, superior al que identificamos con la protección del correcto funcionamiento del sistema crediticio (bien jurídico tutelado, a nuestro juicio, en este tipo penal), cual es la *justificación económica o empresarial,* que según el pensamiento de López Barja de Quiroga, implicaría una mejora para la situación económica del deudor insolvente, o bien para la empresa en similar situación de insolvencia. En definitiva, si con la actuación de favorecimiento del deudor realmente se produce esa mejora en la situación de crisis o insolvencia preexistente, entonces el Ordenamiento declara la existencia de un interés preponderante por el que se termina permitiendo la conducta típica de favorecimiento.

No obstante, esta concreta lectura de la cláusula asimilándola siempre a una *mejora de la situación,* no tiene por qué ser así: en ocasiones la justificación puede cubrirse simplemente mediante la realización de pagos de obligaciones aún no exigibles o en su caso con la constitución de garantías no debidas, con el único fin de que el sujeto o la empresa pueda seguir operando en el mercado o, por ejemplo, con un fin de mera subsistencia. Pensamos que es obvio que, si con la conducta de favorecimiento del sujeto realmente se produce una mejora general de su situación de insolvencia, dicha conducta habrá de quedar exenta de respuesta penal. No obstante, la alusión a una justificación de tipo económica o empresarial no pensamos que se dirija únicamente a dejar extramuros del delito conductas de auténtica mejora de la situación de insolvencia, pudiendo tratase simplemente de actos de favorecimiento que, no agravando tal estado, y suponiendo más bien una reordenación de los créditos para con los acreedores, sin embargo quedan amparados por razones económicas o empresariales que pueden coincidir con actos de mero desarrollo empresarial o económico, actos de aseguramiento o actos de subsistencia común, sin que se mejore el estado de crisis económico-financiera del deudor.

En este sentido, realmente es posible concebir que lo patrocinado por LÓPEZ BARJA DE QUIROGA se asemeja más bien a un supuesto de *riesgo permitido,* que convertiría en atípica la conducta. Más desde la óptica de la *justificación* en sede de antijuridicidad pensamos que no se trata de tal cosa. Si con la actuación de favorecimiento de acreedores del deudor se produce siempre una mejora de su situación económico-financiera entonces incluso puede mantenerse la desaparición del riesgo para el bien jurídico, pues en el fondo ello constituirá una mejora de posibilidades en ese sistema crediticio ordenado cuya funcionalidad hemos identificado a modo de interés jurídico-penalmente tutelado; desde esta perspectiva parece, pues, que se quiere aludir a una falta de *tipicidad.* En cambio, si no siempre se produce esa mejora de la situación anunciada por el autor, entonces nos encontramos más bien ante un *conflicto de intereses* en el que prima uno sobre el otro, por decisión político-criminal del legislador (en concreto, cuando existan razones de tipo económico o empresarial que justifiquen suficientemente tal actuación del deudor), pero subsistiendo el ataque o peligro para el bien jurídico, que no desaparece sino que más bien decae en sede penal en favor de otro tipo de intereses (lo que, ahora sí, responde mejor al fundamento propio de las *causas de justificación* en Derecho penal).

6.1.4. A modo de conclusión y toma de postura

Para concluir con la cuestión de la *naturaleza jurídica,* elemento directamente imbricado al *fundamento* de la cláusula, y poder decantarnos por una u otra línea de argumentación, creemos necesario clarificar el contenido de las *causas de atipicidad* y de las *causas de justificación* en Derecho penal.

Por un lado, las *causas de atipicidad* son circunstancias que excluyen directamente la tipicidad de la conducta, suponiendo la negación de la concurrencia del propio tipo penal. Existen, como ya esbozamos más arriba, diversas consideraciones sobre el "tipo penal", y sobre las categorías de "tipicidad", "antijuridicidad" o "injusto"[379], más desde nuestra propia concepción es posible seguir manteniendo un esquema tripartito del delito, que diferencie los estadios de la *tipicidad,* de la *antijuridicidad* y de la tradicional *culpabilidad* (si bien en nuestra opinión resulta más acertado hablar de *atribución de responsabilidad penal*). Siendo esto así, la tipicidad define los sujetos activo y pasivo del delito y las conductas que afectan al bien jurídico tutelado por la norma, sin que ello sea indicativo siempre y en todo caso de la antijuridicidad o ilicitud penal de la conducta, cuya afirmación puede hacerse depender de la inexistencia de causas de justificación. Las causas de atipicidad, por tanto, aluden a casos en los que el comportamiento directamente es irrelevante a los efectos típicos del delito. Esa atipicidad del hecho puede venir apoyada, en la consideración ya efectuada por Silva Sánchez, en razones de tipo social (p.ej.: adecuación social), razones de tipo jurídico de procedencia extrapenal (p.ej.: supuestos de riesgo permitido), y razones específicamente penales (p.ej.: otras causas de atipicidad específicas)[380]. Como se ha visto, la mayor parte de la doctrina que considera que la cláusula de justificación económica o empresarial del art. 260,1 CP constituye una auténtica causa de atipicidad evoca como fundamento de la misma la existencia de una zona de *riesgo permitido,* en la que, por tanto, el legislador configura directamente la tipicidad de la conducta en un sentido positivo (definiendo

---

379 Cfr. a título de ejemplo: Luzón Peña, D. M.: "Causas de atipicidad y causas de justificación", en Luzón Peña, D. M., y Mir Puig, S., *Causas de justificación y de atipicidad en Derecho penal,* Ed. Aranzadi, Navarra, 1995, pp. 21 y ss., señalando la posible existencia de un *tipo global o total* de injusto, comprensivo de un tipo en sentido estricto y también en sentido amplio, y distinguiendo entre causas de atipicidad en sentido estricto y causas de atipicidad en sentido amplio, que incluirían las causas de justificación.

380 Silva Sánchez, en Olmedo Cardenete, Núñez Paz, Sanz Mulas, et. al. (dirs.), *Bases de un concepto restrictivo de riesgo permitido, cit.,* p. 178.

qué es el favorecimiento ilícito de acreedores preconcursal) y en un sentido negativo (señalando en qué casos ese favorecimiento supone un riesgo permitido para el bien jurídico).

Por otro lado, las *causas de justificación* son circunstancias que no excluyen la tipicidad del hecho sino solo su carácter antijurídico o ilícito (penal), pasando de considerarse conductas prohibidas a conductas toleradas o permitidas por el Derecho penal. No obstante, y a pesar de que la doctrina se ha esforzado por encontrar un fundamento único que resulte predicable por igual para todas las causas de justificación, la concreta razón que avala la justificación de la conducta dependerá de múltiples circunstancias, siendo a nuestro juicio la mejor opción una valoración individualizada de dichas razones. Es cierto que en un plano muy destacado aparece la tesis de la *colisión o conflicto de intereses*, que en las líneas previas hemos analizado al albur del delito de favorecimiento ilícito de acreedores bajo la idea del "interés preponderante": esta teoría entiende que en todas las causas de justificación se permitiría la lesión de un interés jurídico por entrar en conflicto con otros intereses superiores o preponderantes en atención a las concretas circunstancias del caso, interés en todo caso de mayor peso para el Derecho[381].

A nuestro juicio, resulta evidente que la cláusula que acompaña *in fine* al delito de favorecimiento ilícito preconcursal del art. 260,1 CP se sustenta en un conflicto de intereses. La norma penal no puede lanzar el mandato de prohibición de favorecimiento de acreedores por parte

---

381 Luzón Peña, en Luzón Peña y Mir Puig, *Causas de atipicidad y causas de justificación, cit.*, pp. 32-33. En opinión del autor "teniendo un núcleo de verdad la idea de la colisión de intereses en la mayoría de las causas de justificación, no explica bien el fundamento de algunas que solo excluyen el desvalor de la acción: además, no se debe prescindir de los matices peculiares de cada una, ni generalizar excesivamente las ideas de estricto conflicto, ponderación y proporcionalidad propias del estado de necesidad a las demás causas justificantes".

de un deudor insolvente en sede previa al concurso, sin reconocer que en ciertos casos existirá un *interés preponderante* (que no un riesgo permitido) que permita desplazar el carácter prohibido o antijurídico de esa conducta. En nuestro caso concreto, resultarán siempre penalmente típicos los actos de favorecimiento prohibido que define el precepto, quedando justificados si concurre un interés preponderante identificado en la justificación económica o empresarial de la operación (examinada en su conjunto; sobre el contenido particular de la cláusula, volveremos de inmediato). Esto es: existe, por un lado, un interés claro, objeto de protección penal en el delito del art. 260,1 CP, que identificamos con el correcto o normal funcionamiento del sistema crediticio ordenado (garantía de esta parcela del orden socioeconómico del país, como se argumentó al comienzo de esta obra). La tipicidad de las conductas analizadas se dirige, pues, a lograr la intangibilidad de dicho interés. Empero, y aunque la afección a dicho interés subsista, decae el carácter penalmente antijurídico de la acción del deudor cuando entra en escena un interés que ha sido considerado preponderante a estos efectos, cual es la existencia de motivos, razones o, en definitiva, *justificaciones* de carácter económico o empresarial, interés que hace decaer la antijuridicidad de la conducta. La existencia de esa justificación permite, además, reconocer la subsistencia y prevalencia, si bien limitada, de un espacio de disposición del patrimonio por parte del deudor que todavía no se encuentra en concurso (no de *libre* disposición, pues la misma deberá siempre someterse a examen para comprobar que existe una justificación apoyada en razones empresariales o económicas, como se dijo).

No estamos, pues, ante un espacio de *riesgo permitido* cuya función sea la de contener o definir la propia tipicidad de la conducta, en un sentido negativo: la tipicidad de la conducta queda ya conformada cuando se determina el comportamiento que afecta o pone en peligro al bien jurídico protegido, a saber, cuando el sujeto deudor, en situación de insolvencia (actual o inminente) realiza cualquier acto de disposición patrimonial o generador de obligaciones que se destina a pagar un crédito no exigible o a facilitar una garantía indebida, favoreciendo así a uno de sus acreedores frente al resto, y produciéndose con ello, como se argumentó, una redistribución prohibida de los créditos por parte de un sujeto no-solvente y en sede preconcursal. Esas exigencias y disposiciones (junto al dolo) y no otras, conforman la *tipicidad* del hecho delictivo. Más allá de ello, si en el caso particular se encuentra una razón de tipo económico o empresarial (que de inmediato ejemplificaremos) que sirva como *justificación* de la realización de la conducta típica, entonces aparece un interés preponderante (construido de manera particular por el legislador para el caso de este concreto delito), que conecta con las facultades que todavía le restan al deudor en cuanto a la llevanza de su propia situación económico-financiera, y que hace que el comportamiento resulte finalmente *permitido* o *justificado*. Pero tal comportamiento no puede interpretarse como un riesgo permitido para el bien jurídico, cuyo peligro subsiste y permanece inalterado de igual forma, aunque el sujeto lleve a cabo su conducta por razones económicas o empresariales. La afectación al correcto funcionamiento del sistema crediticio, en forma de peligro, permanece incólume, aunque el sujeto lo haga por razones económicas o empresariales que justifiquen su operación, produciéndose de igual manera una reordenación preconcursal de los créditos. Lo que ocurre es, pues, que al aparecer otro interés en juego cuando existe una justificación de tipo económica o empresarial que explica la ejecución de tales comportamientos, el hecho queda finalmente tolerado, permitido o amparado por el Ordenamiento jurídico-penal.

Como se observa, ese interés que excluye la antijuridicidad de la conducta del deudor, se conecta de manera muy próxima con el ejercicio de un derecho de este (art. 20,7ª CP), si bien como decimos no de forma ilimitada o absoluta, sino solo en tanto se pueda acreditar que esa libertad de disposición se encontraba justificada por un interés de tipo económico o empresarial.

Por lo demás, más allá de que la propia literalidad del precepto contribuya a avalar nuestra posición (si bien reconocemos que el tenor literal no es siempre automáticamente indicativo de una u otra naturaleza jurídica), realmente corresponderá al deudor acreditar ante el juez la existencia de dicha situación, económica o empresarial, que le permitirá así *justificarse* penalmente, pues solo él conoce su realidad y circunstancias.

6.2. El contenido de la cláusula

6.2.1. El nivel de indeterminación

Una vez delimitada cuál es, a nuestro juicio, la naturaleza jurídica y el fundamento del precepto, en las líneas que siguen se analizará el concreto contenido y alcance este último extremo de la norma.

Debe partirse de la base de que delimitar con absoluta precisión, y apriorísticamente, la expresión *justificación económica o empresarial* no es tarea sencilla. Partimos del empleo de una terminología amplia, abierta y sumamente elástica por parte del legislador penal. De este modo, autores destacados han alertado sobre la peligrosidad del empleo de este tipo de expresiones, que exigirán siempre una valoración particular del caso concreto, a realizarse por el juez, que deberá estudiar el tipo de deudor y de deudas, la actividad económica o empresarial, su volumen de negocio, y otros muchos factores relacionados, resultando así en una disposición sumamente imprecisa e indeterminada[382]. En este sentido, por ejemplo, GUTIÉRREZ PÉREZ considera que esta forma de proceder del legislador se aproxima a una *legalidad penal líquida* que reduce la seguridad jurídica y conduce a una "justicia casuística" o particularizada, al in-

---

[382] Así, v. gr., y entre otros: Rodríguez Padrón, *Las insolvencias punibles en la reforma del Código Penal, cit.*, p. 5; Feijoo Sánchez, *Orden socioeconómico y delito… cit.*, p. 133; y Gómez Lanz, *Las insolvencias punibles en el Código Penal, cit.*, p. 8.

corporarse un "parámetro poroso que acaba trasladando al juez la resolución de casos límite sin que la ley penal aporte criterios a los que acogerse"[383].

Con todo, como también detecta la autora últimamente citada, el recurso a este tipo de cláusulas abiertas (*open ended clauses)* también puede generar mayor rendimiento desde otra óptica analítica. Así, permiten adaptarse con comodidad a las particularidades del caso concreto, y su maleabilidad, a pesar de que a priori pudiera resultar negativa, puede terminar resultando conveniente si se acude a una motivación o a una fundamentación correcta, teleológicamente orientada. A ello hay que sumar que, a diferencia de otras figuras próximas, no se recurre a la exigencia de *animosidad* alguna, o a otros elementos subjetivos (y hasta cierto punto indeterminados) del injusto, propiciándose así mayores éxitos probatorios[384].

Con todo, pensamos que no puede negarse que el recurso a este tipo de cláusulas tan abiertas resulta cuanto menos discutible, por ser demasiado laxas o imprecisas, y dejar prácticamente por completo en las manos del juez la capacidad de apreciar si existe o no la justificación, sin mayores exigencias desde el punto de vista normativo, por lo que a nuestro modo de ver esta expresión se compadece mal con las exigencias de determinación y taxatividad que aún debieran gobernar nuestro modelo penal[385].

---

383 Gutiérrez Pérez, *El Derecho penal frente a la insolvencia... cit.*, p. 475. La autora considera, además, la existencia de otros dos grupos de problemas añadidos: (i) la obligación de acudir, en estos delitos, a la prueba pericial para determinar el sentido económico o empresarial de la conducta, y (ii) la falta de especialización del juez penal en materia económico-empresarial (idem, pp. 476 y ss.). No obstante, entendemos que tales problemas resultan predicables por igual de cualquier injusto económico, por lo que no ahondaremos en ellos en este momento.

384 Gutiérrez Pérez, *El Derecho penal frente a la insolvencia... cit.*, p. 476.

385 Ya nos pronunciamos en esta dirección en: Bustos Rubio, *Los delitos de bancarrota: una modalidad de insolvencia punible, cit.*, p. 13.

Si bien tras la reforma penal del año 2015 es posible encontrar referencias a la justificación económica o empresarial en alguna de las conductas de delitos de insolvencias punibles que llamamos *bancarrota,* bien de manera conjunta y similar a lo que acontece en el actual art. 260,1 CP (así, por ejemplo, en la modalidad del art. 259,1,2ª CP) bien aludiendo solo a algún tipo de justificación concreta, solo económica o solo empresarial (así, por ejemplo, en las conductas de los arts. 259,1,3ª y 5ª CP), debe señalarse que con anterioridad a dicho cambio normativo no era posible encontrar expresas referencias a esta cláusula en el seno de los delitos de insolvencias punibles, si bien se hacían alusiones directa o indirectamente a esta posible justificación al albur del antiguo delito concursal del otrora art. 260 CP[386].

Sin embargo, es posible encontrar pronunciamientos doctrinales que han intentado dotar de contenido y alcance a esta controvertida expresión, desde una óptica general y pretendidamente aplicable al conjunto de delitos que orbitan sobre situaciones de insolvencia del sujeto deudor.

A continuación, vamos a sistematizar estas interpretaciones (un total de tres), pasando después a centrar el análisis en el caso particular del delito de favorecimiento prohibido preconcursal que nos ocupa.

6.2.2. Equiparación con la cláusula *en perjuicio de los acreedores*

En primer lugar, algunos autores han considerado que la alusión a cláusulas de *justificación económica o empresarial* implicaría comprobar, en un completo ejercicio de reducción al máximo, que o bien (i) el deudor realiza conductas que resultan explicables de manera razonable desde la óptica de la "correcta llevanza de su patrimonio", o bien (ii)

---

386 Ampliamente, sobre esas interpretaciones jurisprudenciales previas a la reforma apuntada, cfr.: Gutiérrez Pérez, *El Derecho penal frente a la insolvencia… cit.,* pp. 480 y ss.

el deudor realiza esas conductas con el único propósito de defraudar al resto de acreedores. Esto es, nos encontraríamos ante una disyuntiva que, expresada en tales términos, terminaría por aproximar la cláusula al reverso del tradicional comportamiento realizado *en perjuicio de los acreedores* en el delito de alzamiento de bienes.

En este sentido ha entendido NÚÑEZ CASTAÑO que en esta disposición "se hace preciso establecer si hay alguna explicación razonable de la conducta del deudor, que de no existir implicaría que sólo se pretende defraudar a los acreedores"[387]. E igualmente, para FARALDO CABANA "la referencia a la carencia de justificación económica o empresarial es una cláusula pendiente de valoración que deja al juez en las manos de los peritos, salvo que se entienda que equivale a la actuación 'en perjuicio de los acreedores', en los términos que se aplican al delito de alzamiento de bienes. Esta es probablemente la mejor opción. De esta forma, lo que el juez debe determinar es si hay alguna explicación razonable para la conducta del deudor, pudiendo inferirse, en caso de no encontrarla, que solo se pretende defraudar a los acreedores"[388].

Apreciaciones que, llevadas al ámbito propio del art. 260,1 CP, implicarían que o bien (i) el favorecimiento típico se realiza por el deudor insolvente, no obstante, como forma razonada de continuar con su actividad económica o empresarial, existiendo por ello una justificación, o bien (ii) tales conductas de favorecimiento no se encuentran apoyadas en tal excusa, de manera tal que debe concebirse que el deudor actúa de ese modo solo para favorecer a un acreedor frente al resto.

---

[387] Núñez Castaño, E.: "Delitos patrimoniales de enriquecimiento cometidos mediante defraudación (III): frustración de la ejecución e insolvencias punibles", en Gómez Rivero, Mª. C. (dir.), VV. AA., *Nociones fundamentales de Derecho Penal parte especial,* Vol. II, Ed. Tecnos, Madrid, 2015, p. 176.

[388] Faraldo Cabana, *Vuelta a los hechos de bancarrota… cit.,* p. 61.

Con estas mimbres, en definitiva y como ha considerado Feijoo Sánchez, si el deudor no presenta ninguna lógica económica o empresarial para explicar su conducta, entonces habrá que entender que el único fin es el de perjudicar a sus acreedores (en el sentido tradicional de lo requerido por el delito de alzamiento de bienes)[389].

6.2.3. Aportaciones desde el Derecho privado

En segundo lugar, otro grupo de autores ha propuesto interpretar esta cláusula en paralelo a ciertas disposiciones normativas dimanantes de la legislación privada, esencialmente mercantil y concretamente concursal, para poder extraer de ese lugar las notas características de la existencia de una explicación justificativa de carácter económico o empresarial.

Así por ejemplo Sánchez Dafauce sostiene que las operaciones de carácter ordinario de la actividad profesional que se lleven a cabo en condiciones normales han de quedar extramuros del tipo penal del art. 260,1 CP[390]. Dentro de esta línea interpretativa considera Faraldo Cabana que es posible acudir a lo dispuesto en la otrora Ley Concursal (ahora TRLC) en materia de acciones rescisorias concursales, lo que ofrecería criterios interpretativos válidos al juez para dotar de contenido a esta cláusula de justificación económica o empresarial[391]. Así los actuales arts. 226 y 227 TRLC regularían disposiciones en materia de acciones rescisorias de reintegración de la masa activa, estableciendo este último precepto que "el perjuicio patrimonial se presume, sin admitir prueba en contrario, cuando se trate de actos de disposición a título gratuito, salvo las liberalidades de uso, y de pagos u otros actos de extinción de obligaciones cuyo vencimiento fuere posterior a la declaración del

389 Feijoo Sánchez, *Orden socioeconómico y delito... cit.*, p. 131.

390 Sánchez Dafauce, *Estudio crítico del delito concursal, cit.*, p. 79.

391 Faraldo Cabana, *Vuelta a los hechos de bancarrota... cit.*, p. 62.

concurso, excepto si contasen con garantía real". Y el art. 226,1 TRLC que "son rescindibles los actos perjudiciales para la masa activa realizados por el deudor dentro de los dos años anteriores a la fecha de la solicitud de declaración de concurso, así como los realizados desde esa fecha a la de la declaración, aunque no hubiere existido intención fraudulenta".

No obstante, como bien matiza GUTIÉRREZ PÉREZ, "esta propuesta es sugerente en tanto que facilita al juez de lo penal un catálogo de conductas en el que apoyarse [...] ahora bien, las bondades de este esquema aplicativo deben adoptarse con cautela en el ámbito de las insolvencias punibles. No se deben elevar todos los supuestos que pueden ser objeto de rescisión por esta vía a la categoría de delito. Los actos o negocios que se declaran ineficaces en virtud de la acción rescisoria concursal ni siquiera han de ser *causa de la insolvencia, ni efectuarse en el contexto de tal situación*"[392]. Por tal razón la autora les termina otorgando un valor meramente indiciario, conjugándose con otros factores a la hora de dotar de contenido a la cláusula.

6.2.4. El *tertium genus* en la propuesta de GUTIÉRREZ PÉREZ

Por último, recientemente GUTIÉRREZ PÉREZ en su excelsa obra sobre insolvencias punibles ha entendido que acudir a dotar de contenido a la cláusula de justificación económica o empresarial exige siempre realizar un *tertium genus* gradual entre, por un lado, la acción concreta del deudor, y por otro, la existencia de una plena justificación.

Se trata de una tesis muy próxima, pensamos, a aquella de las primeras que ya se han expuesto en líneas previas, si bien con la particularidad de que aquí no se realiza un

---

392 Gutiérrez Pérez, *El Derecho penal frente a la insolvencia... cit.*, p. 491. La autora (ibid., pp. 492 y ss.) prefiere acudir al examen del concepto de *sacrificio patrimonial injustificado*, de origen jurisprudencial, para matizar el camino interpretativo propuesto por este sector.

entendimiento en paralelo a la cláusula de animosidad prevista para el delito de alzamiento de bienes consistente en *perjudicar a los acreedores,* y además en esta línea interpretativa es posible reconocer tres posibles conclusiones derivadas de ese *tertium.*

Esas posibilidades, a juicio de GUTIÉRREZ PÉREZ[393], serían tres:

Por un lado, sería posible considerar que el deudor ha ejecutado la decisión económica o empresarial *más racional.* Para la autora no es posible mantener que esta situación colme la justificación a la que alude el precepto penal, pues considera que no es posible que la justificación se equipare única y exclusivamente a la adopción de las decisiones *más racionales* por parte del deudor, de entre todas las posibles. Para la autora no se trata de valorar que el deudor haya llevado a cabo una conducta "perfecta" en estos términos, sino más bien "razonable".

Por otro lado, cabría entender que la conducta del deudor se apoya en una decisión económica o empresarial *mínimamente racional.* Para la autora tampoco esta exégesis de la cláusula es suficiente para dar cobertura a la justificación económica o empresarial a la que alude el precepto. Y ello porque, en su opinión, a pesar de compadecerse bien con el mandato de mínima intervención penal, esta interpretación reduciría la aplicación del delito a la "más burda fraudulencia".

Por último, se pudiera concluir que la cláusula exige comprobar que nos encontramos ante una decisión económica o empresarial del deudor que resulta *razonable.* Este es, en concreto, el entendimiento que a juicio de GUTIÉRREZ PÉREZ mejor responde a lo exigido por la cláusula en examen. De este modo, y en sus propias palabras, "el juez deberá *ex ante,* partiendo de la información limitada que ostentaba el deudor en aquel momento, determinar si su comportamiento

393 Gutiérrez Pérez, *El Derecho penal frente a la insolvencia... cit.,* pp. 499 y ss.

se acomodaría a la expectativa de conducta en el marco de un *modelo de deudor razonable*. Este *deudor empresario razonable* adoptará la decisión no únicamente con un mínimo de sentido económico. Este sentido económico deberá acompasarse al contexto patrimonial o financiero en el que se halla"[394]. Ahonda la autora en la importancia de la distinción entre lo "racional" y lo "razonable" para terminar inclinándose por esta interpretación, con un proceder interpretativo a nuestro juicio muy positivo, que se contrapone a los anteriores caminos recorridos por los autores más destacados que se han aproximado al estudio de la materia.

6.2.5. En particular: el contenido de la cláusula en el delito del favorecimiento ilícito de acreedores preconcursal

Desde hace tiempo se ha planteado en la doctrina la posibilidad de que ante supuestos de *lógica económica*, y en menor medida *lógica empresarial*, el Derecho penal debiera dar un paso atrás dejando de sancionar conductas llevadas a cabo por el deudor insolvente en calidad de agente económico, considerándose que en tal condición sus conductas debían entenderse siempre *permitidas*[395]. A esa lógica responde, creemos, la incorporación tras la reforma penal del año 2015 de la cláusula de justificación económica o empresarial en el delito de favorecimiento prohibido preconcursal. Injusto en el que, además, es de todo punto comprensible que se establezcan límites como este, toda vez que, como dijimos más arriba, ni siquiera en ese momento existe un concreto orden de prelación entre acree-

---

394 Ibídem, pp. 504-505.

395 En este sentido: Paredes Castañón, en Quintero Olivares y Morales Prats (coords.), *Lo objetivo y lo subjetivo en el tipo de alzamiento de bienes, cit.*, p. 1648. Se desliga de este entendimiento Ruano Mochales, *Las insolvencias punibles ante las reformas... cit.*, p. 16, para quien "no resulta procedente condicionar la aplicación del tipo a la ausencia de razones económicas o empresariales, pues lo prevalente a estos efectos deben ser los intereses generales de los acreedores, y no las posibles ventajas que pueda obtener el deudor".

dores, al no haberse admitido siquiera a trámite la solicitud de concurso de acreedores.

Siendo esto así, y considerando positivo limitar el alcance del precepto (a nuestro juicio, como ya argumentamos, por razones de carencia de antijuridicidad, más no de tipicidad), ello no implica (i) ni considerar que la actual redacción sea acertada (ya hemos señalado al comienzo de esta parte que nos encontramos ante una disposición normativa que casa mal con las exigencias de determinación, taxatividad y certeza que dimanan del principio de tipicidad en Derecho penal), ni tampoco (ii) dar por hecho que la cláusula resulte de fácil aplicación a los diferentes y variados supuestos que acontezcan en la práctica. De hecho, lo uno (indeterminación) propicia un indeseable estado de inseguridad jurídica que se traduce en la complejidad de aquello segundo (la aplicación de lo dispuesto en el plano teórico al supuesto real práctico).

Las tres propuestas analíticas estudiadas, puestas en conjunto, pueden coadyuvar a dotar de sentido y alcance a la cláusula, pues suponen siempre el patrocinio de una serie de límites que dotan de sentido a aquellas. No obstante, pensamos que la mejor opción interpretativa consiste en no inclinarnos por ninguna de ellas en concreto, al menos para el particular caso del delito de favorecimiento ilícito de acreedores del art. 260,1 CP, resultando mejor opción abordar la exégesis de este extremo normativo con la mirada puesta al caso particular del delito, y su ámbito de operatividad (que viene conformado por los elementos típicos que hemos ido analizando páginas atrás). Esto no implica rechazar las tesis apuntadas, sino justamente todo lo contrario: imbricar el contenido fundamental de aquellas al caso particular del delito en examen (y sin desconocer el esfuerzo interpretativo de autores que, como Gutiérrez Pérez, han dedicado parte de sus investigaciones a clarificar las distinciones o matices existentes entre los "modelos clásicos" y aportar nuevas visiones integradoras o de conjunto, que a nuestro juicio casan muy bien con las diferentes modalidades de insolvencias punibles).

Algunos autores han mostrado sus dudas sobre si la cláusula de justificación económica o empresarial encierra una justificación desde la óptica del beneficio empresarial o bien desde la óptica del conjunto de los acreedores. En esta dirección LÓPEZ BARJA DE QUIROGA considera que la literalidad del art. 260,1 CP parece apuntar a la situación de la empresa, pero se muestra crítico con tal situación, pues a su juicio de tenerse en cuenta una justificación que solo aluda a una mejora de la situación de la empresa deudora "entonces será precisa una mejora tan sustancial como pasar de pérdidas a ganancias, o al menos a una situación de estabilidad. En otras palabras, no basta una mera mejora sino un reflotamiento que deje atrás la crisis económica de la empresa y le permita eludir el sobreseimiento en el pago de sus obligaciones"[396]. No compartimos esta opinión: como ya se pudo desprender del análisis de las diferentes posturas interpretativas de esta cláusula, la cuestión dista mucho de identificarse con ese *máximum* relativo a que solo se considere justificada la conducta de favorecimiento del deudor insolvente cuando de la misma se desprenda una mejora sustancial de su situación empresarial, en los términos descritos. Amén de que el precepto no solo alude a una justificación empresarial, sino también económica (lo que permite seguir entendiendo que el precepto es aplicable tanto a deudores empresarios como a deudores particulares).

Nos inclinamos por una exigencia menor que permita activar esta causa de justificación, pues de seguir la interpretación por la que aboga el autor últimamente citado, pensamos que la apreciación de tal disposición se reduciría al mínimo, ampliando la posibilidad de incurrir en responsabilidad por un delito en el que, ya su propia existencia tras la reforma del año 2015, motivó reacciones contrarias en el seno de la doctrina especializada (por las razones ya aludidas que en este momento no reiteraremos).

---

396 López Barja de Quiroga, *La reforma de los delitos económicos... cit.*, p. 294.

Pensamos que resulta un mejor entendimiento el que defienden autores como GUTIÉRREZ PÉREZ, quien considera que puede partirse de la siguiente afirmación: "el sacrificio patrimonial justificado se hallaría cuando el pago o la extinción de la obligación no vencida está destinada a crear o a mantener condiciones para *posibilitar razonablemente la continuidad de la empresa*"[397] (cursivas nuestras), lo cual, como ya hemos apuntado, demandará del juez un examen particularizado en atención a las concretas circunstancias del caso y al comportamiento del deudor. Y parece claro que *posibilitar razonablemente la continuidad de la empresa* no significa *abandonar la situación de crisis económica* de la empresa, ni exigir, para activar la causa de justificación, una mejora tal que implique *pasar de pérdidas a ganancias* (como apuntaba LÓPEZ BARJA DE QUIROGA[398]).

Así, ejemplifica GUTIÉRREZ PÉREZ que "se considera fuera de los confines del Derecho penal la conducta del deudor que satisface determinadas deudas no exigibles a un acreedor porque este le suministra la materia prima que necesita para la explotación industrial"[399]. Se trata de un supuesto de pago anticipado de deudas que, aunque típico al albur del delito del art. 260,1 CP, terminará siendo justificado al detectarse la existencia de una *causa de justificación económica o empresarial,* predicable de esta operación. Resulta claro, en este ejemplo, que el deudor ya insolvente no debe esperar a seguir un determinado orden de pago, ni tampoco esperar a que la deuda sea exigible en el caso concreto de ese acreedor que le está suministrando los elementos necesarios para la propia continuidad empresarial (materias primas, productos de primera necesidad para el desempeño de la actividad industrial, etc.), por lo que tal comportamiento no obtendrá reproche penal.

---

397 Gutiérrez Pérez, *El Derecho penal frente a la insolvencia… cit.,* p. 581.

398 López Barja de Quiroga, *La reforma de los delitos económicos… cit.,* p. 294. Dudamos, no obstante, si realmente el autor se muestra partidario de este entendimiento, o bien se limita a describir lo que, a su juicio, se desprende del precepto

399 Gutiérrez Pérez, *El Derecho penal frente a la insolvencia… cit.,* p. 581.

Ahora bien, debe especificarse que el pago de una deuda todavía no vencida (y por ello aún no exigible) conducirá, en su caso, a ejercer la acción rescisoria en sede concursal (acción que se ejercita para reintegrar a la masa activa del concurso aquellos bienes o derechos que se consideran indebidamente dispuestos sobre el patrimonio del deudor durante el plazo que la ley establezca), o si no llega a abrirse el procedimiento concursal (recordemos que el ámbito temporal de operatividad de la modalidad del art. 260,1 CP es *antes de la admisión a trámite de la solicitud de concurso*) quedará abierto el recurso a la vía general de rescisión del art. 1292 del Código Civil, que determina que "son también rescindibles los pagos hechos en estado de insolvencia por cuenta de obligaciones a cuyo cumplimiento no podía ser compelido el deudor al tiempo de hacerlos". Estas son las opciones que permanecen incólumes para el resto de acreedores no-favorecidos, pero en el terreno penal, como señalamos, nos encontraremos ante una circunstancia de pago anticipado *justificado* (desde el punto de vista económico-empresarial), que permitirá excluir la antijuridicidad del comportamiento típico del deudor.

Por el contrario, GUTIÉRREZ PÉREZ señala como ejemplo de comportamiento prohibido, por exceder del ámbito de operatividad de la cláusula "el pago de un préstamo participativo no exigible a uno de los socios, cuando la sociedad se halle en situación de insolvencia actual o inminente"[400].

Incluye la autora como actos inmunes tanto *penalmente* como *concursalmente* (acción rescisoria concursal) "los actos ordinarios de la actividad profesional o empresarial que sean realizados en condiciones normales, como los gastos ordinarios del pago de deudas tributarias, suministros de agua o electricidad que vayan venciendo" pues, como apunta la autora, "se trata de pagos que resultan de

---

400 Gutiérrez Pérez, *El Derecho penal frente a la insolvencia... cit.*, p. 582 (si bien afirmando la autora el carácter *típico* del hecho, desde su consideración de la naturaleza jurídica de la cláusula como *causa de atipicidad*).

la continuidad de la empresa y no suponen una antelación de las operaciones de liquidación del patrimonio"[401]. Por supuesto que tales acciones cotidianas del desarrollo de la actividad empresarial o incluso económica del sujeto deudor son inmunes penalmente, pero según alcanzamos en el ejemplo propuesto en este punto por la autora realmente nos encontramos ante conductas directamente *atípicas*, sin necesidad de acudir a la cláusula de justificación económica o empresarial que recoge el precepto, pues todo pago ordinario de deudas *vencidas* en las que no exista ningún elemento adicional que condicione su *exigibilidad* por parte del acreedor, quedará extramuros del propio tipo penal que solo sanciona (i) el pago anticipado o "desordenado" de deudas *no exigibles* (esto es, aquellas que aún no hayan vencido, o que si bien han vencido todavía no pueden hacerse exigibles, como estudiamos supra), que (ii) carezca de justificación económica o empresarial. Y en el ejemplo dispuesto por la autora realmente se habla de *pagos ordinarios de deudas ya vencidas*, que si presumimos por ello *exigibles* (lo normal será que lo sean, y la excepción, como vimos, es que aún queden condicionadas a elementos adicionales para su exigibilidad) no estarían tipificadas entre las conductas delictivas del delito del art. 260,1 CP.

Mayor duda puede suscitarse en el caso de que esas operaciones de pago propias de la actividad profesional, industrial o empresarial (o, en general, económica) del deudor insolvente, que se consideran pagos habituales u ordinarios, y que responden a la propia continuidad de la actividad económica o empresarial, se encuentren justificados cuando sean típicos, esto es, cuando se realicen en un momento en el que el crédito aún no ha vencido, y por ello todavía *no es exigible*. Desde nuestra concepción sobre la naturaleza jurídica de la cláusula de justificación, es evidente que en tal supuesto nos encontramos ante un acto típico de favorecimiento de acreedores prohibido, al realizarse actos de disposición patrimonial destinados al pago de una deuda no

---

401 Gutiérrez Pérez, *El Derecho penal frente a la insolvencia... cit.*, p. 583.

exigible, por parte de un deudor que está en una situación de insolvencia. Ahora bien, ¿se encuentra esa actuación justificada, al albur de la cláusula de justificación económica o empresarial que acompaña al precepto? Dependerá del caso concreto. Si esos pagos anticipados se realizan porque solo de ese modo es posible, por ejemplo, la propia subsistencia de la empresa entonces existirá tal justificación. O, verbigracia, si dichos actos de disposición destinados al abono de un crédito no vencido se realizan, por el sujeto deudor, como gastos ordinarios de los que depende su propia subsistencia económica, entonces también podrá motivarse la existencia de tal causa de justificación. Pero, como se viene advirtiendo, solo será posible dotar de significado a la cláusula de justificación económica o empresarial imbricándola con las concretas particularidades del caso que se plantee. Por tal razón hemos querido en estas líneas seguir el ejemplo de aquellos sectores especializados en nuestra doctrina que, como es el caso de GUTIÉRREZ PÉREZ, optan por ejemplificar los que, pensamos, son los supuestos más habituales que permiten el recurso a esta cláusula. Y parece claro que, como ya apuntaba una de las tesis interpretativas analizadas más arriba, en estos supuestos la actuación del deudor insolvente no es arbitraria o caprichosa, cuyo único fin sea el de favorecer indebidamente a unos acreedores con posposición del resto, sino que es posible indagar y fundamentar algún tipo de circunstancia que justifique el porqué de la realización de tales comportamientos típicos.

Si bien la mayor parte de ejemplos que hemos manejado hasta este momento quedan ligados a una justificación de tipo *empresarial*, el precepto también prevé la causa de justificación de la operación por razones de tipo *económico*. Así, de nuevo utilizando un ejemplo empleado por GUTIÉRREZ PÉREZ, resultará que "también se incluirían en este punto los gastos ocasionados por necesidades vitales en el caso del deudor no empresario, como el pago de alimentos, arriendos, colegios o suministros"[402]. Recordemos a es-

---

[402] Ibídem, p. 584.

tos efectos que el sujeto activo del delito queda limitado al sujeto *deudor*, con independencia de que este sea particular o empresario. No obstante, también queremos matizar este ejemplo utilizado por la autora, pues si bien parece que esos actos resultan de la cotidianeidad de la actividad económica de cualquier sujeto, cuando quien los realiza es un sujeto deudor, y se trata de deudas no exigibles, el comportamiento será típico por más que pueda después configurarse una argumentación suficiente que motive la existencia de una justificación de tipo económico, lo que, nuevamente, demandará un análisis particularizado del supuesto de hecho. Si tales pagos anticipados son solo caprichosos, innecesarios o completamente desordenados sin que exista justificación suficiente en contrario, el hecho, además de típico, devendrá antijurídico, a la luz de lo dispuesto en el propio art. 260,1 CP (particularmente en el caso de pago de servicios como colegios, o en el caso de abono de suministros no exigibles).

Con todo, algunos autores se inclinan por considerar que resulta ciertamente difícil imaginar hipótesis como las que se están exponiendo, que no respondan ya, directamente, al ejercicio de una *libertad de disposición* que corresponde al sujeto deudor, y que por tanto hayan de considerarse siempre excluidas del reproche penal, sin necesidad de ahondar en valoraciones particularizadas como se está haciendo en estas líneas. En este sentido MARTÍNEZ-BUJÁN PÉREZ afirma que "decidir pagar una de las diferentes deudas que todavía no son exigibles entra dentro del ámbito de la libertad de disposición del deudor en tanto en cuanto no exista una prelación legal de créditos, por mucho que se sepa que alguno de esos acreedores tendrá en el futuro la condición de privilegiados. Y máxime cuando, en lo que concierne a su presupuesto, el tipo en comentario no exige una efectiva (actual) situación de insolvencia, toda vez que se contenta con una situación de insolvencia 'inminente'"[403]. Empero,

---

403 Martínez-Buján Pérez, en Bacigalupo Saggese/Feijoo Sánchez/Echano Basaldua, *Los delitos de insolvencias punibles tras la reforma...*

como ya señalamos más arriba, parece que el legislador penal de 2015 decidió restringir esas libres capacidades de disposición patrimonial por parte de un deudor insolvente en ciertos casos, antes de la existencia de un concurso de acreedores (art. 260,1 CP), y bajo ciertas condiciones (pago anticipado de deudas no exigibles y establecimiento de garantías indebidas). Por tanto, si bien la opinión del autor nos resulta sustentable desde la óptica de *lege ferenda*, de *lege lata* el precepto tipifica conductas que, bajo la consideración político-criminal realizada por el legislador de turno, constituyen un delito de favorecimiento de acreedores preconcursal, que no obstante se condiciona a la inexistencia o no de una causa de justificación de contenido o carácter económico-patrimonial.

Recordemos que el precepto no solo sanciona la realización de actos de disposición patrimonial o generadores de obligaciones que se destinen al pago de créditos no exigibles, sino también aquellos otros que se dirijan a facilitar una garantía a la que no se tiene derecho. Así, por ejemplo, constituir una hipoteca como garantía real sobre un bien en favor de un acreedor frente a otros puede resultar una conducta de favorecimiento prohibida. No obstante, dejará de estar prohibida, encontrándose justificada, si tal actuación se apoya en una justificación económica o empresarial. Así nuevamente ejemplifica GUTIÉRREZ PÉREZ que la conducta quedará, en particular, al margen de la intervención del Derecho penal "si el deudor hubiera concedido tal garantía para lograr la cancelación de otra deuda anterior, vencida y exigible, que estaba generando elevados intereses de descubierto". O, continuando con otro acertado ejemplo propuesto por la autora, resultará igualmente justificada "la conducta del deudor que concede la garantía como contrapartida a un proveedor imprescindible a cambio de seguir proporcionándole suministros esenciales para el mantenimiento de la actividad empresarial". O, en un ter-

cit., p. 1087. De la misma opinión en: Martínez-Buján Pérez, *Derecho penal económico y de la empresa, parte especial, cit.*, 7ª edic., p. 179.

cer supuesto prototípico apuntado por la autora "este favorecimiento de acreedores estará justificado cuando, a título de ejemplo, la garantía obedezca a la ampliación sustancial del crédito inicialmente concedido o por la concesión de un nuevo término en caso de vencimiento del crédito preexistente"[404]. En efecto en estos ejemplos puede vislumbrarse la existencia de una justificación de tipo económico o empresarial en la conducta del sujeto deudor. Se sigue produciendo una reordenación preconcursal de los créditos que atenta con el correcto y normal funcionamiento del sistema de crédito. De ahí que la conducta no pueda dejar de resultar típica. Más al concurrir una explicación racional de carácter económico o empresarial, entra en escena una particular causa de justificación que desplaza el carácter antijurídico del hecho. En todo caso, en ninguno de los supuestos apuntados puede mantenerse que la conducta del deudor es absolutamente caprichosa o arbitraria; más por el contrario es posible configurar y motivar la existencia de una suficiente justificación que explica tal modo de proceder, y que se apoya, como indica el precepto, en consideraciones de tipo empresarial o económico. Con todo, como dijimos, la validación o no de esa justificación dependerá de las circunstancias del caso particular que se someta a juicio, que en ocasiones presentará a su vez importantes matices a tener en cuenta por el juzgador, y en otras, sin embargo, no añadirá mayores coyunturas. En este último sentido ya se ha pronunciado la jurisprudencia tradicional, considerando que el examen sobre la concurrencia de esta cláusula demandará analizar "las circunstancias en que se concierta la operación, las ventajas que pudo suponerle al [sujeto deudor] para desarrollar su actividad, económica o profesional, y también quien concede liquidez en un entorno económico"[405].

---

404 Gutiérrez Pérez, *El Derecho penal frente a la insolvencia… cit.*, p. 585.

405 Ídem [citando la jurisprudencia de la STS 124/2015, de 17 de marzo (*Tol 4839115*)].

De este modo, como se ha venido advirtiendo desde el inicio de este apartado, la acreditación de la causa de justificación económica o empresarial demandará siempre un análisis particularizado de todas las circunstancias directas y concomitantes del hecho que se presente en la práctica. Pensamos que la mejor opción es partir de esa dualidad apuntada por la doctrina tradicional que enfrente la conducta del deudor insolvente al dilema "conducta arbitraria o caprichosa" vs. "conducta justificada con suficiencia"; pero partir de este punto de arranque no aporta por sí mismo nada a la decisión sobre la observancia o concurrencia de la cláusula, pues precisamente esa *suficiente* justificación es lo que da pie al debate posterior, que ya ha sido también apuntado. Por todo ello insistimos en la observancia de todas las particularidades del caso. Con todo, sí pueden extraerse unas características generales predicables de este último extremo del precepto, que han ido lineándose en las páginas anteriores: (i) nivel de diligencia en la gestión de los asuntos económico-empresariales del deudor insolvente; (ii) comportamiento fundado en la necesidad de *continuidad* de la actividad económico-empresarial del deudor insolvente, en el corto y el medio plazo; (iii) concreta situación patrimonial del deudor insolvente; (iv) expectativas razonables de viabilidad empresarial (si estamos ante una empresa); (v) número y tipología de los créditos; (vi) plazos particulares de vencimiento, o tipo de garantía establecida; etc[406]., siendo estos aspectos meramente *enumera-*

[406] Gutiérrez Pérez, *El Derecho penal frente a la insolvencia... cit.*, p. 585. Culmina la autora su ejemplificación con el siguiente supuesto en perspectiva comparada "si el deudor, en insolvencia inminente, constituye una garantía hipotecaria para obtener, por ejemplo, liquidez durante dos años, la mayor disponibilidad del crédito que le permitió mantener su actividad durante ese plazo convierte la conducta en atípica. Por el contrario, la conducta será típica si el deudor se halla en situación de insolvencia actual, y ante una declaración de concurso inminente, concierta una póliza de crédito que apenas le aporta suficiente liquidez, condicionada a la concesión de una garantía real" (como decimos, desde su particular entendimiento de la cláusula como *causa de atipicidad*).

tivos o *ejemplificativos*, sin vocación, por tanto, de constituir un catálogo cerrado de elementos a tomar en consideración para realizar tal análisis, que por fuerza, como dijimos, habrá de ser, por fuerza, particularizado o individualizado.

A modo de cierre queremos añadir que, resultando el delito de favorecimiento ilícito de acreedores *preconcursal* (art. 260,1 CP) un injusto cuya operatividad se despliega antes de la existencia de concurso de acreedores, que es donde realmente puede encontrarse un orden de prelación u ordenación de los créditos existentes, y recordando las críticas que, no sin razón, se han objetado a esta figura y que han sido puestas de manifiesto en las líneas precedentes del trabajo, la incorporación de una cláusula de justificación económica o empresarial como la que ha sido examinada, pese a ser ciertamente indeterminada y abierta, pensamos que ha de ser interpretada de manera amplia, suficientemente holgada, a la luz de los elementos que se desprendan del caso particular, pues en la práctica puede suponer una efectiva vía de reconducción de tales conductas a un entorno normativo foráneo del Derecho penal, donde seguramente encuentren una mejor y más proporcional respuesta.

7. EL TIPO SUBJETIVO

El delito de favorecimiento ilícito de acreedores preconcursal (pero también la figura posconcursal del segundo apartado) del art. 260,1 CP solo se encuentra tipificado en su forma dolosa de comisión. Se descarta así la apreciación de la modalidad imprudente en este delito (en cualquiera de sus tipologías). No en vano nuestro sistema de *crimina culposa* dispone en el art. 12 CP que solo en el caso de que así se prevea expresamente por el legislador será posible apreciar la modalidad imprudente de comisión del delito. Circunstancia que no se da en el injusto del art. 260 CP, que no ha contemplado las formas imprudentes.

Con todo, más allá de que no exista tal previsión de la imprudencia, resulta del todo lógico que esta modalidad delictiva no pueda cometerse a título imprudente. La imprudencia en este delito, o en otros delitos de insolvencia punible, hubiera ampliado mucho más el ya de por sí amplio margen de intervención del Derecho penal, como hemos tenido ocasión de comprobar en las páginas previas. Nos encontramos ante un delito socioeconómico, y por ello técnico, en el que la conducta típica queda traducida en diferentes modalidades de comisión, ofreciéndose diversas formas de acceso al ámbito de la tipicidad, cometidas por un sujeto deudor que se debe encontrar en una situación de insolvencia pero pudiendo ser esta no solo actual sino también inminente, y con una cláusula de justificación que, pese al esfuerzo realizado en la interpretación de su contenido, sigue siendo lo suficientemente laxa o genérica como para producir un grave estado de inseguridad jurídica. Amén de que, además, en esta primera modalidad *preconcursal* del art. 260,1 CP los hechos se cometen antes incluso de la admisión a trámite de la solicitud de concurso, cuando, como también dijimos, aún no existe siquiera orden de prelación de créditos. Ante esta situación, no cabe ninguna duda de que nos encontramos ante un tipo penal que ya de por sí es sumamente extenso, que invade terrenos que antes de la reforma penal del año 2015 quedaban en manos de la legislación extrapenal, lo que ha propiciado una respuesta negativa por parte de la doctrina mayoritaria, ya desde el prisma de su propia legitimación. Siendo esto así, resulta de todo punto lógico (y acertado) que se haya tipificado tan solo una modalidad dolosa de comisión, dejando al margen del sistema penal los comportamientos imprudentes.

Por razones que se desprenden de la situación que acaba de ser descrita, a nuestro juicio el *dolo* deberá ser siempre interpretado como de tipo *directo*, con exclusión del dolo eventual[407]. El dolo eventual se apoya en una probabilidad,

---

407 En contra, admitiendo el dolo eventual: Campaner Muñoz, *El Derecho penal de las insolvencias... cit.*, p. 291.

más o menos cercana, de producción del resultado, que no resulta predicable sobre delitos tan técnicos, y de peligro, como el del art. 260 CP. El dolo debe ser concebido solo como directo, y todo error que recaiga sobre cualquiera de los elementos típicos deberá conducir a la exención de responsabilidad penal (con subsistencia, en su caso, de las acciones civiles o mercantiles que puedan corresponder). En definitiva, el deudor insolvente deberá conocer y querer el favorecimiento prohibido del acreedor o acreedores, en los términos típicos dispuestos en el precepto. Con todo, si el error recae sobre la causa de justificación económica o empresarial, a nuestro juicio excluyente de la antijuridicidad del hecho típico, entonces, salvo que sea invencible, conducirá a la aplicación de una pena inferior en uno o dos grados, al encontrarnos ante un *error de prohibición,* no de tipo (art. 14,3 CP).

Por lo demás, debe precisarse que el precepto no exige la comprobación de ningún *animus* o *finalidad* adicional al dolo, contrariamente a lo que acontece, por ejemplo, en el tradicional delito de alzamiento de bienes (en el que la cláusula *en perjuicio de sus acreedores* se ha interpretado por algún sector doctrinal como un *ánimo de perjudicar* a estos[408], lo que a su vez convertiría la insolvencia en fraudulenta o ficticia). Con todo, recordemos que en el momento de la interpretación de la causa de justificación económica o empresarial que contempla el precepto, algunos autores consideraban esencial trasladar ese elemento propio del delito de alzamiento al delito de favorecimiento ilícito de acreedores, entendiendo que el significado de tal disposición se debía corresponder con el propio del perjuicio para los acreedores. Así, como ya expusiera Faraldo Cabana, "la referencia a la carencia de justificación económica o empresarial es una cláusula pendiente de valoración que

[408] Ampliamente puede verse: Gómez Lanz, J.: *La interpretación de la expresión 'en perjuicio de' en el Código Penal,* Ed. Dykinson, Madrid, 2006. Cfr. también al respecto: Martínez-Buján Pérez, *Cuestiones fundamentales del delito de alzamiento de bienes, cit.,* p. 470 y ss., para el caso particular del delito de alzamiento de bienes.

deja al juez en las manos de los peritos, salvo que se entienda que equivale a la actuación 'en perjuicio de los acreedores', en los términos que se aplican al delito de alzamiento de bienes. Esta es probablemente la mejor opción. De esta forma, lo que el juez debe determinar es si hay alguna explicación razonable para la conducta del deudor, pudiendo inferirse, en caso de no encontrarla, que solo se pretende defraudar a los acreedores"[409]. Más si bien esta propuesta interpretativa nos pareció interesante (combinada junto a otras que, en atención a las circunstancias particulares del caso, pudieran dotar de contenido y alcance a la cláusula) pensamos que no es posible entender que de esta última disposición del precepto se esté exigiendo realmente algo similar al *animus* de perjuicio propio del delito de alzamiento de bienes. Más bien se trataría, como se dijo, de valorar si existe una justificación suficiente y razonable, de tipo económico o empresarial, que ampare la conducta favorecedora del sujeto deudor, o bien que se concluya contrariamente que, por inexistencia de aquella razón, la conducta se realizó únicamente como forma de favorecer a un acreedor frente al resto. Pero este es un dato objetivo, que se desprende de las circunstancias del hecho, y que no conduce a construir la exigencia de un *ánimo de perjudicar* añadido al dolo en la tipicidad subjetiva[410].

A pesar de que, de manera acertada como decimos, el art. 260 CP no prevé modalidad imprudente de comisión, sí es posible encontrar modalidades imprudentes en ciertos delitos de insolvencia punible. Es el caso del delito de bancarrota, al que hemos aludido en varias ocasiones en el desarrollo de esta monografía, para el que el art. 259,3 CP dispone que "cuando los hechos se hubieran cometido por imprudencia, se impondrá una pena de prisión de seis meses a dos años o multa de doce a veinticuatro meses". Y a pesar de no ser objeto de este trabajo, creemos que resulta conveniente realizar una crítica a la previsión de las

409 Faraldo Cabana, *Vuelta a los hechos de bancarrota... cit.*, p. 61.
410 Campaner Muñoz, *El Derecho penal de las insolvencias... cit.*, p. 291.

modalidades imprudentes en el marco de los delitos de insolvencia punible.

En efecto, el art. 259,3 CP supone una de las novedades más destacadas de la LO. 1/2015, de 30 de marzo, que operó la reforma, al haber dispuesto, por primera vez, la configuración de un tipo imprudente (lo que sorprende aún más si tenemos en cuenta la excepcionalidad de la imprudencia en los delitos económicos). Como recientemente ha alertado Cuello Contreras, "parece claro que la introducción por primera vez en el CP de una insolvencia punible imprudente tiene por finalidad la de capturar una responsabilidad penal residual en aquellos casos en los que no se ha logrado probar la existencia de una insolvencia punible dolosa, pese a la gravedad del comportamiento del deudor"[411]. También Feijoo Sánchez se expresa ilustrativamente en los términos que siguen: "constatada una gestión no permitida [...] existe poco margen para que alegaciones de tipo subjetivo como 'no tuve el ánimo', 'no me di cuenta' o 'no conocía bien la situación' puedan servir para exonerar totalmente de responsabilidad penal [...]. La 'ceguera económica' ya no protege de la pena en este ámbito. Ha vuelto a escena la quiebra culposa (el concurso imprudente)"[412].

La aséptica referencia a la "imprudencia" en este delito, sin mayores añadidos, ha provocado que algunos autores alerten incluso sobre la posible incriminación que de *lege lata* se estaría produciendo de la insolvencia *grave* pero también de la *menos grave*. Así, por ejemplo, Gómez Lanz considera que tanto la una como la otra tienen cabida en el precepto; para el autor, si bien "bastaría la respuesta del Derecho mercantil para las conductas imprudentes conec-

---

[411] Cuello Contreras, J.: "Dolo y valoración. Restricciones del tipo subjetivo en los delitos con elementos y remisiones de carácter normativo. Peculiaridades de la imprudencia, ejemplificadas en la insolvencia punible imprudente", en *Revista Electrónica de Ciencia Penal y Criminología*, nº 22, 2020, p. 34.

[412] Feijoo Sánchez, *Orden socioeconómico y delito... cit.*, p. 156.

tadas con la gestión de asuntos económicos" no obstante el precepto permite acomodar en su seno también las modalidades por imprudencia menos grave[413]. En el mismo sentido RUIZ BLAY considera que este tipo penal puede ser "consumado mediante el elemento volitivo de la imprudencia, que puede ser tanto grave como simple"[414]. Por nuestra parte, aun reconociendo que es posible la interpretación sostenida por estos autores de *lege lata*, a falta de mayores especificidades y en dirección a limitar el ya de por sí extenso ámbito de aplicación del delito, consideramos mejor opción reconducirla al terreno exclusivo de la imprudencia *grave*, lo que además, pensamos, resulta más acorde con el principio de mínima intervención penal[415] (en todo caso la imprudencia leve ya despareció del Código Penal, pero como advierte GÓMEZ LANZ, la imprudencia leve y menos grave son cosas distintas[416]). Por lo demás, la existencia de la modalidad imprudente confirma que no hay obstáculo alguno para, en su caso, y en las modalidades de bancarrota a las que aplica, imputar los hechos también a título de dolo eventual[417].

---

413 Gómez Lanz, *Las insolvencias punibles en el Código Penal,* cit., pp. 172-173. En similar dirección apunta también: Benítez Ortúzar, en Morillas Cueva (dir), VV. AA., *Frustración de la ejecución e insolvencias punibles, cit.*, p. 592.

414 Ruiz Blay, *Análisis de los aspectos fundamentales del delito de insolvencia fraudulenta tras la reforma... cit.*, p. 278.

415 En esta dirección también: Souto García, *La tutela penal del derecho de crédito tras la reforma... cit.*, p. 168; Faraldo Cabana, *Vuelta a los hechos de bancarrota... cit.*, p. 66; Monge Fernández, *El delito concursal punible tras la reforma penal de 2015... cit.*, p. 136; Martínez-Buján Pérez, en Bacigalupo Sagesse/Feijoo Sánchez/Echano Basaldena, *Los delitos de insolvencias punibles tras la reforma... cit.*, p. 1077; y De Porres Ortiz de Urbina, *El nuevo delito de bancarrota, cit,* [proview].

416 Gómez Lanz, *Las insolvencias punibles en el Código Penal,* cit., p. 173 (nota al pie nº 43).

417 Martínez-Buján Pérez, en Bacigalupo Sagesse/Feijoo Sánchez/ Echano Basaldena, *Los delitos de insolvencias punibles tras la reforma... cit.*, p. 1076. Sobre la discusión (amplia en algún momento) acerca de la admisibilidad o no de un dolo eventual junto al dolo directo en el marco de estos delitos, vid.: Monge Fernández, *El delito concursal punible tras la reforma penal de 2015... cit.*, pp. 131 y ss.

De *lege ferenda*, no obstante, reclamamos la supresión de la modalidad imprudente en el delito de bancarrota[418]. Y ello por motivos varios.

En primer lugar, porque ya de por sí resulta invasiva en el terreno de la *ultima ratio penal* la tipificación de conductas como las estudiadas, que devienen como ejemplos paradigmáticos de peligro abstracto (muy abstracto), lo que supone un efectivo adelanto de la barrera de punición (máxime cuando, a mayor abundamiento, podemos encontrarnos ante el terreno de los criticables "delitos acumulativos", como expusimos[419]). Si además de prever los supuestos dolosos ante tales situaciones configuramos un tipo imprudente, como acontece para el caso de la bancarrota, parece claro que el Derecho penal desborda sus propias limitaciones, pues pasamos a configurar un tipo penal imprudente de peligro abstracto[420]. Como ha señalado muy ilustrativamente Martínez-Buján Pérez "resulta a todas luces político-criminalmente injustificado castigar la imprudencia en el caso de algunas modalidades del apartado 1 que contienen tipos de mero peligro para el bien jurídico [...] la tipificación de la imprudencia referida a ficha figura constituye una verdadera aberración"[421].

---

418 Ya lo hicimos previamente en: Bustos Rubio, *Los delitos de bancarrota: una modalidad de insolvencia punible, cit.*, pp. 224 y ss.

419 Vid.: Bustos Rubio, *Delitos acumulativos, cit.* pp. 15 y ss.

420 En este sentido: Sánchez Dafauce, en Álvarez García (dir.) y Dopico Gómez-Aller (coord.), *Insolvencias punibles, cit.*, p. 760, quien entiende que: "aceptada la decisión político-criminal de tipificar la imprudencia, hay que evitar la proyección del tipo imprudente sobre los tipos de peligro, pues no conviene sobreponer a la estructura de estos la creación imprudente de un riesgo sin resultado. Así, el tipo imprudente ha de quedar restringido a los casos en los que sí se realiza el riesgo en el resultado". De esta opinión también: Benítez Ortúzar, en Morillas Cueva (dir), VV. AA., *Frustración de la ejecución e insolvencias punibles, cit.*, pp. 591-592. Sin embargo, considerando que esta modalidad no supone problema de contraste con el principio de culpabilidad en Derecho penal, vid.: Cuello Contreras, *Dolo y valoración. Restricciones del tipo subjetivo en los delitos con elementos y remisiones de carácter normativo... cit.*, p. 36.

421 Martínez-Buján Pérez, en Bacigalupo Sagesse/Feijoo Sánchez/Echano Basaldena, *Los delitos de insolvencias punibles tras la reforma... cit.*, p. 1077.

En segundo lugar, porque con esta configuración imprudente del comportamiento la política criminal consigue un efecto poco o nada deseable en sede mercantil, cual es la limitación, al máximo, de las opciones de fracaso en la iniciativa empresarial, lo que perjudicará, por sí mismo, a la propia iniciativa empresarial (en el sentido de limitarla), siendo esta una técnica poco o nada eficiente si de lo que se trata es, precisamente, de lograr un saludable estado de nuestro sistema socioeconómico, y en concreto del sistema de crédito[422].

En tercer lugar, más importante, porque no puede olvidarse que el recorrido jurisprudencial en torno a las fronteras del dolo eventual ha tendido progresivamente a ampliar aquellas, por lo que en estos supuestos tampoco se produce una necesidad de tipificar las modalidades imprudentes, dado que muchas de las conductas límite podrán ir a parar, finalmente, al terreno del dolo eventual, si así se justifica[423] (algo que, no obstante y por las razones ya expuestas supra,

---

422 En esta dirección ha señalado Monge Fernández, *El delito concursal punible tras la reforma penal de 2015… cit.*, p. 137, lo siguiente: "la actual punición de la modalidad imprudente refleja una concepción del delito concursal punible que pone el acento en la infracción de los deberes de administración o gestión ordenada, siendo irrelevante la intención de defraudar o perjudicar a los acreedores, si acaso justificada por la concurrencia de frecuentes 'negocios arriesgados' en el ámbito empresarial, donde numerosas decisiones adoptadas entrañan un alto margen de error, de las cuales puede derivarse un perjuicio patrimonial". Vid. también sobre esta crítica: Ruiz Blay, *Análisis de los aspectos fundamentales del delito de insolvencia fraudulenta tras la reforma… cit.*, pp. 281 y ss.

423 En este orden señala Benítez Ortúzar, en Morillas Cueva (dir), VV. AA., *Frustración de la ejecución e insolvencias punibles, cit.*, p. 592, que "el límite que se plantea en el delito doloso, establecido por la infracción grave del deber de diligencia en la gestión de asuntos económicos, es tan liviano que la única posibilidad de integrar la modalidad imprudente sería con la infracción no considerada grave del deber de diligencia en la gestión de asuntos económicos, y ello supera con mucho el principio de intervención mínima del Derecho penal. La Ley […] concursal, ya recoge sanciones para el concurso culposo, siendo innecesaria la expresa incriminación de una bancarrota imprudente".

nosotros rechazamos para el concreto caso del delito de favorecimiento ilícito de acreedores).

Y, por último, porque a la luz del solapamiento de estas modalidades delictivas con las ya sancionadas en sede mercantil, pensamos que en materia de imprudencia la respuesta sancionadora en el orden privado resulta plenamente suficiente (y seguramente más eficiente)[424]. Así se postula también QUINTERO OLIVARES quien, además, considera que "la expresa incriminación de una bancarrota imprudente es *innecesaria*. Además, resulta difícil entender cómo se puede extender la comisión imprudente a muchas indicaciones que solo son concebibles como acciones dolosas"[425].

Como consecuencia ante este cúmulo de razonamientos, consideramos que no debiera preverse modalidad imprudente en los delitos de bancarrota, ni en general, plantearse a futuro su incriminación (o mejor, su extensión) al caso de otros delitos de insolvencias punibles, como pudiera ser el caso del delito de favorecimiento ilícito de acreedores.

8. EXCURSO: LA RESPONSABILIDAD DEL ACREEDOR INDEBIDAMENTE FAVORECIDO

Consideramos oportuno cerrar esta primera parte de la monografía, antes de adentrarnos en el análisis (más breve) de las particularidades que presenta la modalidad de favorecimiento prohibido *posconcursal* del art. 260,2 CP,

---

424 En esta dirección: Gómez Lanz, *Las insolvencias punibles en el Código Penal, cit.* pp. 172-173.

425 Quintero Olivares, en Álvarez García (dir.) y Dopico Gómez-Aller (coord.), *Insolvencias punibles, cit.*, p. 751. En el mismo sentido se pronuncian: Rodríguez Padrón, *Las insolvencias punibles en la reforma del Código Penal, cit.*, p. 6; González Campo, *Frustración de la ejecución y bancarrota en la reforma… cit.*, p. 192; y Roldán Pérez, *Aspectos críticos de la actual regulación del delito de bancarrota, cit.*, pp. 31-32.

con un escueto excurso que presenta una cuestión íntimamente relacionada con los sujetos del delito. Pensamos que este análisis encuentra una mejor ubicación en el momento de cerrar el estudio de la figura delictiva, y no en aquel apartado en el que se estudió a los sujetos activo y pasivo del delito, toda vez que en este momento ya se ha realizado una exégesis completa de la tipicidad, objetiva y subjetiva, e incluso de la antijuridicidad (siquiera parcialmente en exclusiva alusión a la cláusula de justificación prevista *in fine*), de esta figura delictiva.

En concreto, la cuestión que queremos plantear es la que sigue: ¿puede resultar *cooperador necesario* de este delito (o, en su caso, del delito del art. 260,2 CP) el acreedor indebidamente favorecido por el sujeto deudor?

Un minoritario sector de la doctrina aboga por considerar que, aunque formalmente pudiera este sujeto acreedor encajar en la figura del partícipe *cooperador necesario,* hay que optar por entender que este no será penalmente responsable en este delito. Así BENÍTEZ ORTÚZAR sostiene que "los acreedores beneficiados, que ven satisfechos unos créditos legítimos, no serán responsables criminalmente. El acreedor cobra un crédito al que tiene derecho, al margen de que formalmente pudieran aparecer como cooperadores necesarios del delito del deudor"[426].

En nuestra opinión, coincidente con la del conjunto de la doctrina mayoritaria, sí es posible que el acreedor indebidamente favorecido pueda terminar respondiendo como cooperador necesario en este delito[427]. Esto solo

---

426 Benítez Ortúzar, en Morillas Cueva (dir), VV. AA., *Frustración de la ejecución e insolvencias punibles,* cit., p. 596.

427 Así, entre otros: Souto García, *La tutela penal del derecho de crédito tras la reforma...* cit., p. 173; Souto García, en González Cussac (dir), *Frustración de la ejecución e insolvencias punibles, cit.,* p. 787; Gómez Lanz, *Las insolvencias punibles en el Código Penal,* cit., p. 176; Gómez Lanz, en Bustos Rubio y Abadías Selma (dirs.), *El nuevo régimen de la frustración de la ejecución y las insolvencias punibles, cit.,* p. 489; De la Mata Barranco, en De la Mata Barranco, Dopico Gómez-Aller, Lascurain Sánchez, et. al., *Delitos de frustración de la ejecución y delitos de insolven-*

será así si se comprueba la existencia de dolo en su actuación, esto es, si se termina verificando que el acreedor injustamente favorecido por el deudor insolvente *conocía* que estaba siendo objeto de un favorecimiento prohibido en los términos que dispone el art. 260,1 CP (y que ya han sido estudiados) ante una situación de insolvencia del deudor. De este modo, como expresa De la Mata Barranco "el acreedor pagado o garantizado podrá ser considerado responsable de este delito a título de cooperador en caso de que sea conocedor de la situación de insolvencia. En caso contrario sólo podrá ser considerado partícipe a título lucrativo"[428].

No obstante, hay que indicar que el dolo en el acreedor favorecido alcanzará a todos y cada uno de los elementos típicos que han sido examinados. Ese dolo, sin embargo y desde nuestra posición, no exigirá al acreedor conocer la inexistencia de una justificación económica o empresarial en la operación llevada a cabo por el deudor, pues al quedar esta cláusula revestida de la naturaleza de causa de justificación, no será objeto del dolo (y el error, en su caso, determinará un error de prohibición, más no de tipo, como ya adelantamos).

A pesar de que resulte una auténtica extravagancia el hecho de considerar que el acreedor que cobra lo que se le debe (aunque todavía la deuda no sea *exigible*) termine por responder como cooperador necesario en el delito del art. 260,1 CP, máxime en un momento en el que ni siquiera rige, en sentido estricto, la *par conditio creditorum* pues la solicitud de concurso no ha sido admitida a trámite, esta y no otra es la consecuencia que se desprende de la actual

cia, cit., p. 319; Ruiz Blay, *Análisis de los aspectos fundamentales del delito de insolvencia fraudulenta tras la reforma… cit.*, p. 257. Para el caso del delito del art. 260,2 CP puede verse: Quintero Olivares, en Quintero Olivares/Morales Prats, *De las insolvencias punibles, cit.*, p. 729.

428 De la Mata Barranco, en De la Mata Barranco, Dopico Gómez-Aller, Lascurain Sánchez, et. al., *Delitos de frustración de la ejecución y delitos de insolvencia, cit.*, p. 319.

legislación en examen[429]. Con todo, constatado el extremo relativo al dolo, al resultar partícipe en un delito especial propio (como también se argumentó), el acreedor podrá quedar beneficiado en la práctica con la atenuación facultativa de pena que se desprende del art. 65,3 CP[430].

[429] También puede resultar igualmente llamativa esta situación en el caso del delito del art. 260,2 CP, si bien con el importante matiz de que en ese instante ya existe un procedimiento concursal en marcha, y por tanto una concreta ordenación de los créditos, rigiendo en sentido estricto el mandato de *par conditio creditorum*. Para Quintero Olivares, en Quintero Olivares/Morales Prats, *De las insolvencias punibles, cit.*, p. 729, no obstante, también resulta criticable que el acreedor favorecido resulte finalmente sancionado en sede penal, cuando en este caso "no hace otra cosa que cobrar un crédito real y exigible", salvo que se considere que realmente el objeto directo de protección penal es ese principio de la *par conditio creditorum* (en nuestra opinión, como vimos, solamente entendido, a lo sumo, como bien mediato), en cuyo caso el acreedor participaría directamente en el ataque al mismo.

[430] Art. 65,3 CP: "cuando en el inductor o en el cooperador necesario no concurran las condiciones, cualidades o relaciones personales que fundamentan la culpabilidad del autor, los jueces o tribunales podrán imponer la pena inferior en grado a la señalada por la ley para la infracción de que se trate". Ampliamente, sobre los problemas de autoría y participación en los delitos de insolvencias punibles, puede verse: Caballero Brun, F.: "Algunos problemas de autoría y participación en las denominadas insolvencias punibles", en *Revista Penal,* nº 21, 2008, pp. 53 y ss.

III. El delito de favorecimiento ilícito de acreedores posconcursal *(art. 260,2 CP)*

1. A MODO INTRODUCTORIO: METODOLOGÍA DE ANÁLISIS

El delito de favorecimiento ilícito de acreedores presenta, como se dijo, dos modalidades tras la reforma penal del año 2015. La primera de ellas (art. 260,1 CP) ha sido analizada en profundidad en la primera parte de esta monografía, y recoge el novedoso delito de favorecimiento ilícito de acreedores *preconcursal,* al sancionarse conductas que se llevan a cabo antes de la apertura de concurso de acreedores por parte del deudor insolvente. Esa primera forma de comisión del delito es la que ha ocupado la mayor parte de esta investigación, por dos razones que ya apuntamos en la introducción a este trabajo: por un lado, porque tal conducta resultaba atípica hasta la mencionada reforma de 2015, resultando una modalidad de nueva configuración en nuestro Código Penal, que por tal razón nos reclamaba una mayor atención. Pero también por otro lado, porque al llevar a cabo un análisis detenido sobre los elementos típicos que conforman el injusto del art. 206,1 CP, muchas de las afirmaciones y consideraciones vertidas al albur de tal exégesis pueden extrapolarse ahora al caso de la figura regulada en el art. 260,2 CP. Amén de este grupo de razones, cabe añadir una tercera que también explica que en las líneas que restan dediquemos un menor espacio al estudio del art. 260,2 CP, y es que tal figura era la única que se contemplaba en el Código Penal hasta la reforma operada por la LO. 1/2015, de 30 de marzo, añadiéndose mediante esa reforma la punición del favorecimiento preconcursal que ha sido ya analizada. Por tal motivo el delito que ahora se ubica en el art. 260,2 CP goza de una mayor trayectoria en nuestro Ordenamiento jurídico-penal, pudiéndose encontrar multitud de análisis doctrinales y jurisprudenciales al respecto (no así para el caso de la figura del favorecimiento preconcursal analizada, que como hemos señalado resulta mucho más joven en nuestro Código Penal).

Por este conjunto de motivos se ha emplazado para esta parte final de la monografía la exégesis de la concreta figura de favorecimiento prohibido de acreedores del art. 260,2 CP. En consecuencia, en las páginas que restan nos limitaremos a realizar algunas puntualizaciones especialmente dirigidas a dotar de contenido y alcance a aquellos elementos típicos que difieren o se apartan de la modalidad de favorecimiento ilícito preconcursal ya estudiada.

En concreto, el delito del art. 260,2 CP reza como sigue: "será castigado con la pena de uno a cuatro años de prisión y multa de doce a veinticuatro meses el deudor que, una vez admitida a trámite la solicitud de concurso, sin estar autorizado para ello ni judicialmente ni por los administradores concursales, y fuera de los casos permitidos por la ley, realice cualquier acto de disposición patrimonial o generador de obligaciones, destinado a pagar a uno o varios acreedores, privilegiados o no, con posposición del resto".

Punto de partida de la metodología interpretativa que proponemos consiste en señalar los puntos de coincidencias y aquellos otros de divergencias que presenta la modalidad de favorecimiento ilícito de acreedores *posconcursal* con respecto de aquella otra conducta de favorecimiento prohibido *preconcursal.*

En primer lugar, encontramos coincidencias típicas entre una y otra modalidad que, por tal motivo, nos hacen emplazar al lector a su contraste con lo ya dicho páginas atrás para la modalidad del art. 260,1 CP. En concreto, estas coincidencias se refieren a (a) la determinación del bien jurídico tutelado por la norma, identificado por nosotros en un interés supraindividual y de carácter socioeconómico, que se concreta en el correcto y normal funcionamiento del sistema de crédito; (b) la naturaleza del delito, concebido a nuestro juicio como de peligro para tal interés protegido, y además como un injusto que se circunscribe a la dinámica propia de los ya tratados *delitos acumulativos*; (c) los sujetos del delito, pues existe siempre en ambas figuras un sujeto activo, que es el deudor (encontrándonos ante un delito especial propio), y un sujeto pasivo, que es el propio sistema, al encontrarnos ante un bien jurídico de carácter colectivo; (d) la situación de insolvencia del deudor, que es expresa en el caso del art. 260,1 CP, y que en el supuesto del art. 260,2 CP realmente se encuentra en un estado *más avanzado* en el procedimiento, pues ya debe haberse admitido a trámite la solicitud de concurso de acreedores (esto es: en el caso del favorecimiento prohibido posconcursal nos encontramos en un momento temporal posterior a un estado de "mera insolvencia" del deudor, pues ya se ha abierto el procedimiento concursal, pero la insolvencia es previa; no obstante, sobre la posibilidad de que a la luz de la actual redacción típica también pueda terminar cometiendo el delito el *deudor solvente* volveremos en las páginas siguientes, como matiz propio de la conducta del delito del art. 260,2 CP); (e) las conductas de favorecimiento prohibido, consistentes en actos de disposición patrimonial o generadores de obligaciones, si bien en el caso particular del art. 260,2 CP el comportamiento del deudor no se dirige ahora al pago de una deuda no exigible o a la constitución de una garantía indebida, sino, en concreto, a *pagar a uno o varios acreedores, privilegiados o no, con posposición del resto*; (f) la tipicidad subjetiva, pues para ambas modalidades solo se ha previsto la forma de comisión dolosa, con exclusión de la imprudencia; y (g) la posible responsabilidad del acreedor indebidamente favorecido, que si actúa con dolo puede responder como cooperador necesario en el delito. Como decimos, siendo estos los puntos de coincidencia entre la conducta que ahora analizamos (art. 260,2 CP) y la ya explicada de favorecimiento preconcursal prohibido (art. 260,1 CP), procede remitir al lector a aquel lugar para el contraste detenido de ideas.

En segundo lugar, en consonancia con lo anterior, se desprenden también divergencias entre las conductas del art. 260,1 CP y del art. 260,2 CP que han de perfilarse en este primer momento, pues sobre ellas se realizará la exégesis siguiente. Encontramos una necesidad de análisis particularizado en lo relativo a (a) la pena, que difiere en una y otra modalidad (y que, por cierto, en el caso del delito del art. 260,2 CP es exactamente la misma que la prevista para el delito de alzamiento de bienes); (b) el presupuesto temporal para su aplicación, que en el caso del favorecimiento ilícito posconcursal requiere que la conducta se lleve a cabo *una vez admitida a trámite la solicitud de concurso*; (c) al contrario de lo que acontecía en la primera modalidad, en el caso del art. 260,2 CP no existe una posible justificación de tipo económica o empresarial sobre la operación del deudor, sino que el precepto exige que no exista autorización *judicial* o por parte de los *administradores concursales,* y que la conducta se lleve a cabo *fuera de los casos permitidos por la ley,* siendo además estos requisitos acumulativos y no meramente alternativos; y (d) en cuanto al comportamiento, coinciden, como se ha dicho, los actos de disposición patrimonial o generadores de obligaciones, si bien en este caso solo están destinados a *pagar a uno o varios acreedores, privilegiados o no, con posposición del resto,* siendo ya acreedores en fase de concurso. Además de estos aspectos, se tratará también, siquiera sea de forma somera, una cuestión incidental que identificamos con la posible responsabilidad penal de los administradores concursales en el marco de este delito.

Apuntada la metodología analítica que se va a seguir en los próximos apartados del trabajo, a continuación desarrollaremos la exégesis de los distintos aspectos que dotan de autonomía al delito de favorecimiento ilícito posconcursal del art. 260,2 CP frente a aquella otra modalidad, ya analizada, de favorecimiento preconcursal.

2. EL PRESUPUESTO TEMPORAL: LA ADMISIÓN A TRÁMITE DEL CONCURSO

Como se ha adelantado, la conducta castigada en la modalidad del art. 260,2 CP es similar a la ya estudiada para el caso del art. 260,1 CP, pues ambas apuntan, si bien con matices diferenciadores que más adelante se tratarán, a un *favorecimiento de acreedores prohibido*. El elemento fundamental para la distinción entre una y otra modalidad es el relativo al presupuesto temporal. En efecto, la característica distintiva con la conducta del primer apartado es que ahora tal conducta típica debe llevarse a cabo en el seno de un concurso de acreedores vivo (STS 1359/2005, de 18 de noviembre[431]; SAP de Madrid, 256/2005, de 11 de mayo[432]). O, más exactamente, la conducta prohibida de favorecimiento ha de llevarse a cabo ahora por el sujeto deudor *una vez admitida a trámite la solicitud de concurso*.

Como también se aventuró, hasta la reforma penal del año 2015 solo se preveía esta modalidad de favorecimiento como conducta típica en los delitos de insolvencia punible, considerándose directamente atípica toda conducta de favorecimiento previa a la existencia de concurso de acreedores[433]. Y ello porque, como se dijo supra, antes de la existencia de concurso realmente no existe una ordenación normativa de los créditos. Esta era la principal razón que aducían los sectores doctrinales críticos contra la figura de favorecimiento ilícito preconcursal. Pero ya antes de la reforma apuntada existía este delito de favorecimiento ilícito de acreedores *posconcursal,* que se ubicaba en el antiguo art. 259 CP (conforme a la Ley Orgánica 15/2003, de 25 de noviembre), exactamente con los mismos términos que ahora conforman el delito del art. 260,2 CP. De este modo, tras el

---

431 (*Tol 781359*).

432 (*Tol 743471*).

433 Caballero Brun, *Insolvencias punibles, cit.,* p. 237; Souto García, *Los delitos de alzamiento de bienes en el Código Penal de 1995, cit.,* p. 282; Campaner Muñoz, *El Derecho penal de las insolvencias... cit.,* pp. 290-291; Sánchez Dafauce, *Consideraciones de emergencia..., cit.,* (proview).

cambio operado en el año 2015 la diferencia nuclear entre las conductas del primer y segundo apartado del art. 260 CP estriba en el momento en que aquellas se llevan a cabo: bien antes del concurso (art. 260,1 CP), bien después de la *admisión a trámite* de la solicitud de concurso (art. 260,2 CP).

Sobre la naturaleza jurídica de este extremo normativo, pensamos que se acomoda fácilmente en las tradicionales condiciones objetivas de punibilidad, toda vez que se trata de un instante temporal que delimita la punición de las conductas típicas a partir de ese momento (y que, además, las diferencia de las ejecutadas anteriormente). Instante, pues, de carácter objetivo que requiere la ley, y que es independiente de la acción del autor.

Para MARTÍNEZ-BUJÁN PÉREZ "la diferencia con respecto al alzamiento es clara, desde el momento en que el tipo del art. 260,2 requiere una determinada decisión judicial posterior a la presentación de la solicitud de declaración del estado de insolvencia; por otra parte, la diferencia con relación al delito concursal del art. 259 también es *prima facie* sencilla de trazar, aunque se diluyó algo tras la reforma de 2015: la resolución de admisión a trámite es un presupuesto que no se identifica con 'dejar de cumplir regularmente sus obligaciones exigibles' ni con 'haber sido declarado en concurso' (que son los dos presupuestos del delito del actual art. 259)[434].

Como ha señalado entre nosotros QUINTERO OLIVARES con esta tradicional figura el legislador debió entender que era preciso extender la incriminación tradicional del modelo de alzamiento de bienes a los "actos de disposición orientados a favorecer a unos acreedores en perjuicio de los demás, *una vez que ya se ha iniciado el expediente de concurso,* situación en la cual ya no puede el deudor tomar libremente decisiones sobre sus bienes"[435]. Más si bien pa-

---

434 Martínez-Buján Pérez, *Derecho penal económico y de la empresa, parte especial, cit.*, 7ª edic., p. 182.

435 Quintero Olivares, en Quintero Olivares/Morales Prats, *De las insolvencias punibles, cit.*, p. 728.

rece claro que la conducta típica del art. 260,2 CP es la de favorecimiento ilícito de acreedores en sede de concurso, esto es, cuando este ya está en marcha, lo cierto es que la gramaticalidad del precepto no alude a la *declaración del concurso* como instante a partir del cual se puede llevar a cabo la conducta, sino que alude a *una vez admitida a trámite la solicitud de concurso,* instante que es distinto de aquél primero[436]. Nos encontramos ante un auténtico defecto de técnica legislativa que ya se criticaba antes de la reforma del año 2015 y que ahora se intensifica al haber desaprovechado el legislador de entonces la oportunidad para corregirlo[437]. Esta cuestión no es en modo alguno baladí si se ca en la cuenta de que, a la luz de la redacción típica, el delito puede cometerse también por un *deudor solvente,* no siendo imprescindible un estado de auténtica insolvencia para su punición. Como describe Sánchez Dafauce "el tipo más grave (art. 260.2 CP) puede ser cometido por un deudor solvente. Esto es así porque el juez puede admitir a trámite la solicitud de concurso sin que ello dé lugar a un posterior auto de declaración del concurso"[438]. En palabras de Gutiérrez Pérez "la admisión a trámite de la declaración de concurso no comporta que el deudor sea insolvente y, además, ese trámite procesal no se produce en el denominado concurso voluntario. Esta nueva contradicción normativa en el seno de las insolvencias punibles se resolvería, de *lege ferenda,* con la sustitución de la admisión a trámite del concurso por la declaración de concurso"[439].

En efecto, no es adecuado que el tipo penal aluda a la *admisión a trámite* de la solicitud del concurso, pues ni si-

---

[436] De la Mata Barranco, en De la Mata Barranco, Dopico Gómez-Aller, Lascurain Sánchez, et. al., *Delitos de frustración de la ejecución y delitos de insolvencia, cit.,* p. 320.

[437] Souto García, *La tutela penal del derecho de crédito tras la reforma… cit.,* p. 173. Misma opinión en: Souto García, en González Cussac (dir), *Frustración de la ejecución e insolvencias punibles, cit.,* p. 787.

[438] Sánchez Dafauce, *La admisión a trámite de la solicitud de concurso… cit.,* p. 3. Vid. tb.: Sánchez Dafauce, *Consideraciones de emergencia…, cit.,* (proview).

[439] Gutiérrez Pérez, *El Derecho penal frente a la insolvencia… cit.,* p. 575.

quiera en todo procedimiento concursal tiene que existir dicho trámite[440]; así, en los casos de concurso voluntario, que además son los únicos que pueden traer causa de un estado de insolvencia inminente, como se dijo, esa admisión a trámite se sustituye por el *auto de declaración del concurso*[441], (arts. 28 y ss. TRLC). Pero es que además de esto, ni siquiera el propio acto de admisión a trámite comporta por fuerza que el deudor sea insolvente, pudiendo finalmente encontrarnos con un sujeto solvente que, a la luz de este requisito típico temporal, resulte sancionado con la pena, nada desdeñable, del art. 260,2 CP.

Como expone SÁNCHEZ DAFAUCE, el actual tipo penal del art. 260,2 CP ha mantenido como sujeto activo del delito asépticamente al sujeto *deudor,* de la misma forma que se hacía antes de la reforma del año 2015. A juicio del autor, mientras que en el delito de favorecimiento prohibido del art. 260,1 CP el sujeto activo es el deudor insolvente (actual o inminente), en el delito del art. 260,2 CP el sujeto activo es, única y exclusivamente, el deudor. Y ello es así porque el legislador de 2015 decidió, como se ha señalado, mantener como instante procesal que formaliza la situación concursal en el art. 260,2 CP el de la *admisión a trámite de la solicitud de concurso,* momento que ni mucho menos declara ni constituye insolvencia alguna en el sujeto deudor; y todo ello pese a la creación, ese mismo año 2015, de la figura del favorecimiento preconcursal del art, 260,1 CP, que anticipa aún más la intervención penal. Este autor, como el resto de la doctrina estudiada, considera oportuna una modificación del precepto a través de la cual se sustituya la admisión a trámite de la solicitud de concurso por la "declaración de concurso"[442].

---

440 Ampliamente, vid.: Martínez-Buján Pérez, *Derecho penal económico y de la empresa, parte especial, cit.*, 7ª edic., p. 183.

441 Souto García, *La tutela penal del derecho de crédito tras la reforma... cit.*, p. 173.

442 Sánchez Dafauce, *La admisión a trámite de la solicitud de concurso... cit.*, pp. 2 y ss. Añade el autor (ibid., p. 3) que "la referencia del art. 260.2 CP a la admisión a trámite de la solicitud de concurso parece a su vez dirigida a un elemento extrapenal puro, en tanto alude a

Con todo, para SÁNCHEZ DAFAUCE, de *lege lata* "concebido como un elemento extrapenal puro quedarían fuera del tipo penal todos los casos en los que dicho trámite procesal no existe y para los que, en la interpretación práctica del art. 260.2 CP, se acude sin más ni más a la declaración de concurso, *aunque sobre ella nada diga el tipo* y aunque tal cosa suponga una estricta extensión de la tipicidad a los supuestos de concurso voluntario, en los que, como es sabido, no hay tramite procesal de admisión de la solicitud de concurso. Una primera buena razón —el exquisito respeto debido al principio de legalidad penal— para sustituir en este precepto la admisión a trámite por la declaración del concurso"[443]. Y, como ilustrativamente continúa criticando el autor, "hay que pensar que el deudor solvente que paga a un acreedor privilegiado —contraviniendo una medida cautelar— en el período que va de la admisión a trámite de la solicitud de concurso a su desestimación (art. 24.1 TRLC) no comete un alzamiento de bienes (no hay fraude ni ocultación de bienes: hay pago); tampoco agrava la insolvencia (no es insolvente), ni la causa (satisface un crédito real), ni lesiona la *par conditio creditorum*, pues la admisión a trámite no produce ningún efecto jurídico vinculado con la declaración de un procedimiento universal. Y como no es insolvente, tampoco comete la peligrosa, según el legislador, conducta del delito de peligro del art. 260.1 CP. ¿Qué hace esta persona en un tipo penal patrimonial? Nada, hay que quitarla de aquí"[444].

---

un instante procesal detalladísimo, pero no puede serlo de ninguna manera, pues con ello quedaría desbaratado el sistema de represión penal del favorecimiento ilícito de acreedores, de modo tal que, por ejemplo, sería atípica la siguiente secuencia temporal: solicitud del concurso por el deudor insolvente, y favorecimiento ilícito sin autorización y fuera de los casos permitidos por la ley después de la declaración de concurso". Vid. también: Sánchez Dafauce, *Consideraciones de emergencia…, cit.,* (proview). En similar sentido se pronuncia: De la Mata Barranco, en De la Mata Barranco, Dopico Gómez-Aller, Lascurain Sánchez, et. al., *Delitos de frustración de la ejecución y delitos de insolvencia, cit.,* p. 320.

443 Sánchez Dafauce, *La admisión a trámite de la solicitud de concurso… cit.,* p. 3.

444 Ibidem, p. 4.

En efecto, nos encontramos ante un importante defecto de técnica legislativa, que el legislador de 2015 no tuvo a bien enmendar, y que supone una auténtica desatención (cuando no desconocimiento) de la normativa mercantil y concursal[445]. No nos resulta comprensible que mientras solo el deudor insolvente puede cometer el delito menos grave del art. 260,1 CP, el deudor solvente pueda verse abocado a cometer el delito más grave del art. 260,2 CP. Ante esta situación algún autor (como hemos esbozado) opta por una interpretación *restrictiva* del tipo penal en examen, en coherencia también con su teleología, considerando que "el requisito de la insolvencia del deudor para la tipicidad de los favorecimientos de acreedores extraconcursales nos obliga a concebir el conjunto del art. 260 CP como un *sistema cerrado dedicado al deudor insolvente*"[446]. No obstante, compartimos la opinión de la mayoría de la doctrina que aboga por una modificación de *lege ferenda* del precepto en la que se adecue el presupuesto temporal a las situaciones descritas, siendo preferible optar por la *declaración de concurso* como instante a partir del cual punir estas conductas de favorecimiento ilícito de acreedores[447].

3. LA FALTA DE AUTORIZACIÓN Y LA PROHIBICIÓN LEGAL DE LA CONDUCTA

Otro de los elementos característicos de este art. 260,2 CP es que la conducta de favorecimiento de acreedores por parte del deudor debe llevarse cabo en sede de concurso sin que se den dos grupos de circunstancias: (1) sin estar autorizado para ello ni *judicialmente* ni por los *administrado-*

---

[445] Martínez-Buján Pérez, *Derecho penal económico y de la empresa, parte especial, cit.*, 7ª edic., p. 185.

[446] Sánchez Dafauce, *La admisión a trámite de la solicitud de concurso… cit.*, p. 4.

[447] Vid. la propuesta alternativa de: Sánchez Dafauce, en Álvarez García (dir.) y Dopico Gómez-Aller (coord.), *Insolvencias punibles, cit.*, p. 763.

res concursales, y (2) fuera de los casos permitidos por ley. Los dos elementos han de constatarse, en principio, de manera acumulativa, y no alternativa (así se desprende del uso de la conjunción "y", más no "o"). Y aunque son dos grupos diferenciados de exigencias, los tratamos simultáneamente en este epígrafe al venir constituidos por el legislador de una forma *negativa* (esto es: ha de comprobarse que no se dan ninguna de las circunstancias que se recogen, esto es, la autorización judicial o administrativa, y la permisión legal del comportamiento). Con todo, como decimos, son exigencias diferentes, que incluso pudieran responder a distinta naturaleza jurídica.

En perspectiva comparada con el delito del art. 260,1 CP ya estudiado, nos encontramos ante una limitación del delito que se asemeja a aquella otra dispuesta para esa primera modalidad consistente, recordemos, en que la operación careciese de justificación económica o empresarial, lo que a nuestro juicio desplazaba la antijuridicidad de la conducta típica del deudor. En esta segunda modalidad de favorecimiento posconcursal del art. 260,2 CP, por el contrario, la aplicación del delito se condiciona a una falta de autorización judicial o de los administradores concursales (dependiendo del tipo y fase de procedimiento), y a que no exista un permiso legal que permita al deudor llevar a cabo tales actos[448].

De un lado, la exigencia de que no exista *autorización judicial o de los administradores concursales* para llevar a cabo el acto de favorecimiento, a nuestro juicio responde al ideal propio de las causas de atipicidad, si bien esta afirmación puede resultar discutible (ocurre algo similar a la controvertida causa de *consentimiento* como forma de atipicidad o de justificación). Debe partirse de la base de que, como ha señalado QUINTERO OLIVARES, esta advertencia de inexis-

---

448 Para Martínez-Buján Pérez, *Derecho penal económico y de la empresa, parte especial, cit.*, 7ª edic., p. 189, la conjunción de ambos elementos hace que nos encontremos ante una "remisión concluyente a determinados actos que hacen del tipo uno 'parcialmente en blanco'".

tencia de autorización es "superflua" pues "de mediar ese permiso no se estaría en el terreno de lo prohibido sin perjuicio de la eventual responsabilidad de los propios administradores por autorizar algo que no hubieran debido tolerar"[449]. Sobre este particular (la posible responsabilidad de los administradores concursales) volveremos más adelante, al final de estas páginas. Al momento de determinar la concreta naturaleza jurídica de este extremo del precepto debemos tener en cuenta que el deudor, sujeto activo del delito, se encuentra ya concursado (más allá de las consideraciones ya apuntadas sobre el defecto de técnica legislativa existente en la concreta redacción del precepto), instante en el que ya ha quedado despojado totalmente de su libertad de disposición sobre los bienes, quedando completamente condicionado al procedimiento concursal[450]. De hecho, ya en el auto de declaración del concurso (momento a partir del cual consideramos que debe comenzar a aplicarse este delito, como dijimos) se produce el nombramiento de la administración concursal, que recoge las facultades de los administradores nombrados (art. 28,1,3º TRLC; regulando el nombramiento del administrador concursal el art. 62 TRLC). Por su parte, el art. 518 TRLC aborda y regula los supuestos de autorización judicial. En este instante en el que el delito del art. 260,2 CP puede tener operatividad, las facultades sobre la ordenación de los créditos y de lo posible o no a realizar por el deudor en esa fase quedan atribuidas al administrador (bien judicial, bien en sede propiamente concursal), que es quien puede *permitir* o *dar autorización* para llevar a cabo ciertas conductas de pago por parte del deudor concursado. Y si, como defendimos, el bien jurídico tutelado por la norma se identifica en el correcto o normal funcionamiento del sistema crediticio ordenado (en este caso, además, ya ordenado directa-

---

449 Quintero Olivares, en Quintero Olivares/Morales Prats, *De las insolvencias punibles, cit.*, p. 729.

450 De la Mata Barranco, en De la Mata Barranco, Dopico Gómez-Aller, Lascurain Sánchez, et. al., *Delitos de frustración de la ejecución y delitos de insolvencia, cit.*, p. 320.

mente por las propias normas del concurso de acreedores), cuando de este propio sistema ordenado se desprende la facultad de que los administradores permitan ciertos comportamientos por parte del deudor concursado entonces directamente desaparece el riesgo para aquél bien jurídico, pues precisamente la actuación del sujeto activo resultará acorde con lo que demandan las normas que ordenan ese correcto funcionamiento del sistema de crédito (normativa concursal). Por tal razón parece que esta primera exigencia redactada en sentido negativo responde al ideal propio de la atipicidad, pues el comportamiento del deudor solo podrá resultar penalmente admisible si existe una *autorización* por parte de quien posee ahora competencia para ello, según la propia legislación concursal que precisamente ordena el correcto o normal desenvolvimiento de ese sistema crediticio una vez se ha declarado el concurso[451].

Pero es que además, de otro lado, el precepto se complementa con la exigencia de que la actuación del deudor se lleve a cabo *fuera de los casos permitidos por la ley*, requisito acumulativo o sumativo al anterior (no alternativo), por lo que vuelve a reforzarse la consideración de estos extremos directamente como *causas de atipicidad* de la conducta, dado que si existe un permiso o causa legal que autorice a llevar a cabo la conducta de favorecimiento por parte del deudor entonces este se limitará a hacer lo que el propio sistema ordenado de crédito le está permitiendo hacer, con lo que directamente desaparece el riesgo para el bien jurídico. Estamos, ahora sí, ante un supuesto claro de *riesgo permitido* de procedencia extrapenal (en concreto, derivado de la normativa concursal existente y, esencialmente, del Real Decreto Legislativo 1/2020, de 5 de mayo, por el que se aprueba el texto refundido de la Ley Concursal; TRLC).

---

451 En el mismo sentido: Martínez-Buján Pérez, *Derecho penal económico y de la empresa, parte especial, cit.*, 7ª edic., p. 189; y González Cussac, en González Cussac (coord.), *Delitos contra el patrimonio y el orden socioeconómico (VIII): frustración de la ejecución e insolvencias punibles, cit.*, p. 509.

Como nuevamente ha destacado QUINTERO OLIVARES, para que opere esta causa de atipicidad compuesta por dos elementos, "es preciso que no se trate de uno de los actos de disposición que el derecho permite incluso en esa situación (actos autorizados por la Ley), por eso se puede concluir que la carencia de autorización, por sí sola, no transforma en delictiva la acción, sino que se requiere una ilicitud esencial de ese acto de disposición"[452]. Esto es: aunque nos encontremos ante dos elementos distintos (por un lado, la autorización judicial o de los administradores concursales, y por otro lado, el permiso legal), realmente ambas deben producirse en conjunto, y son interdependientes, pues la autorización solo debería tener lugar en aquellos casos en los que exista una previsión legal para ello. Por eso son requisitos negativos acumulativos, y por ello entendemos que ambos responden al ideal propio de las causas de atipicidad, al definir, en conjunto, el espacio de riesgo permitido de la conducta del deudor[453].

Como ya expusimos *supra*, el concepto de *riesgo permitido* "solo puede alcanzar a aquellas conductas que son penalmente atípicas en virtud de ser jurídicamente permitidas. Más en concreto: formalmente permitidas por el ordenamiento jurídico extrapenal"[454]. Como señalase SILVA SÁNCHEZ, una conducta peligrosa para un bien jurídico "puede ser atípica por tres clases de razones: por razones sociales, por razones jurídicas extrapenales y por razones específi-

---

452 Quintero Olivares, en Quintero Olivares/Morales Prats, *De las insolvencias punibles, cit.*, p. 729.

453 De la misma opinión: Martínez-Buján Pérez, *Derecho penal económico y de la empresa, parte especial, cit.*, 7ª edic., pp. 189-190. Y, como decimos, en aquellos casos en los que el administrador judicial o concursal se excede de sus competencias a la hora de autorizar la conducta del deudor, puede discutirse sobre la concreta responsabilidad penal de aquél. Sobre este asunto volveremos en las últimas páginas de esta investigación.

454 En estos términos: Silva Sánchez, en Olmedo Cardenete, Núñez Paz, Sanz Mulas, et. al. (dirs.), *Bases de un concepto restrictivo de riesgo permitido, cit.*, p. 178. Con mayor profundidad: Silva Sánchez, *El riesgo permitido en Derecho penal económico, cit.*, pp. 9 y ss.

camente jurídico-penales. El primer ámbito es el de la adecuación social. El segundo, el del riesgo permitido. El tercero, el de todas las demás causas de atipicidad"[455]. Desde esta perspectiva, pues, el *fundamento* de estas dos exigencias negativas se concretaría en la existencia de un auténtico espacio o zona de riesgo permitido de procedencia o soporte extrapenal, en concreto dimanante de la normativa contenida en el TRLC, que contendría directamente la tipicidad penal del hecho de favorecimiento de acreedores en sede concursal. Consecuentemente, la *naturaleza jurídica* de estas exigencias (además, acumulativas) sería la de causas de atipicidad. Como decimos: si es el propio sistema normativo ordenado del crédito (en el terreno concursal) el que dispone que los administradores o el juez pueden autorizar ciertas conductas del deudor, y que además ello debe encontrar una previsión legal, igualmente contenida en ese régimen normativo regulador del sistema crediticio ordenado, entonces el deudor que actúa bajo dicho amparo lo hace ya dentro del riesgo permitido por la propia normativa sectorial, desapareciendo toda ofensa para el bien jurídico, y consecuentemente amparado por una *causa de atipicidad*[456].

Y ello de modo contrario a lo que acontecía, como vimos, con la causa de justificación económico-empresarial en la primera modalidad de favorecimiento preconcursal (art. 260,1 CP), que a nuestro juicio más bien desplazaba el carácter antijurídico de la conducta del deudor, al responder no a la configuración de un espacio de riesgo permitido (con soporte normativo extrapenal) sino realmente a un permiso que responde al ideal propio del conflicto de intereses, en el que uno cede ante el otro, mediante un examen completamente casuístico y por ello particularizado, pero subsistiendo en aquél supuesto el ataque al

---

455 Silva Sánchez, en Olmedo Cardenete, Núñez Paz, Sanz Mulas, et. al. (dirs.), *Bases de un concepto restrictivo de riesgo permitido, cit.*, p. 178.

456 Parece de esta opinión también: Sánchez Dafauce, *La admisión a trámite de la solicitud de concurso… cit.*, p. 3.

bien jurídico, que sigue viéndose afectado aunque la razón del comportamiento sea la existencia de una justificación económica o empresarial. Por el contrario, lo que ocurre con estos dos elementos previstos en el delito de favorecimiento posconcursal (art. 260,2 CP) es que directamente, y en conjunto (requisitos acumulativos) se está señalando una zona de *riesgo permitido* por la propia normativa concursal que supone una garantía para el correcto y normal funcionamiento del sistema crediticio, bien jurídico a nuestro juicio tutelado directamente por la norma, y razón por la cual ante tales casos desaparece cualquier afectación a dicho interés (pues es el propio sistema normativo extrapenal el que dispone que la conducta del deudor ha de resultar admitida).

En particular, a lo largo del TRLC encontramos supuestos en los que, bien de forma expresa bien tácita, se establece la necesidad de obtener autorización judicial para actuar. Así, por ejemplo, y siendo este caso el que ocasiona en la práctica el mayor número de supuestos de solicitud de autorización, la circunstancia regulada en el art. 205 TRLC sobre enajenación de bienes hasta la aprobación judicial del convenio o del plan de liquidación (salvo en los supuestos del art. 206 TRLC, en el que basta la *mera comunicación* a posteriori). O, por ejemplo, los supuestos de enajenación de bienes o derechos afectos a privilegios especiales (que precisan de autorización judicial según disponen los arts. 209 y ss. TRLC), o la enajenación de unidad productiva directa o a través de entidad especializada (art. 216 TRLC), o lo relativo a derechos de alimentos cuando el deudor es una persona física (arts. 123 y 124 TRLC), etc.

Por su parte, en lo relativo a la autorización por parte del administrador concursal, no se concreta en demasía en qué particulares supuestos aquella es obligatoria, utilizándose un sistema abierto que deja a criterio de la administración concursal la determinación de la autorización o su denegación. No cabe, sin embargo (y como ha apuntado reiteradamente la jurisprudencia) un ejercicio abusivo de esta tarea, ni injustificado, debiendo ejercerse tal labor sin que el juez del concurso pueda suplir la tarea propia de los administradores concursales; esto es: el administrador concursal no debe acudir a la vía de la autorización judicial de manera habitual, hasta el punto de suplir con ello las labores que por ley le corresponden, al objeto, por ejemplo, de evitar posibles responsabilidades derivadas de sus actos (y sobre las que volveremos más abajo en este trabajo).

Sin ahondar en demasía en los concretos regímenes de autorización previstos en la legislación concursal, debe señalarse que, con carácter general existen dos sistemas de administración de los bienes del deudor: uno que permite a este conservar facultades sobre su patrimonio, quedando sometido su ejercicio a la *intervención* de los administradores concursales, mediando su autorización o conformidad; y otro en el que el deudor directamente se ve despojado de tales facultades, siendo suplido en ellas por los administradores. El primer supuesto representa la norma general para casos de concurso voluntario (art. 106,1 TRLC) en tanto el segundo se aplica, en principio, al concurso necesario (art. 106,2 TRLC). Y ello con las debidas excepciones y matices que contempla la normativa especializada concursal[457].

Pese a esta existencia de dos requisitos acumulativos e interconectados, que diseñan el concreto espacio de *riesgo permitido*, como dijimos, en la práctica, tal y como ha señalado entre nosotros MARTÍNEZ-BUJÁN PÉREZ, en los supuestos en los que se haya producido la autorización en la forma prevista por la ley, y el deudor, con apoyo en ello, termine favoreciendo a un acreedor con posposición del resto, habrá de entenderse ya que queda completamente desplazada la tipicidad del hecho, y con ello el carácter delictivo de tal conducta, por más que después se pueda descubrir que realmente no existía previsión legal para dicha autorización, siendo que el acto, en particular, no resultaba *autorizable*. Esto no impide, con todo, afirmar las responsa-

---

457 Vid. ampliamente: Martínez-Buján Pérez, *Derecho penal económico y de la empresa, parte especial, cit.*, 7ª edic., p. 191.

bilidades penales (y de otro tipo) en que puedan incurrir aquellos administradores que autorizaron cuando no procedía hacerlo (cuestión sobre la que volveremos en páginas más abajo)[458].

Por último, conviene señalar la posible conexión que tiene esta dual exigencia negativa con aquel defecto de técnica legislativa que ya apuntamos más arriba, y que identifica el momento de aplicación de esta modalidad con la *admisión a trámite* de la solicitud de concurso. Como dijimos en aquel lugar, la mejor opción pasa por solicitar de *lege ferenda* un cambio normativo que establezca dicho instante en la "declaración de concurso", y no en la mera "admisión a trámite", para evitar terminar sancionando también al deudor solvente. No obstante, de *lege lata,* algún autor ya apuntaba a la necesidad de una interpretación restrictiva del precepto que corrigiese dicho defecto legal. Así Sánchez Dafauce considera que también esta dual causa de atipicidad que ahora estudiamos puede coadyuvar a sostener dicha interpretación, más allá de la necesidad de un futuro cambio en la redacción de la norma: "parece obvio que la solución, *de lege ferenda,* es tan sencilla como renovar el tipo con una alusión a la declaración de concurso que sustituya a la actual referencia a la admisión a trámite de la solicitud de concurso. De *lege lata,* cabe acudir al siguiente recurso en la interpretación del tipo: la ausencia de autorización judicial o de la administración concursal exigida por el art. 260,2 CP para la tipicidad de esta conducta de favorecimiento ilícito de acreedores debe tener como presupuesto el previo *desapoderamiento* del deudor insolvente, con la limitación de las facultades de administración y disposición del concursado sobre los bienes de la masa activa originada por la declaración de concurso"[459]. Siendo esto así, pensamos que más allá de la concreta expresión utilizada por el legislador para determinar el momento

---

[458] Ibidem, p. 192.

[459] Sánchez Dafauce, *La admisión a trámite de la solicitud de concurso… cit.,* p. 3. En el mismo sentido se pronuncia el autor en: Sánchez Dafauce, *Consideraciones de emergencia…, cit.,* (proview).

en el que tiene operatividad este delito (la *admisión a trámite* de la solicitud de concurso), una lectura de conjunto que también tenga en cuenta las exigencias de atipicidad identificadas con (1) la existencia de autorización judicial o de los administradores concursales, y (2) la existencia de un permiso legal, permite que también de *lege lata* sea posible sostener que solo el deudor insolvente y sobre el que ya se ha *declarado* su concurso está llamado a cometer esta concreta modalidad de favorecimiento prohibido de acreedores. O, sintetizando esta postura de nuevo con apoyo en las ilustradoras palabras de Sánchez Dafauce, "urge la eliminación de la admisión a trámite de la solicitud de concurso como elemento típico del delito del art. 260,2 CP y su sustitución por la declaración de concurso. Hasta que eso llegue, si llega, hay que entender que la tipicidad de la conducta más grave de favorecimiento ilícito de acreedores debe tener como presupuesto el previo *desapoderamiento* del deudor insolvente, del cual surge la necesidad de la autorización (judicial o de la administración concursal) requerida por el art. 260,2 CP"[460].

4. EL DESTINO AL PAGO DE UN ACREEDOR CON POSPOSICIÓN DEL RESTO

Ya en lo relativo al concreto comportamiento típico prohibido en el art. 260,2 CP debe decirse que se trata de ejecutar actos de favorecimiento que se concretan en *realizar cualquier acto de disposición patrimonial o generador de obligaciones, destinado a pagar a uno o varios acreedores, privilegiados o no, con posposición del resto.*

Sobre los actos de disposición del patrimonio o generadores de obligaciones podemos remitirnos a lo ya expuesto supra al albur de la modalidad del art. 260,1 CP[461].

---

460 Sánchez Dafauce, *La admisión a trámite de la solicitud de concurso... cit.*, p. 5.

461 Para Martínez-Buján Pérez, *Derecho penal económico y de la empresa, parte especial, cit.*, 7ª edic., p. 186, la conducta típica en esta modalidad

Igualmente en aquel lugar dijimos que, aunque el precepto no lo exigiese de forma expresa, resultaba obvio que también debía producirse la *posposición* del resto de acreedores no-favorecidos. Aunque este requisito no se añada taxativamente en aquella primera modalidad, no atisbamos problema alguno para seguir entendiendo que cuando se favorece a un acreedor frente a otros implícitamente se está perjudicando a esos acreedores, generándose una auténtica *posposición* de estos últimos, lo que se produce tanto en el favorecimiento preconcursal como en este de carácter posconcursal que ahora analizamos[462].

Resta entonces por analizar en este momento el elemento típico relativo a que dichos actos se destinen al *pago de uno o varios acreedores*, con independencia de si estos son o no *privilegiados*. Como vemos, la conducta de disposición o de generación de obligaciones en este art. 260,2 CP ha de quedar destinada únicamente a ese *pago* de un crédito, y no alternativamente a la *facilitación de una garantía indebida*, contrariamente a lo que ocurre en el delito del art. 260,1 CP. Y, por lo demás, en este art. 260,2 CP sí se hace expresa mención a la indiferencia en la condición del acreedor indebidamente favorecido, que puede ser o no un acreedor privilegiado.

Con carácter previo debemos descartar que la exigencia típica relativa a que la conducta del deudor esté *destinada* al pago ponga de manifiesto algún elemento propio de la tipicidad subjetiva, identificado con algo similar a una *finalidad*

---

delictiva es idéntica al tradicional comportamiento prohibido en el delito de alzamiento de bienes, siendo la única diferencia que en el art. 260,2 CP nos encontramos ante acreedores *reales*. En similar dirección tb.: González Cussac, en González Cussac (coord.), *Delitos contra el patrimonio y el orden socioeconómico (VIII): frustración de la ejecución e insolvencias punibles, cit.*, p. 508.

462 En este sentido, también: Martínez-Buján Pérez, en Bacigalupo Saggese/Feijoo Sánchez/Echano Basaldua, *Los delitos de insolvencias punibles tras la reforma... cit.*, p. 1087; Souto García, *La tutela penal del derecho de crédito tras la reforma... cit.*, p. 172; López Barja de Quiroga, *La reforma de los delitos económicos... cit.*, p. 292.

de pagar, y no como el efectivo pago a un acreedor. Es evidente, pensamos, que la intención del legislador es que tales actos de disposición patrimonial o generador de nuevas obligaciones se destine a pagar a un acreedor privilegiado frente al resto, no en sentido de darle una *mera orientación o finalidad* a dichos actos, sino más bien a que, objetivamente, aquellos queden vinculados al pago de un crédito con posposición del resto. Por ello este elemento es también parte del tipo objetivo, y consecuentemente habrá de ser abarcado por el dolo del autor[463]. Ello, no obstante, tampoco implica entender que el tipo exija para su consumación comprobar la existencia de un determinado perjuicio patrimonial cuantificado a los acreedores no favorecidos. Como entiende MARTÍNEZ-BUJÁN PÉREZ "ello no ya sólo porque la operación pueda verse anulada, sino porque el acreedor favorecido puede ser un acreedor privilegiado que, como tal, tiene derecho en principio a satisfacer de forma prioritaria su crédito con el patrimonio del deudor"[464]. Amén, añadimos nosotros desde nuestro concreto entendimiento del delito, de que aquí no se están protegiendo intereses individuales de tipo patrimonial propios de los acreedores, sino, como dijimos, un bien jurídico de carácter supraindividual identificado con el correcto funcionamiento del sistema de crédito. El delito del art. 260,2 CP, en definitiva, se consuma cuando se lleva a cabo ese acto de disposición o creador de nuevas obligaciones que cubre el pago de un cierto acreedor que se ve indebidamente favorecido frente a otros[465].

Más allá de esta clarificación, en primer lugar la conducta típica queda circunscrita a la realización de actos de dis-

---

463 Martínez-Buján Pérez, *Derecho penal económico y de la empresa, parte especial, cit.*, 7ª edic., p. 187.

464 Martínez-Buján Pérez, *Derecho penal económico y de la empresa, parte especial, cit.*, 7ª edic., p. 188. Le sigue: Souto García, en González Cussac (dir), *Frustración de la ejecución e insolvencias punibles, cit.*, p. 787.

465 González Cussac, en González Cussac (coord.), *Delitos contra el patrimonio y el orden socioeconómico (VIII): frustración de la ejecución e insolvencias punibles, cit.*, p. 509.

posición patrimonial o de generación de obligaciones que se dirijan a pagar a un acreedor con posposición del resto, esto es, sin respeto por el orden de prelación u ordenación legal existente. La principal diferencia con la conducta del art. 260,1 CP es, como se dijo, que en este instante temporal sí existe una concreta ordenación de los pagos, que el deudor está obligado a respetar, sin que pueda terminar por pagar indiscriminadamente a quien mejor le plazca. Esa conducta, y no otra, es la que encuentra previsión en la modalidad del art. 260,2 CP: actos de disposición o de asunción de nuevas obligaciones, con destino a satisfacer el pago del crédito a un acreedor, privilegiado o no, con posposición del resto, y por tanto sin respetar el orden normativo de los créditos que dimana de la legislación concursal, y que, como también dijimos, supone una auténtica garantía que facilita el normal funcionamiento del propio sistema crediticio ordenado[466]. Subyace aquí una exigencia particular de respeto al aseguramiento de una ordenada satisfacción de los créditos que se desprende de la normativa concursal, y mediatamente (como se expuso al comienzo de esta obra), un respeto a la *par conditio creditorum* que opera a lo sumo como bien jurídico mediato o instrumental (finalidad perseguida por el legislador), del principio de igualdad de trato en esa fase concursal[467].

Y, en segundo lugar, el precepto aquí sí hace expresa referencia a que pueda tratarse, indistintamente, de un pago a un acreedor privilegiado o no. Este acreedor privilegiado (o preferente) es aquél que ostenta un derecho de cobro prioritario ante la situación de concurso del deudor, derivado de su propio carácter o por contar previamente con algún tipo de garantía especial. Como ha señalado DE LA MATA BA-

---

466 Gil Martínez, A.: "Análisis del nuevo art. 259 del Código penal. Los actos de disposición patrimonial del concursado tras la admisión a trámite del concurso", en Magro Servet, V. (dir), VV. AA., *Aspectos penales de la nueva Ley Concursal*, Ed. Estudios de Derecho Judicial del CGPJ, vol. 54, Madrid, 2004, pp. 51 y ss.

467 Gutiérrez Pérez, *El Derecho penal frente a la insolvencia... cit.*, pp. 573-574.

RRANCO, "en el favorecimiento posconcursal el deudor actúa admitida ya a trámite la solicitud de concurso. La conducta es similar, de disposición patrimonial o de generación de obligaciones, destinada a pagar a uno o a varios acreedores. Incluso, y aquí lo dice expresamente el Código, aunque se trate de acreedores privilegiados"[468]. Esta expresa mención a la irrelevancia en la distinción de pago tanto a un acreedor privilegiado como a un acreedor que no se encuentre privilegiado ha propiciado que algún autor considere que realmente el delito puede cometerse incluso aunque el deudor respete rigurosamente el orden de prelación, ya que la ley se refiere a créditos en general, independientemente de que se encuentren privilegiados o no, por lo que realmente se estaría persiguiendo una tutela de una *par conditio creditorum* procesal, más no material[469]. Así, por ejemplo, CAMPANER MUÑOZ ha defendido que realmente en este art. 260,2 CP el bien jurídico debía transitar por la idea de protección de la *función de los órganos concursales,* pues "el comportamiento prohibido se realiza en el ámbito del proceso concursal, cuyo objetivo es regular el cobro de los créditos de los acreedores sobre la masa. Los órganos del concurso cumplen la función de controlar el patrimonio del deudor para que los acreedores puedan cobrar sus créditos"[470]. Sin embargo, opone a esta interpretación GUTIÉRREZ PÉREZ que "el fundamento punitivo de esta figura delictiva recae precisamente en una *par conditio creditorum sustantiva,* de lo contrario, se estaría ante una antijuridicidad formal que resulta insuficiente para integrar esta figura delictiva. La referencia a los acreedores privilegiados debe interpretarse en clave de afectación material al bien jurídico-penal"[471]. No obstante, como ya defen-

---

468 De la Mata Barranco, en De la Mata Barranco, Dopico Gómez-Aller, Lascurain Sánchez, et. al., *Delitos de frustración de la ejecución y delitos de insolvencia, cit.,* pp. 319-320.

469 Cfr.: Gil Martínez, en Magro Servet (dir.), *Análisis del nuevo art. 259 del Código penal... cit.,* p. 52.

470 Campaner Muñoz, *El Derecho penal de las insolvencias... cit.,* p. 291.

471 Gutiérrez Pérez, *El Derecho penal frente a la insolvencia... cit.,* p. 574. Añade la autora: "esta lesión se presentaría, por ejemplo, cuando pese a tratarse de un acreedor privilegiado, por la ínfima masa activa

dimos supra, si bien la *par conditio creditorum* (que solamente opera en sede concursal) puede aparecer como objeto de protección mediata o instrumental en el delito del art. 260,2 CP, por las razones ya esgrimidas en aquel lugar debe seguir considerándose como bien jurídico directamente protegido el correcto funcionamiento del sistema crediticio, que en tales casos no quedaría en riesgo. Con todo, creemos que esta cuestión debe dirimirse acudiendo a lo dispuesto en el conjunto del precepto normativo, que dispone que el pago a un acreedor, privilegiado o no, debe producir la *posposición del resto,* y en tanto esto no ocurra no podrá declararse la tipicidad del comportamiento del deudor (junto al resto de exigencias típicas, claro). Así ha entendido NAVARRO FRÍAS que con el "pago, aún no autorizado, sin alterar este orden (p.ej., al primero en el orden de prelación) no se estaría pagando a un acreedor 'con posposición del resto' [...] pues lo cierto es que el resto estaría ya pospuesto"[472].

Una última cuestión que es necesaria abordar en este momento, una vez ya ha sido delineada la conducta típica en el delito del art. 260,2 CP, pasa por recuperar la discusión doctrinal existente sobre los posibles solapamientos que se pueden producir en la práctica con otros tipos penales, esencialmente en el propio ámbito de las *insolvencias punibles*. En efecto, la doctrina discute sobre el espacio de operatividad que le resta a un delito como el del art. 260,2 CP cuando ya existe un extenso y prolijo art. 259 CP (conductas de *bancarrota*) en el que algunos de los comportamientos de favorecimiento de acreedores ya podrían encontrar acomodo, siempre y cuando se lleven a cabo

---

del patrimonio del deudor, no se hubiera podido satisfacer su crédito, no siquiera respetándose el orden debido, puesto que existen en el orden de prelación otros acreedores privilegiados. O piénsese en un acreedor, en principio, privilegiado, que es declarado en la sección de calificación como cómplice del concursado y, por tanto, perdería cualquier derecho sobre su crédito" (ibid., p. 575).

472 Navarro Frías, I.: "Frustración de la ejecución e insolvencias punibles", en Romeo Casabona, C. M., Sola Reche, E., y Boldova Pasamar, M. A., *Derecho penal, parte especial: conforme a las Leyes orgánicas 1 y 2/2015, de 30 de marzo,* Ed. Comares, Granada, 2016, p. 388.

por parte de un deudor insolvente (actual o inminente, tal como dispone el art. 259,1 CP). Puede darse esta situación cuando el deudor insolvente, una vez declarado su concurso, realiza actos de favorecimiento de acreedores agravando con ello su situación de insolvencia. Ya dijimos en otro lugar que el delito de favorecimiento ilícito de acreedores realmente suponía un modelo de disposición arbitraria de los bienes por parte del deudor insolvente, que conllevaba una *reordenación de los créditos* prohibida, pero sin necesidad de que se agrave la situación de crisis económica de aquel. Este parece ser el único sentido lógico que fundamentaría la existencia del delito del art. 260,1 CP, siendo que solo así es posible dar cierto sentido a la norma, más con posterioridad a la reforma operada en el año 2015. Ocurre, no obstante, que en esa figura (260,1) hablamos de una reordenación *preconcursal* de los créditos existentes, mientras que en el delito del art. 260,2 CP esa reordenación se produce ya en el seno de un concurso vivo. Como ha expuesto Sánchez Dafauce "cualquier favorecimiento ilícito de acreedores se diferencia del delito concursal en que con él no se produce un aumento del pasivo. Si declarado un concurso, el concursado, dadas todas las condiciones típicas, paga un crédito real, comete un delito de favorecimiento, pues el crédito pagado formaba parte de la masa pasiva del concurso. Si, por el contrario, el deudor simula un crédito falso —o constituye un nuevo crédito— y lo paga, comete un delito concursal del art. 259, pues con tal pago disminuye la masa activa del concurso sin disminución de la pasiva"[473].

Con todo, hay que reconocer la cercanía entre este delito y las modalidades de bancarrota, e incluso su proximidad con la figura del alzamiento de bienes. De hecho, como expone Martínez-Buján Pérez, puede sostenerse que "el art. 260,2 contiene una verdadera figura intermedia entre el delito de alzamiento y el delito concursal del art. 259"[474],

---

473 Sánchez Dafauce, *Consideraciones de emergencia…, cit.,* (proview).

474 Martínez-Buján Pérez, *Derecho penal económico y de la empresa, parte especial, cit.,* 7ª edic., p. 181.

ya incluso en lo relativo a la pena (en el alzamiento, idénticas; en el caso de la bancarrota: si bien la pena de prisión es la misma, de uno a cuatro años, la multa es mayor en el delito del art. 260,2 CP, de doce a veinticuatro meses, que en el injusto de quiebra o bancarrota, de ocho a veinticuatro meses). En supuestos de proximidad o de aparente solapamiento algunos autores han defendido la existencia de un concurso de delitos[475], mientras que otros defienden que la relación es propia de un concurso aparente de leyes[476].

En la práctica, la jurisprudencia se aparta de su primigenia concepción del antiguo *delito concursal* (ex. art. 260 CP en la legislación anterior al año 2015), en la que entendía que las conductas que ahora constituyen supuestos de quiebra o bancarrota empresarial (art. 259 CP) resultaban apreciables tanto en un escenario preconcursal como también una vez se había ya abierto el concurso de acreedores. En efecto, como expone SÁNCHEZ DAFAUCE, esta visión tradicional ha quedado desechada en los pronunciamientos jurisprudenciales más recientes, que consideran que el ámbito de operatividad de los supuestos delictivos de bancarrota termina cuando existe una declaración de concurso de acreedores, recurriéndose en ese instante al delito de favorecimiento ilícito del art. 260,2 CP[477]. Según la jurisprudencia más actual, pues, el art. 259 CP sanciona actos de quiebra o bancarrota en una determinada *progresión delictiva* que conforma la tipicidad de aquél, en un estado de insolvencia del deudor que se causa (art. 259,2 CP) o agrava (art. 259,1 CP), pero que concluye una vez se ha declarado el concurso de acreedores, instante a partir del cual no se extiende este delito[478]. Según este entendimiento, pues, una vez haya sido declarado el concurso, ninguna de las conductas del actual art. 259 CP resultarían punibles

---

475 Así, v. gr.: Sánchez Dafauce, *Estudio crítico del delito concursal, cit.*, p. 123.

476 Así, v. gr.: Nieto Martín, *El delito de quiebra, cit.*, p. 146.

477 Sánchez Dafauce, *Estudio crítico del delito concursal, cit.*, p. 120 y ss.

478 Lo entiende de este modo también: Rodríguez Padrón, *Las insolvencias punibles en la reforma del Código Penal, cit.*, p. 8.

al calor de dicho precepto normativo, laguna que se cubriría, en su caso, con el recurso al encaje de la conducta en la tipicidad del actual art. 260,2 CP[479].

En nuestra opinión, resulta nuevamente patente la equivocada regulación de las insolvencias punibles por parte del legislador del año 2015. Este aspecto es una nueva muestra de ello. Que el legislador del momento no haya sabido desligar correctamente esta cuestión, desde la propia letra de la norma, merece nuestra crítica, una vez más. Lo cierto es que el texto no limita la aplicación del art. 259 CP a los supuestos de agravación o causación de una insolvencia real por parte del deudor que se produzcan únicamente antes de la declaración de concurso. Por esta razón, autores como SÁNCHEZ DAFAUCE abogan por considerar que la relación entre ambos tipos penales es la propia del concurso de delitos, pues "si el legislador hubiera querido acogerse al concurso de normas, podría haber añadido un número más a la prolija lista del art. 259,1, que incluye un tipo mixto alternativo, especificando que en estos supuestos es preceptiva la declaración previa de concurso"[480]. Con todo, entendemos el esfuerzo de la jurisprudencia más actual en dotar de cierto sentido lógico-aplicativo a estos tipos penales, cuando se trata de encajar en el Código Penal aquellas conductas próximas entre sí, pero que se llevan a cabo mediante la ejecución de actos de favorecimiento de acreedores.

5. CONSIDERACIONES SOBRE LA PENA

Sobre la pena prevista para este delito, solamente cabe apuntar que, como ya se dejó expuesto supra, la modalidad de favorecimiento ilícito de acreedores posconcursal del art. 260,2 CP prevé una penalidad mayor que la que se contempla para el caso del favorecimiento prohibido pre-

---

479 Al respecto, cfr. ampliamente: Gutiérrez Pérez, *El Derecho penal frente a la insolvencia... cit.*, pp. 576-577, y jurisprudencia allí citada. Cfr. tb.: Sánchez Dafauce, *Estudio crítico del delito concursal, cit.*, p. 121.

480 Sánchez Dafauce, *Estudio crítico del delito concursal, cit.*, p. 122.

concursal en el art. 260,1 CP. Para este último, en concreto, la pena es de prisión de seis meses a tres años o multa de ocho a veinticuatro meses, mientras que para aquel primero (ahora en examen) la pena de prisión es de uno a cuatro años y la de multa es de doce a veinticuatro meses. Para el caso del delito del art. 260,2 CP la pena de prisión y multa es acumulativa, en tanto para el delito del art. 260,1 CP es alternativa.

Como también se dejó apuntado más arriba, llama poderosamente la atención la elevada penalidad prevista para este delito, que además es idéntica a la prevista para el delito de alzamiento de bienes (art. 257,1 CP). Esto ha sido puesto de manifiesto por algunos autores que han considerado que "la dureza del marco penológico del favorecimiento de acreedores *posconcursal* resulta alarmante"[481]. Precisamente las dudas sobre posibles solapamientos con otras figuras de insolvencias punibles próximas, como es el caso de la bancarrota, y cuyas relaciones concursales ya han sido tratadas en páginas anteriores, acrecientan esta crítica sobre la elevada penalidad prevista en el caso particular del delito del art. 260,2 CP, que supera incluso aquellas otras contempladas para las modalidades de bancarrota (en que el límite inferior de la pena de multa es menor).

6. EXCURSO: LA RESPONSABILIDAD PENAL DE LOS ADMINISTRADORES CONCURSALES

Tal y como se dejó esbozado un poco más arriba, existe una cuestión incidental que merece nuestra atención, siquiera sea a modo de excurso, cuando nos aproximamos al estudio del delito del art. 260,2 CP. Nos estamos refiriendo a la posible responsabilidad penal que pudieran tener los administradores concursales en relación con las conductas

481 Gutiérrez Pérez, *El Derecho penal frente a la insolvencia... cit.*, p. 575.

de favorecimiento de acreedores que permitan o autoricen de forma indebida o improcedente[482].

En efecto, como se ha visto esta modalidad delictiva exige que el deudor actúe favoreciendo a unos acreedores con posposición de otros en el marco de un procedimiento concursal vivo, sin que exista ni previsión legal que ampare su comportamiento ni tampoco autorización judicial o por parte de los administradores concursales. Esta situación, como ha atisbado QUINTERO OLIVARES, "permite meditar sobre la valoración que se ha de dar a la posibilidad de que el autorizante haya dado ilícitamente ese permiso, sea por simple carencia de base legal para hacerlo, o sea, incluso, a causa de soborno o interés personal en la operación"[483].

Para este autor, si el autorizante ha sido un juez, la cuestión debe reconducirse al ámbito propio de la prevaricación judicial (dolosa o imprudente). Más si la autorización indebida (por abuso de funciones o directamente por incumplimiento de estas) proviene de un administrador concursal, la cuestión penal deviene más compleja, pues previamente habrá de delinearse con precisión la concreta condición jurídica de ese órgano (que además puede ser unipersonal o colegiado, lo que complica el caso) ante la situación del crisis económica o empresarial del deudor. "La casuística es muy amplia, y solo a título de ejemplo podemos mencionar los actos de deslealtad con la sociedad suspensa o quebrada en cuanto pueden ser administradores de la misma, las falsedades en las elaboraciones finales de balances, la connivencia corrupta con el deudor o algún acreedor, etcétera"[484].

---

482 Para Quintero Olivares, G.: "Insolvencias punibles", en Álvarez García, (dir.), Dopico Gómez-Aller, (coord.), *Estudio crítico cobre el Anteproyecto de Reforma Penal de 2012,* Ed. Tirant lo Blanch, Valencia, 2013, p. 753, hubiera sido deseable que el legislador hiciese expresa referencia, en estos delitos, a dicha responsabilidad de los administradores concursales.

483 Quintero Olivares, en Quintero Olivares/Morales Prats, *De las insolvencias punibles, cit.,* p. 730.

484 Idem.

Sin poder ahondar mucho más en la cuestión, pues ello terminaría por desbordar todos los límites de la presente monografía, siguiendo con el tratamiento dado por QUINTERO OLIVARES sí se pueden dejar apuntadas algunas posibilidades. Así, verbigracia, y tras la reforma penal del año 2015, los administradores concursales podrán enfrentarse, dependiendo de las concretas particularidades del caso, a un delito de cohecho (dado lo que dispone el art. 423 CP: "lo dispuesto en los artículos precedentes será igualmente aplicable a los jurados y árbitros, nacionales o internacionales, así como a mediadores, peritos, administradores o interventores designados judicialmente, administradores concursales o a cualesquiera personas que participen en el ejercicio de la función pública"), a un delito de malversación (para el que el art. 435,4º CP hace extensibles sus disposiciones a "los administradores concursales, con relación a la masa concursal o los intereses económicos de los acreedores. En particular, se considerarán afectados los intereses de los acreedores cuando de manera dolosa se alterara el orden de pagos de los créditos establecido en la ley"[485]), o a un delito de negociaciones prohibidas (así el art. 440 CP dispone que "los peritos, árbitros y contadores partidores que se condujeren del modo previsto en el artículo anterior, respecto de los bienes o cosas en cuya tasación, partición o adjudicación hubieran intervenido [...] y los administradores concursales respecto de los bienes y derechos integrados en la masa del concurso, serán castigados con la pena de multa de doce a veinticuatro meses e inhabilitación especial para empleo o cargo público, profesión u oficio, guarda, tutela o curatela, según los casos, por tiempo de tres a seis años, salvo que esta conducta esté sancionada con mayor pena en otro precepto de este Código"). Con ello, como indica QUINTERO OLIVARES, "se abre

485 Este sería, a juicio de algunos autores, el delito principalmente aplicable, tras la reforma operada en el año 2015, a los administradores concursales que se exceden de sus funciones ante supuestos de insolvencia del deudor; vid.: González Campo, *Frustración de la ejecución y bancarrota en la reforma... cit.*, p. 195.

un abanico de posibles responsabilidades realmente amplio, pues hay que tener en cuenta que la vinculación de la malversación con la administración desleal puede llevar al CP los actos de consciente autorización de conductas que perjudican a la masa concursal, expresamente indicado en el art. 435 CP"[486].

Por lo demás, dado que los administradores concursales que actúan sobre este concreto ámbito de gestión de las crisis patrimoniales participan en el ejercicio de funciones públicas, se ha sostenido también la posibilidad de fundamentar la responsabilidad de estos en la propia de los funcionarios. Otra posibilidad es intentar el encuadre de la conducta en la tipicidad del delito de administración desleal (art. 252 CP), si bien el sistema tradicionalmente ha venido tolerando los comportamientos extralimitados (abusos o desviaciones) de los administradores de sociedades ante supuestos de crisis o insolvencia de aquellas[487].

---

486 Quintero Olivares, en Quintero Olivares/Morales Prats, *De las insolvencias punibles, cit.*, p. 730. En similar dirección, vid.: Martínez-Buján Pérez, *Derecho penal económico y de la empresa, parte especial, cit.*, 7ª edic., pp. 192-193.

487 Quintero Olivares, en Quintero Olivares/Morales Prats, *De las insolvencias punibles, cit.*, p. 730. Ampliamente, sobre la responsabilidad de los administradores en el marco de la sociedad, vid.: García Torres, M. L.: "Aspectos civiles y penales de la acción de responsabilidad frente a los administradores de las sociedades de capital", en *La Ley Penal,* nº 120, 2016; y Mazo Llera, R.: "Sociedades insolventes y responsabilidad de los administradores", en *La Ley Penal,* nº 120, 2016.

IV. Bibliografía

Alcácer Guirao, R.: "La protección del futuro y los daños cumulativos", en *Revista Electrónica de Ciencia Penal y Criminología,* nº 4, 2002.

Alonso Ferreras, B.: "La insolvencia en el Derecho penal concursal y el concepto de crisis económica como complemento a la misma", en *Revista Jurídica de la Universidad Autónoma de Madrid,* nº 27, 2013.

Bacigalupo Saggese, S.: "Insolvencia y Derecho penal", en *Revista de Derecho Concursal y Paraconcursal,* nº 13, 2010.

Bacigalupo Zapater, E.: "El delito de insolvencia fraudulenta", en *Revista de Derecho Penal y Criminología,* nº 1, 1968.

Bacigalupo Zapater, E.: "Insolvencia y delito en el Proyecto de reforma del Código Penal de 2013", en *Diario La Ley,* nº 8303, 2014.

Bajo Fernández, M.: *Derecho penal económico aplicado a la actividad empresarial,* Ed. Civitas, Madrid, 1978.

Bajo Fernández, M. y Bacigalupo Saggese, S.: *Derecho Penal Económico,* Ed. Tecnos, Madrid, 2001.

Balbuena Pérez, D.: "Insolvencias punibles", en Abadías Selma, A. y Bustos Rubio, M. (dirs.), VV. AA.: *Temas prácticos para el estudio del Derecho penal económico,* Ed. Colex, 2ª edic., Madrid, 2022.

Benítez Ortúzar, I.: "Frustración de la ejecución e insolvencias punibles", en Morillas Cueva, L. (dir.), VV. AA.: *Estudios sobre el Código Penal reformado (leyes orgánicas 1/2015 y 2/2015),* Ed. Dykinson, Madrid, 2015.

Benito de Endara, L.: *Manual de Derecho Mercantil,* Ed. Victoriano Suárez, 3ª edic., Madrid, 1924.

Benito López, R.: "La quiebra de la finalidad resocializadora de la pena y la resurrección de la prisión por deudas", en VV. AA., *Homenaje al profesor Dr. Gonzalo Rodríguez Mourullo,* Ed. Civitas, Madrid, 2005.

Benito Sánchez, D.: *Evidencia empírica y populismo punitivo,* Ed. Bosch, Barcelona, 2020.

Berdugo Gómez de la Torre, I.: *Viejo y nuevo Derecho penal. Principios y desafíos del Derecho penal de hoy,* Ed. Iustel, Madrid, 2012.

Boix Reig, J. y Anarte Borrallo, E.: "Frustración de la ejecución e insolvencias punibles", en Boix Reig, J. (dir.), VV. AA.: *Derecho penal, parte especial. Volumen II. Delitos Económicos,* Ed. Iustel, 2ª edic., Madrid, 2020.

Buruaga Puertas, V.: *La calificación de las insolvencias,* Ed. Atelier, Barcelona, 1999.

Bustos Ramírez, J.: *Control social y sistema penal,* Ed. PPU, Barcelona, 1987.

Bustos Ramírez, J.: "Los bienes jurídicos colectivos", en *Revista de la Facultad de Derecho de la Universidad Complutense,* nº 11, 1986, p. 158.

Bustos Ramírez, J.: "Política criminal y bien jurídico en el delito de quiebra", en *Anuario de Derecho Penal y Ciencias Penales,* Tomo 43, 1990.

Bustos Rubio, M.: *Delitos acumulativos,* Ed. Tirant lo Blanch, Valencia, 2017.

Bustos Rubio, M.: "Delitos acumulativos y delitos de peligro abstracto: el paradigma de la acumulación en derecho penal", en *Anuario de Derecho Penal y Ciencias Penales,* Tomo LXX, MMXVII, 2017.

Bustos Rubio, M.: "El excesivo adelanto de la barrera punitiva en los delitos acumulativos: un arquetipo del moderno Derecho penal", en Maraver Gómez, M. y Pozuelo Pérez, L. (coord.), *La crisis del principio del hecho en Derecho Penal,* Ed. Reus/B de F, Madrid, 2020.

Bustos Rubio, M.: "Insignificancia y Derecho penal económico", en *InDret,* nº 4, 2023.

Bustos Rubio, M.: "La proscripción de la prisión por deudas: más allá de la capacidad económica del penado (indefensión y tutela judicial efectiva en la STC 32/2022, de 7 de marzo)", en Simón Castellano, P. (dir.), Álvarez Buján, M. V. (coord.), *Evolución e interpretación del TC sobre derechos fundamentales y garantías procesales: cuestiones recientemente controvertidas,* Ed. Aranzadi, Navarra, 2023.

Bustos Rubio, M.: *La regularización en el delito de defraudación a la Seguridad Social,* Ed. Tirant lo Blanch, Valencia, 2016.

Bustos Rubio, M.: "Los delitos de bancarrota: una modalidad de insolvencia punible", en *Revista de Derecho y Proceso Penal,* nº 50, 2018.

Bustos Rubio, M.: "Los delitos de insolvencias punibles", en Gómez Pavón, P., Bustos Rubio, M., y Pavón Herradón, D.: *Delitos económicos. Análisis doctrinal y jurisprudencial,* Ed. Wolters Kluwer, Madrid, 2019.

Caballero Brun, F.: "Algunos problemas de autoría y participación en las denominadas insolvencias punibles", en *Revista Penal,* nº 21, 2008.

Caballero Brun, F.: *Insolvencias punibles,* Ed. Iustel, Madrid, 2008.

Campaner Muñoz, J.: "El Derecho penal de las insolvencias. Cuestiones dogmáticas y procesales a la luz de los bienes jurídicos protegidos", en *Cuadernos de Política Criminal,* nº 113, 2014.

Carrara, F.: *Programa del Curso de Derecho Criminal Volumen 7,* Ed. Temis, Bogotá, 1956.

Caruso Fontán, V. y Pedreira González, F., *Principios y garantías del Derecho penal contemporáneo,* Ed. B de F, Buenos Aires/Montevideo, 2014.

Ceres Montés, J.: "La insolvencia punible en el nuevo Código Penal", en *Actualidad Jurídica Aranzadi,* nº 287, 1997.

Cuello Contreras, J.: "Dolo y valoración. Restricciones del tipo subjetivo en los delitos con elementos y remisiones de carácter normativo. Peculiaridades de la imprudencia, ejemplificadas en la insolvencia punible imprudente", en *Revista Electrónica de Ciencia Penal y Criminología,* nº 22, 2020.

Cuello Contreras, J.: "Insolvencias punibles", en *Cuadernos de Política Criminal,* nº 67, 1999.

De la Mata Barranco, N.: "Delitos de frustración de la ejecución y delitos de insolvencia", en De la Mata Barranco, N., Dopico Gómez-Aller, J., Lascurain Sánchez, J. A., y Nieto Martín, A.: *Derecho penal económico y de la empresa,* Ed. Dykinson, Madrid, 2018.

De la Mata Barranco, N.: "El concepto de insolvencia y las conductas defraudatorias punibles que, causándola o agravándola, frustran las expectativas de cobro del acreedor", en Suárez López, J. M., Barquín Sanz, J., Benítez Ortúzar, I. F., et. al. (dirs.), VV. AA., *Estudios jurídicos y criminológicos en homenaje al Prof. Dr. Dr. H. C. Mult. Lorenzo Morillas Cueva,* Vol. I, Ed. Dykinson, Madrid, 2018.

De la Mata Barranco, N.: "¿Frustración de la ejecución o insolvencia punible?" en *Almacén de Derecho,* 13 de junio de 2019 [link: https://almacendederecho.org/frustracion-de-la-ejecucion-o-insolvencia-punible].

De Porres Ortiz de Urbina, E.: "El nuevo delito de bancarrota", en *La Ley Penal,* nº 120, 2016.

De Urbano Castrillo, E.: "El delito de bancarrota a examen", en *Revista Aranzadi Doctrinal,* nº 10, 2016.

De Vicente Remesal, J.: "Alzamiento de bienes, otorgamiento de contrato simulado y falsedad en documento público: delimitación y cuestiones concursales. Comentario a la STS de 14 de julio de 1989", en *Diario La Ley,* 1990.

Del Rosal Blasco, B.: "Las insolvencias punibles a través del análisis del alzamiento de bienes", en *Anuario de Derecho Penal y Ciencias Penales,* Tomo XLVII, Fas. II, 1994.

Esquinas Valverde, P.: "La nueva regulación de los delitos de alzamiento de bienes en el Anteproyecto de Código Penal 2012/2013", en *La Ley Penal,* nº 105, 2013.

Faraldo Cabana, P.: "Los delitos de alzamiento de bienes en el Proyecto de reforma del Código Penal de 2013", en *Revista Aranzadi Doctrinal,* nº 6, 2014.

Faraldo Cabana, P.: "Los delitos de insolvencia fraudulenta y presentación de datos falsos ante el nuevo Derecho Concursal y la reforma penal", en *Estudios Penales y Criminológicos,* nº. XXIV, 2004.

Faraldo Cabana, P.: "Vuelta a los hechos de bancarrota: el delito de insolvencia fraudulenta tras la reforma de 2015", en *Revista de Derecho Concursal y Paraconcursal,* nº 23, 2015.

Feijoo Sánchez, B.: "Crisis económica y concursos punibles", en *Diario La Ley,* nº 7178, 2009.

Feijoo Sánchez, B.: "Crisis económica y Derecho penal: responsabilidad de intermediarios financieros por la comercialización de productos de terceros, incremento de insolvencias y de la conflictividad social", en Reátegui Sánchez, J., y Requejo Sánchez, C. (coords.), VV. AA.: *Derecho penal económico y de la empresa,* Ed. Olejnik, Santiago de Chile, 2018.

Feijoo Sánchez, B.: "Insolvencia punible", en Ávila de la Torre, A., Campizano Laguillo, A. B., Beltrán Sánchez, E. M., et. al. (dirs.), *Enciclopedia de Derecho concursal,* Vol. 2, Ed. Aranzadi, Navarra, 2012.

Feijoo Sánchez, B.: "Límites del tipo objetivo en los delitos económicos", en Gómez-Jara Díez, C. (coord.), *Persuadir y razonar: estudios jurídicos en homenaje a José Manuel Maza Martín,* t. II, Ed. Aranzadi, Navarra, 2018.

Feijoo Sánchez, B.: “Los delitos económicos”, en Bacigalupo Saggese, S., Feijoo Sánchez, B., y Echano Basaldena, J. *Estudios de Derecho Penal. Homenaje al profesor Miguel Bajo,* Ed. Ramón Areces, Madrid, 2016.

Feijoo Sánchez, B.: *Orden socioeconómico y delito. Cuestiones actuales de los delitos económicos,* Ed. BdeF, Buenos Aires, 2016.

Feijoo Sánchez, B.: “Proyección presente y futura del concurso fraudulento en el Derecho penal español (art. 260 CP)”, en Ariza Colmenarejo, M. J., y Galán González, C. (coord.): *Reflexiones para la reforma concursal,* Ed. Reus, Madrid, 2010.

Feijoo Sánchez, B.: “Sobre la ‘administrativización’ del derecho penal en la ‘sociedad del riesgo’. Un apunte sobre la política criminal a principios del siglo XXI”, en *Revista Derecho Penal Contemporáneo,* nº 19, 2007.

Feijoo Sánchez, B.: “Sociedades mercantiles en crisis y Derecho penal”, en *Anuario de Derecho Concursal,* nº 16, 2009.

Feinberg, J.: *Harm to others. The moral limits of the criminal law,* Vol. I, Ed. Oxford University Press, New York, 1987.

Fernández Cuesta-Donat, M.: “El concepto de insolvencia en el ámbito concursal y penal. Independencia entre la calificación concursal culpable y el delito de insolvencia punible”, en *Revista CEF Legal,* nº 220, 2019.

Fernández Illanes, S.: “Las acciones preventivas por daños cumulativos en el Derecho internacional público”, en *Ars Boni et Aequi,* Vol. 6, nº 2, 2010.

Foffani, L.: “Insolvencias punibles y delitos societarios”, en Tiedemann, K. (dir.), VV. AA.: *Eurodelitos. El Derecho Penal Económico en la Unión Europea,* Ed. Universidad de Castilla La Mancha, Cuenca, 2003.

Francés Lecumberri, P.: “El delito de insolvencia punible documental (arts. 259,1 aps. 6º a 8º)”, en *inDret,* nº 2, 2019.

Galán Muñoz, A.: “Los delitos patrimoniales de defraudación (II): frustración de la ejecución e insolvencias punibles”, en Galán Muñoz, A. y Núñez Castaño, E.: *Manual de Derecho Penal económico y de la empresa,* Ed. Tirant lo Blanch, 5ª edic., Valencia, 2023.

Galán Muñoz, A.: “Presente y futuro de las insolvencias punibles”, en *Revista Penal,* nº 34, 2014.

Gallego Soler, J. I.: “Delitos contra bienes jurídicos patrimoniales de defraudación”, en Corcoy Bidasolo, M. (dir.), VV. AA.: *Manual de Derecho Penal parte especial, Tomo 1,* Ed. Tirant lo Blanch, 3ª edic., Valencia, 2023.

Gallego Soler, J. I.: "El bien jurídico-penal en los delitos de insolvencias. ¿Dos modelos de protección enfrentados?", en *Estudios Jurídicos del Ministerio Fiscal,* nº 3, 2002.

García Sánchez, A.: *La función social de la propiedad en el delito de alzamiento de bienes,* Ed. Comares, Granada, 2003.

García Torres, M. L.: "Aspectos civiles y penales de la acción de responsabilidad frente a los administradores de las sociedades de capital", en *La Ley Penal,* nº 120, 2016.

Gil Martínez, A.: "Análisis del nuevo art. 259 del Código penal. Los actos de disposición patrimonial del concursado tras la admisión a trámite del concurso", en Magro Servet, V. (dir), VV. AA., *Aspectos penales de la nueva Ley Concursal,* Ed. Estudios de Derecho Judicial del CGPJ, vol. 54, Madrid, 2004.

Gómez Lanz, J.: "El acreedor ante los delitos de frustración de la ejecución e insolvencia punible", en Veiga Copo, A. B. (dir.), y Martínez Muñoz, M. (coord.), VV. AA., *El acreedor en el Derecho concursal y preconcursal a la luz del texto refundido de la Ley Concursal,* Ed. Aranzadi, Navarra, 2020.

Gómez Lanz, J.: "El nuevo régimen de la frustración de la ejecución y las insolvencias punibles", en Bustos Rubio, M. y Abadías Selma, A. (dirs.), *Una década de reformas penales. Análisis de diez años de cambios en el Código Penal (2010-2020),* Ed. Bosch, Barcelona, 2020.

Gómez Lanz, J.: *La interpretación de la expresión 'en perjuicio de' en el Código Penal,* Ed. Dykinson, Madrid, 2006.

Gómez Lanz, J.: "Las insolvencias punibles en el Código Penal", en *Revista de Derecho Concursal y Paraconcursal,* nº 26, 2017.

Gómez Martín, F.: *Ley concursal e insolvencias punibles,* Ed. Comares, Granada, 2004.

Gómez Pavón, P.: "Las insolvencias punibles en el Código Penal actual", en *Cuadernos de Política Criminal,* nº 64, 1998.

Gómez Pavón, P.: "Los delitos de frustración de la ejecución", en Gómez Pavón, P., Bustos Rubio, M., y Pavón Herradón, D.: *Delitos económicos. Análisis doctrinal y jurisprudencial,* Ed. Wolters Kluwer, Madrid, 2019.

González Campo, E.: "Frustración de la ejecución y bancarrota en la reforma 1/2015 del Código Penal", en *Cuadernos de José María Lidón,* nº 12, 2016.

González Cussac, J. L.: "Delitos contra el patrimonio y el orden socioeconómico (VI): estafas", en González Cussac, J. L. (coord.), VV. AA.: *Derecho penal, parte especial,* Ed. Tirant lo Blanch, 8ª edic., Valencia, 2023.

González Cussac, J. L.: “Delitos contra el patrimonio y el orden socioeconómico (VIII): frustración de la ejecución e insolvencias punibles”, en González Cussac, J. L. (coord.), VV. AA.: *Derecho penal, parte especial,* Ed. Tirant lo Blanch, 8ª edic., Valencia, 2023.

González Cussac, J. L.: “Las insolvencias punibles tras la reforma concursal de 2003”, en Hernández Martí, J. (coord.), *Concurso e insolvencia punible,* Ed. Tirant lo Blanch, Valencia, 2004.

González Cussac, J. L.: “Ley concursal e insolvencia punible”, en VV. AA., *Homenaje al Profesor Dr. Gonzalo Rodríguez Mourullo,* Ed. Civitas, Madrid, 2005.

González Cussac, J. L.: *Los delitos de quiebra,* Ed. Tirant lo Blanch, Valencia, 2000.

Gutiérrez Pérez, E.: *El Derecho penal frente a la insolvencia. Delitos de alzamiento de bienes y delitos concursales,* Ed. Aranzadi, Navarra, 2021.

Gutiérrez Pérez, E.: “La calificación culpable del concurso y los delitos de causación y agravación de la insolvencia (arts. 259,2 y 1 CP): ¿un artificioso divorcio legal frente a una pareja de hecho?”, en *Revista General de Derecho Penal,* nº 38, 2022.

Gutiérrez Pérez, E.: “La suspensión del deber de solicitar el concurso como fuente de riesgos penales de insolvencia”, en *Diario La Ley,* nº 9683, 2020.

Gutiérrez Pérez, E.: “¿Libertad económica o insolvencia punible? El riesgo (no) permitido del deudor como problema ‘sine die’”, en Acale Sánchez, M., Miranda Rodrigues, A., y Nieto Martín, A. (coords.), VV. AA.: *Reformas penales en la península ibérica. A ‘jangada de pedra’?,* Ed. BOE, Madrid, 2021.

Hefendehl, R.: “¿Debe ocuparse el Derecho penal de riesgos futuros? Bienes jurídicos colectivos y delitos de peligro abstracto”, en *Anales de Derecho; Universidad de Murcia,* nº 19, 2001.

Hernández Martí, J. y Altés *Tárrega, J. A., Concurso e insolvencia punible,* Ed. Tirant lo Blanch, Valencia, 2004.

Huerta Tocildo, S.: “Bien jurídico y resultado en los delitos de alzamiento de bienes”, en Cerezo Mir, J., Suárez González, C., Beristain Ipiña, A., et. al., *El nuevo Código Penal: presupuestos y fundamentos. Libro Homenaje a Torío López,* Ed. Comares, Granada, 1999.

Jaén Vallejo, M.: “Las insolvencias punibles”, en *Cuadernos de Política Criminal,* nº 58, 1996.

Kindhäuser, U.: "Acerca de la legitimidad de los delitos de peligro abstracto en el ámbito del Derecho penal económico", en VV. AA., *Hacia un Derecho penal económico europeo. Jornadas en honor al profesor Klaus Tiedeman,* Ed. BOE, Madrid, 1995.

Kuhlen, L.: "Der Handlungserfolg der strafbaren Gewässerverunreinigung. 324 StGB", *GA,* 1986.

Kuhlen, L.: "Umweltstrafrecht auf der Suche nach einer neuen Dogmatik", *ZStW,* n. 105, 1993.

López Barja de Quiroga, J.: *La reforma de los delitos económicos: la administración desleal, la apropiación indebida y las insolvencias punibles,* Ed. Civitas, Navarra, 2015.

Luzón Peña, D. M.: "Causas de atipicidad y causas de justificación", en Luzón Peña, D. M., y Mir Puig, S., *Causas de justificación y de atipicidad en Derecho penal,* Ed. Aranzadi, Navarra, 1995.

Magdalena Cámara, M.: *Aspectos dogmáticos y político-criminales de las insolvencias punibles,* Tesis Doctoral, Universitat Autònoma de Barcelona (UAB), 2016.

Magdalena Cámara, M.: *Aspectos dogmáticos y político-criminales de las insolvencias punibles,* Ed. Aranzadi, Navarra, 2018.

Martínez-Buján Pérez, C.: "Algunas reflexiones sobre la moderna teoría del Big Crunch en la selección de bienes jurídico-penales", en Díez Ripollés, J. L. (coord.), VV. AA., *La ciencia del Derecho penal en el nuevo siglo. Libro Homenaje al Profesor Doctor Don José Cerezo Mir,* Ed. Tecnos, Madrid, 2002.

Martínez-Buján Pérez, C.: "Bien jurídico y Derecho penal económico", en Demetrio Crespo, E. (dir), Maroto Calatayud, M. (coord.), VV. AA., *Crisis financiera y Derecho penal económico,* Ed. Edisofer B de F, Buenos Aires, 2014.

Martínez-Buján Pérez, C.: "Cuestiones fundamentales del delito de alzamiento de bienes", en *Estudios Penales y Criminológicos,* nº 24, 2002-2003.

Martínez-Buján Pérez, C.: "De nuevo sobre los elementos subjetivos del tipo en el ejemplo del delito de alzamiento de bienes", en Pérez Manzano, M., Iglesias Río, M. A., De Andrés Domínguez, A. C., et. al. (coords.), *Estudios en homenaje a la profesora Susana Huerta Tocildo,* Ed. UCM, Madrid, 2020.

Martínez-Buján Pérez, C.: *Derecho penal económico y de la empresa, parte general,* Ed. Tirant lo Blanch, 6ª edic., Valencia, 2022.

Martínez-Buján Pérez, C.: *Derecho penal económico y de la empresa, parte especial,* Ed. Tirant lo Blanch, 7ª edic., Valencia, 2023.

Martínez-Buján Pérez, C.: "El delito de insolvencia del artículo 260 CP, tras la nueva ley concursal", en VV. AA., *Homenaje al profesor Dr. Gonzalo Rodríguez Mourullo,* Ed. Civitas, Madrid, 2005.

Martínez-Buján Pérez, C.: "Las nuevas figuras especiales de insolvencias", en *Revista General de Derecho Penal,* nº 1, 2004.

Martínez-Buján Pérez, C.: "Los delitos de insolvencias punibles tras la reforma realizada por la LO. 1/2015", en Bacigalupo Sagesse, S., Feijoo Sánchez, B., Echano Basaldena, J. I.: *Estudios de Derecho Penal: homenaje al profesor Miguel Bajo,* Ed. Ramón Areces, Madrid, 2016.

Mateos Rodríguez-Arias, A.: "El impago de la responsabilidad civil ex delicto, ¿una nueva forma de prisión por deudas?", en *La Ley Penal,* nº 135, 2022.

Mazo Llera, R.: "Sociedades insolventes y responsabilidad de los administradores", en *La Ley Penal,* nº 120, 2016.

Mendoza Buergo, B.: *Límites dogmáticos y político-criminales de los delitos de peligro abstracto,* Ed. Comares, Granada, 2001.

Mestre Delgado, E.: "Delitos contra el patrimonio y contra el orden socioeconómico", en Lamarca Pérez, C. (coord.), VV. AA., *Delitos: la parte especial del Derecho penal,* Ed. Dykinson, Madrid, 2016.

Mestre Delgado, E.: "La frustración de la ejecución", en *La Ley Penal,* nº 120, 2016.

Mestre Delgado, E.: "La frustración de la ejecución y las insolvencias punibles", en Fernández Bermejo, D. y Mallada Fernández, C. (dirs.), VV. AA.: *Delincuencia económica,* Ed. Aranzadi, Navarra, 2018.

Monge Fernández, A.: *El delito concursal punible tras la reforma penal de 2015 (análisis de los artículos 259 y 259 bis CP),* Ed. Tirant lo Blanch, Valencia, 2016.

Muñoz Conde, F.: *Derecho Penal, parte especial,* Ed. Tirant lo Blanch, 25ª edic., Valencia, 2023.

Muñoz Conde, F.: *El delito de alzamiento de bienes,* Ed. Bosch, 2ª edic., Barcelona, 1999.

Muñoz Conde, F.: "La protección del derecho de crédito en los delitos de insolvencia", en *Poder Judicial,* nº extra IX, 1989.

Muñoz Cuesta, J.: "Frustración de la ejecución: una nueva forma de protección del acreedor", en *Revista Aranzadi Doctinal,* nº 9, 2015.

Muñoz Marín, A.: "Insolvencia punible", en *Revista CEF Legal,* nº 109, 2010.

Navarro Frías, I.: "Frustración de la ejecución e insolvencias punibles", en Romeo Casabona, C. M., Sola Reche, E., y Boldova Pasamar, M. A., *Derecho penal, parte especial: conforme a las Leyes orgánicas 1 y 2/2015, de 30 de marzo,* Ed. Comares, Granada, 2016.

Navas, I.: *Insolvencias punibles. Fundamentos y límites,* Ed. Marcial Pons, Madrid, 2015.

Nieto Martín, A.: *El delito de quiebra,* Ed. Tirant lo Blanch, Valencia, 2000.

Nieto Martín, A.: "Las insolvencias en el nuevo Código Penal", en *Actualidad Penal,* nº 40, 1996.

Núñez Castaño, E.: "Delitos patrimoniales de enriquecimiento cometidos mediante defraudación (III): frustración de la ejecución e insolvencias punibles", en Gómez Rivero, Mª. C. (dir.), VV. AA., *Nociones fundamentales de Derecho Penal parte especial,* Vol. II, Ed. Tecnos, Madrid, 2015.

Obregón García, A.: "La reforma concursal y el Derecho penal de la insolvencia: un hito más en una historia fatal", en *Revista ICADE de las Facultades de Derecho y Ciencias Económicas y Empresariales,* nº 61, 2004.

Ocaña Rodríguez, A.: *El delito de insolvencia punible del art. 260 CP. a la luz del nuevo derecho concursal. Aspectos penales y civiles,* Ed. Tirant lo Blanch, Valencia, 2004.

Ochoa Figueroa, A.: *La tutela del agua mediante el Derecho Penal y el Derecho Administrativo,* Ed. Universidad Complutense de Madrid, Madrid, 2015.

Ortiz de Urbina Gimeno, I.: "De moscas y agresores muertos. Argumentos a favor de una teoría jurídica del delito bipartita más allá (y a pesar de) la teoría de los elementos negativos del tipo", en *InDret,* nº 3, 2008.

Paredes Castañón, J. M.: "Lo objetivo y lo subjetivo en el tipo de alzamiento de bienes", en Quintero Olivares, G. y Morales Prats, F. (coords.), VV. AA.: *El nuevo derecho penal español. Estudios penales en memoria del profesor Valle Muñiz,* Ed. Aranzadi, Navarra, 2001.

Pastor Muñoz, N.: "Las dos dimensiones del Derecho de crédito en el Derecho penal patrimonial. A la vez, una reflexión sobre el injusto de las insolvencias punibles", en Santana Vega, D. M., Fernández Bautista, S., Cardenal Montraveta, S., et. al.

(dirs.), VV. AA.: *Una perspectiva global del Derecho penal. Libro Homenaje al profesor Dr. Joan J. Queralt Jiménez,* Ed. Atelier, Barcelona, 2021.

Pastor Muñoz, N.: "Obtención fraudulenta de crédito, frustración de la ejecución e insolvencias punibles", en Silva Sánchez, J. M. (dir.) y Robles Planas, R. (coord.), VV.AA., *Lecciones de Derecho penal económico y de la empresa: parte general y especial,* Ed. Atelier, 2ª edic., Barcelona, 2023.

Pavía Cardell, J.: "Los delitos de insolvencia punible", en Camacho Vizcaíno, A. (dir), VV. AA.: *Tratado de Derecho Penal Económico,* Ed. Tirant lo Blanch, Valencia, 2019.

Pérez Vaquero, C.: "Dickens y la prisión por deudas", en *Cont4abl3,* nº 39, 2011.

Queralt Jiménez, J. J.: *Derecho penal español, parte especial,* Ed. Tirant lo Blanch, Valencia, 2015.

Quintero Olivares, G.: "De las insolvencias punibles", en Quintero Olivares, G. (dir), y Morales Prats, F. (coord.), VV. AA., *Comentarios a la parte especial del Derecho Penal,* Ed. Aranzadi, 10ª edic., Navarra, 2016.

Quintero Olivares, G.: *El alzamiento de bienes,* Ed. Praxis, Barcelona, 1973.

Quintero Olivares, G.: "El delito de concurso o bancarrota", en Quintero Olivares, G. (dir.), VV. AA., *Comentarios a la reforma penal de 2015,* Ed. Aranzadi, Navarra, 2015.

Quintero Olivares, G.: "Hacia un nuevo delito de concurso punible o bancarrota criminal a la luz del Derecho comparado", en *Estudios Jurídicos,* nº 2, 2007.

Quintero Olivares, G.: "Insolvencias punibles", en Álvarez García, F. J. (dir.), Dopico Gómez-Aller, J. (coord.), *Estudio crítico cobre el Anteproyecto de Reforma Penal de 2012,* Ed. Tirant lo Blanch, Valencia, 2013.

Quintero Olivares, G.: "La polémica presencia del Derecho penal en los problemas concursales", en *Revista de Derecho Penal y Criminología,* nº 2, 1998.

Quintero Olivares, G.: "Las insolvencias punibles en el Derecho penal español", en *Manuales de Formación Continuada,* nº 14, CGPJ, Madrid, 2011.

Ríos, L.: "Aproximación a los delitos acumulativos", en VV. AA., *X Encuentro de la Asociación Argentina de Profesores de Derecho Penal,* Ed. Infojus, Buenos Aires, 2013.

Roca de Agapito, L.: "Los delitos de alzamiento de bienes (examen de los artículos 257 y 258 del Código Penal)", en *Anuario de Derecho Concursal,* nº 22, 2011.

Roca de Agapito, L.: "Problemas centrales del delito de concurso punible (art. 260 CP)", en Rojo Fernández, A. J. y Campuzano Laguillo, A. B.: *La calificación del concurso y la responsabilidad por insolvencia. V Congreso Español de Derecho de la Insolvencia y IX Congreso del Instituto Iberoamericano de Derecho Concursal,* Ed. Civitas, Navarra, 2013.

Rodríguez Celada, E.: "La criminalización del fracaso empresarial. Análisis crítico de la reforma del Código Penal de 2015 en relación con el delito concursal", en *inDret,* nº 1, 2017.

Rodríguez Padrón, C.: "Las insolvencias punibles en la reforma del Código Penal", en *La Ley Penal,* nº 117, 2015.

Roldán Pérez, C.: "Aspectos críticos de la actual regulación del delito de bancarrota", en *Revista General de Derecho Penal,* nº 35, 2021.

Ruano Mochales, T.: "Las insolvencias punibles ante las reformas de la normativa penal y concursal", en *Revista de Derecho Concursal y Paraconcursal,* nº 34, 2021.

Ruiz Blay, G.: *Análisis de los aspectos fundamentales del delito de insolvencia fraudulenta tras la reforma del Código Penal por la LO. 1/2015,* Ed. Universidad Complutense de Madrid, [tesis doctoral inédita], Madrid, 2018.

Ruiz Blay, G.: "Frustración de la ejecución. Alzamiento de bienes e insolvencias punibles", en Liñán Lafuente, A. (coord.), VV. AA.: *Delitos económicos y empresariales,* Ed. Dykinson, Madrid, 2020.

Ruiz Marco, F.: *La tutela penal del derecho de crédito,* Ed. Dilex, Madrid, 1995.

Sala Paños, D.: "Insolvencia punible: atipicidad de aportación de bienes inmuebles a sociedad mercantil", en *Economist & Jurist,* vol. 29, nº 250, 2021.

Sánchez Dafauce, M.: "Consideraciones de emergencia para una interpretación mesurada de los delitos de insolvencia", en *Revista de Derecho y Proceso Penal,* nº 62, 2021.

Sánchez Dafauce, M.: *Estudio crítico del delito concursal,* Ed. Tirant lo Blanch, Valencia, 2020.

Sánchez Dafauce, M.: "Incumplimiento de las obligaciones exigibles y concepto penal de insolvencia", en *Revista Penal,* nº 48, 2021.

Sánchez Dafauce, M.: "Insolvencias punibles", en Álvarez García, F. J. (dir.) y Dopico Gómez-Aller, J. (coord.), *Estudio crítico sobre el Anteproyecto de Reforma Penal de 2012,* Ed. Tirant lo Blanch, Valencia, 2013.

Sánchez Dafauce, M.: "La admisión a trámite de la solicitud de concurso en el favorecimiento ilícito de acreedores", en *Diario La Ley,* nº 9780.

Seelman, "Verantwortungszuweisung, Gefahrensteuerung und Verteilungsgerechtigkeit. Zielkonflikte bei der Akzessorietät des Strafrechts gegenüber anderen Rechtsgebieten", en Orsi/Seelman/Schmid/Steinworth (hrsg.), *Gerechtigkeit,* Frankfurt, 1993.

Silva Días, A.: "¿Y si todos lo hiciéramos? Consideraciones acerca de la '(in)capacidad de resonancia' del Derecho penal con la figura de la acumulación", en *Anuario de Derecho Penal y Ciencias Penales,* nº 56, 2003.

Silva Sánchez, J. M.: *Aproximación al Derecho penal contemporáneo,* Ed. Bosch, Barcelona, 1992.

Silva Sánchez, J. M.: "Bases de un concepto restrictivo de riesgo permitido", en Olmedo Cardenete, M., Núñez Paz, M. A., Sanz Mulas, N., et. al. (dirs.), VV. AA, *Ciencia penal y generosidad. De lo mexicano a lo universal. Libro Homenaje a Carlos Juan Manuel Daza Gómez, in memoriam,* Ed. Bosch, Barcelona, 2021.

Silva Sánchez, J. M.: *El riesgo permitido en Derecho penal económico,* Ed. Atelier, Barcelona, 2022.

Silva Sánchez, J. M.: *La expansión del Derecho Penal. Aspectos de la política criminal en las sociedades postindustriales,* Ed. Edisofer, 3ª edición, Madrid, 2011.

Souto García, E. M: "Frustración de la ejecución e insolvencias punibles", en González Cussac, J. L (dir), Górriz Royo, E. y Matallín Evangelio, Á. (coords.), *Comentarios a la reforma del Código Penal de 2015,* Ed. Tirant lo Blanch, 2ª edic., Valencia, 2015.

Souto García, E. M.: "Insolvencias punibles", en Martínez-Buján Pérez, C. (dir.), Puente Aba, L. M. (coord.), VV. AA.: *Derecho Penal económico y de la empresa,* Ed. Tirant lo Blanch, Valencia, 2013.

Souto García, E. M.: "La protección del derecho de crédito en el Código Penal Español: los delitos de alzamiento de bienes", en Cruz, N., Cardoso, C., Lamas Leite, A., et. al. (coords.), VV. AA.: *Infraçoes económicas e financeiras: estudios de Criminología e de Direito,* Ed. Wolters Kluwer, Coimbra, 2013.

Souto García, E. M.: "La tutela penal del derecho de crédito tras la reforma operada por la Ley Orgánica 1/2015, de 30 de marzo: los 'nuevos' delitos de frustración de la ejecución y de insolvencia punible", en *Revista de Derecho y Proceso Penal,* nº 38, 2015, pp. 143-174.

Souto García, E. M.: *Los delitos de alzamiento de bienes en el Código Penal de 1995,* Ed. Tirant lo Blanch, Valencia, 2009.

Terradillos Basoco, J. M. y Hava García, E.: "Alzamiento de bienes e insolvencias punibles", en Terradillos Basoco, J. M. (dir), *Derecho penal, parte especial (Derecho penal económico),* Ed. Iustel, 2ª edic., Madrid, 2016.

Tiedemann, K.: *Manual de Derecho penal económico, parte general y parte especial,* Ed. Tirant lo Blanch, Valencia, 2010.

Truccone Borgogno, S.: "Delitos acumulativos ambientales: una aproximación desde el republicanismo", en *Revista de Derecho Ambiental de la Universidad de Palermo,* año II, nº 2, noviembre de 2013.

Viladàs Jené, C.: *Los delitos de quiebra. Norma jurídica y realidad social,* Ed. Península, Barcelona, 1982.

Villabella Armengol, C. M.: "La investigación científica en la ciencia jurídica. Sus particularidades", en *Revista del Instituto de Ciencias Jurídicas de Puebla,* nº. 23, 2009.

Vives Antón, T. S. y González Cussac, J. L.: *Los delitos de alzamiento de bienes,* Ed. Tirant lo Blanch, Valencia, 1998.

Von Hirsch, A. y Wholers, W.: "Teoría del bien jurídico y estructura del delito. Sobre los criterios de imputación justa", en Hefendehl, R. (ed.), VV. AA., *La teoría del bien jurídico. ¿Fundamento de legitimación del Derecho penal o juego de abalorios dogmático?,* Ed. Marcial Pons, Madrid, 2007.

Zugaldía Espinar, J. M.: "Consideraciones dogmáticas, político criminales y procesales en torno a los delitos de alzamiento de bienes, frustración de la ejecución e insolvencias punibles", en Morales Prats, F., Tamarit Sumalla, J. M., y García Albero, R. (coords.), *Represión penal y Estado de Derecho. Homenaje al profesor Gonzalo Quintero Olivares,* Ed. Aranzadi, Navarra, 2018.